广东省中小学新一轮"百千万人才培养工程"丛书

丛书顾问　吴颖民

丛书主编　王　红　　副主编　黄牧航　黄道鸣

教学名师
教学思想研究

主　编　王　红
副主编　郑海燕

WUHAN UNIVERSITY PRESS
武汉大学出版社

图书在版编目(CIP)数据

教学名师教学思想研究/王红主编.—武汉：武汉大学出版社,2019.12
(2024.6 重印)

广东省中小学新一轮"百千万人才培养工程"丛书

ISBN 978-7-307-21310-4

Ⅰ.教⋯　Ⅱ.王⋯　Ⅲ.优秀教师—教学研究　Ⅳ.G420

中国版本图书馆 CIP 数据核字(2019)第 269671 号

责任编辑:聂勇军　　　责任校对:李孟潇　　　版式设计:马　佳

出版发行:**武汉大学出版社**　　(430072　武昌　珞珈山)

（电子邮箱：cbs22@whu.edu.cn　网址：www.wdp.com.cn）

印刷:湖北云景数字印刷有限公司

开本:720×1000　1/16　印张:21.75　字数:300 千字　　插页:1

版次:2019 年 12 月第 1 版　　2024 年 6 月第 3 次印刷

ISBN 978-7-307-21310-4　　定价:68.00 元

总 序

做有文化自觉的现代教育者

吴颖民

中国的中小学校从没有像如今这样呈现出群体性的文化觉醒，也从没有像如今这样流露出普遍性的文化焦虑。

随着教育改革日益进入深水区，中国教育发展的整体态势已经有了很大的改变。6 年前，在"教育与中国未来 30 人论坛"上，对于基础教育面临的困境，我着重谈了三个问题：核心素养、课程改革与评价体系。我高兴地看到，短短几年时间，随着中国学生核心素养体系的提出、新课程改革的深化，以及新的考试招生制度改革逐步落地，这些问题都慢慢有了日渐清晰的答案。

于是新的问题也随之而来，因为这一系列的教育改革意味着，好学生、好学校、好教育的标准变了，尽管分数和升学率仍很重要，但对学校来说仅有分数和升学率已经着实拿不出手了。这时候，无论校长还是老师都强烈感受到一种认同危机，我们如何衡量自我的教育价值，又如何找准自身在教育发展中的定位？

同样让人感到焦虑的还有，仅仅是十多年时间，中国教育面临的外部环境也已经今非昔比。当世界变得日益"平坦化"，当中国教育者日渐频繁地参与到国际教育文化的交流对话中，我们对国际教育有了更为深入、客观的观察与理解，不再用仰视的态度去看待国际教育理念与经验，而是多了一份平视的、冷静的省察视角。这又意味着，中国教育的参照系也发生了变化，"我是谁""我从哪里来""要到哪里去"，诸如此类的身份迷茫进一步加剧了。

这样的教育内外环境变化带来的学校文化嬗变的阵痛，既是我们推进中小学教育人才队伍建设的动因，也是我们希望找寻新的学校教育价值观，让学校教育者重新审视自我，得以安身立命的教育命题。

就是在这样的背景下，2012年10月，广东省启动了中小学新一轮"百千万人才培养工程"。目的也很明确，要在这个"呼唤教育家辈出"的时代，培养出一大批具有较高理论素养和实践能力的，在全省乃至全国处于领军地位并发挥示范作用的名教师、名校长和教育家。响应这一号召，华南师范大学作为重要参与方之一，责无旁贷地承担了其中的"教育家培养项目"、"中学名校长培养项目"、"高中文科类名教师培养项目"和"高中理科类名教师培养项目"四个子工程。

呈现在大家面前的这套丛书，从《中美基础教育比较》《中芬基础教育比较》《两岸基础教育比较》《名校长办学思想研究》到《教学名师教学思想研究》，既是几年来上述四个培养项目的成果显现，是在高等师范院校引领下，一批优秀中小学名师、名校长对自身教育实践的理念升华和思想凝练；同时又是面对曾经的学校教育定位和身份认同的困惑与迷茫，尝试进行的新时代学校教育文化的重新认识与建构，或者说，是素质教育校本化表达的"广东智慧"、"广东方案"。

我们看到，经历了从站起来、富起来到强起来的当代中国，越来越重视价值建构、阐释与传播，也展现出越来越强的文化自信。我们的学校教育、我们的校长和教师也应如此。

见微知著，今天的学校教育需要重新进行价值建构与定位，需要更有文化自觉的教育者。也因此，在项目实施过程中，我们明确了以教育思想、办学思想和教学思想为培养主线，通过"五个结合"，即理论研修和行动研究相结合、导师引领与个人研修相结合、脱产学习与岗位研修相结合、国内学习与海外研修相结合、研修提升和示范引领相结合，帮助参加培训项目的校长和教师学员升华实践，凝练思想。

成效令人欣慰！在项目平台上，一大批校长和教师的文化意识被唤醒，他们认真审视自己的教育实践历程，在反思中努力形成自己对教育教学的个性化理解，进而建构自己的教育理念体系和教育实践模型，形成了具有一定理论基础的、特色鲜明的办学思想和教学思想。从个体而言，他们在项目的催化下实现了个人成长，增进了对教育本质的理解，对所从事的教育事业有了更深的价值认知，也有了更高的期待。从整个基础教育改革而言，他们用这样的行动为教育研究提供了一个个鲜活的样本，丰富了当代的实践教育学。

同样值得重视的一个价值动向，就是校长和教师们在中外教育的对话与比较中，开始渐渐觉醒的教育主体意识和文化自信。在项目培训实践中，我们创造条件让学员走出国门，深入考察美国教育、芬兰教育，重视国际教育交流对话。在这个过程中，校长和教师们不再是"言必称希腊"，而是以更为理性、平和的态度对待异域经验。他们在发现好的经验与做法时，能够以积极建设的态度"把美好带回家"。但又不是一味"拿来"，更多学会从不同文化背景、不同发展阶段来理解教育差异。尤其难得的是，他们在中外教育比较中重新认识到，中国的学校教育也有其应该坚持的特色，我们既要学人之长、补己之短，又不能丢了自己原有的好东西。

中国的基础教育需要走向国际化，需要强化自身的国际化人才培养功能，但国际化不是否定自我，对外来经验全盘接受，而是要在平等参与国际教育合作、交流中，增进国际理解，倡导求同存异。这就好比茶与咖啡，无所谓优劣，仅关乎趣味。

从这个角度来说，作为项目成果的这套丛书，既是这些校长或教师对个人教育思想观念的梳理提炼，更是中国一线教育工作者对基础教育国际化的真诚思考：什么是国外基础教育的优势？什么是中国基础教育的特点？我们该向人家学习什么？又该坚持和发扬什么？

这同时又是一份珍贵的成长见证。几年来，这些校长或教师不少已成为广东省中小学教育的领军人才，有的已经在全国崭露头角。他们从整体上构成了新时代岭南教育的风格特色，成为一支闪现思想锐气、富有改革精神的"教育新势力"。

正是有感于这样蓬勃的生长态势，两年前，我们打造了被称为"中国教育 TED"的品牌活动——"山长讲坛"，让广东的名师、名校长可以有一个广泛传播、分享教育思想和学术风采的现代平台。在"山长讲坛"第一季的首场演讲中，我说，校长应当成为师生的精神领袖，在真善美境界中求得宁静，在精神层面引领师生的发展，通过凝练、传播和践行三个层面，逐步清晰自己的教育思想和办学理念，形成独特的办学主张。

就在前不久，以"粤教育·粤精彩——唱响岭南教育流派"为主题，新一轮广东省中小学(幼儿园)名师、名校(园)长工作室主持人高峰论坛在华南师大举行，有 70 多位岭南名师、名校长登台演讲，表达他们的教育主张和教育实践。以此为契机，华南师大将推进"岭南教育流派名工作室"的发展建设，从教育思想和教育实践两个层面打造更具独特风格的"岭南教育"。

提出"岭南教育流派"这一概念，不是简单地"贴标签"、"划地盘"，而是有着多重思考。一方面，长期以来，岭南教育被深深地打上了广东人一贯的务实勤劳、勇于开拓、行胜于言等鲜明印记，但正所谓"言而不文，行而不远"，我们期待有更多校长和教师通过著书立说，对岭南教育的共性文化特征进行梳理提炼，从而更深更广地参与到中国当代教育文化的共建中。另一方面，粤港澳大湾区的建设也对岭南教育的融合共享发出了时代的呼唤，"独行速，众行远"，校长与教师必须舍却小我，融入大我，学会相互借力，相互成就。我们理想中的岭南教育流派，应该是一个兼容并蓄、互通互鉴的教育文化圈，一个和而不同、美美与共的良性教育生态。

而这套丛书的策划与出版，也是怀着同样的初衷与期待，希望为岭南校长和教师架设一个展示、分享发展成果的平台，引领和督促他们向着"教育家办学"的方向不断前行。

实事求是地说，作为一项高等师范院校和中小学校长、教师共同参与的研修创新活动，项目本身还有许多不完善之处，校长和教师们在丛书中呈现出来的与其说是成果，不如说是一份份项目作业，是他们成长过程中的一个纪念，更是他们走向更高教育境界的基点。也因此，无论是丛书的思想内容还是体例结构，都还略显粗糙，有许多的不足。丛书得以结集出版，一方面是鼓励和鞭策，另一方面也是求教于大家，给予批评和指正。倘能激发更多校长和教师对学校文化建设的重视，共同投身于中国特色基础教育的改革发展，则更是善莫大焉。

是为序。

（作者系华南师范大学原副校长、研究员、博士生导师，中国教育学会副会长，广东省中小学校长联合会首任会长，广州中学首任校长。）

前　言

为进一步加强中小学教育人才队伍建设，根据《广东省中长期教育改革与发展规划纲要（2010—2020年）》要求，在总结前一轮"百千万人才培养工程"经验基础上，广东省教育厅制定了新一轮"百千万人才培养工程"实施方案，坚持以科学发展观为指导，以全面提高中小学教师队伍整体素质为核心，以打造我省中小学高层次领军人才队伍为目标，坚持系统设计、高端培养、创新模式、整体推进，到2020年，培养一大批师德高尚，具有先进教育理念和丰富理论知识，具备扎实教育教学能力和教学管理水平、国际视野和开拓创新能力，较大社会影响力和知名度，处于领军地位和发挥示范作用的名教师、名校长和教育家，为建设教育强省、推进教育现代化、打造南方教育高地提供人才保障。

广东省中小学新一轮"百千万人才培养工程"是广东省基础教育系统高层次人才培养的品牌项目，名教师和名校长培养对象培养周期为三年，教育家培养对象培养周期为四年，设有8个子项目，华南师范大学承办其中4个子项目。2012年10月9日，该工程启动仪式在华南师范大学隆重举行，华南师范大学以落实"为广东而教"行动计划为抓手，加快教师教育资源整合，发挥教师教育特色和优势，坚持"立足推进教师教育改革创新和立足服务广东经济社会新发展"的战略指导思想，大力推进教师教育综合改革，强化对广东基础教育改革的引领和支持，创新教师教育机制，勇当南方教师教育改革的排头兵。

华南师范大学教师教育学部整合全校师资力量、省内一线名校长及名教师组成专家团队，为培养对象搭建研修共同体，每个工作室实行双导师制，由高校学者、教授担任理论导师，由一线名校长或名教师担任实践导师。历时三年多的一个培养周期，高中名教师培养对象经过高校理论研修、省内外异地访学、省内送教下乡、赴美研修、导师到校指导和同伴互访等多个培养阶段，在每年举办的"百千万名家大讲堂"的熏陶和"百千万人人论坛"的历练下，每位培养对象都对课堂教学有了深入的思考和积极的实践。在导师的多次指导和同伴们交流碰撞下，个人的教学主张逐渐显现，个人的教学风格逐步成型，个人的教学思想凝练而成。本书由 19 位高中名教师培养对象的教学思想集结而成，或有深度，或有不足，愿与同行们交流分享。

郑海燕

2019 年 11 月 3 日于华南师范大学

目　　录

守望教育理想　追梦精彩人生

深圳市龙华高级中学　夏良英

我是一名20多年一直扎根于教学一线的物理教师，爱我的学生，爱我的岗位，爱我的事业，更深知"凡欲为师者，必先为人；凡欲为人者，必先立身"的道理。我本着"格物穷理，思辨求真"的教学思想，构建了"中学物理思维引导课堂教学模式"，把设疑、质疑、寻疑、解疑融进教学设计中，化教学过程为学习过程，改讲堂为学堂，变主演为导演，从而使学生在探究问题的过程中发展思维，获得新知识，获得成功的喜悦。同时我在学校率先开展了小组合作式教学，构建了"教"与"学"质量评价新模式，"从起点看进步"来评价学生的学习成绩是否提高，"从所教学生成绩提高幅度"来评价教师的教学实绩，在教学中形成了激情、简约、理性的教学风格，深受学生喜欢。

一、钻研教学定初心，探索师道必弘毅——我的专业成长历程

每位教师都有不同的专业化成长经历。我的专业成长经历大致可分为以下四个阶段：

1. 调整磨合期——1~3 年

走出师范学院大门的时候，我们都以为，教师职业是"阳光下最灿烂的职业"和我们是"人类灵魂的工程师"，当我们真正走进教师队伍之后，很快会发现实际情况并非如此，我们的职业只是三百六十行中普通

的一行。因此，我们必须降低对职业的期盼，这样才能脚踏实地做好自己的工作。

新教师刚走上工作岗位的时候，可能有很多的理想和憧憬，更有让人羡慕的激情。但是，新教师大多缺乏对教师岗位和职业的深层次了解和认同，因此在工作中常会因缺乏经验或不善于与人交流沟通而产生一些困难。这是一个正常的过程，在这个过程中，需要其他教师的扶持和善意的指导。

步入教坛伊始，我被分到高一级组。那时学校里没有实行"青蓝工程"，没有人告诉我该如何教，全靠自己摸索。不像现在，"青蓝工程"做得非常好，指导老师竭尽所能把知道的全告诉年轻教师。在没有导师指导的情况下，我走了不少弯路，但也扎扎实实地学到了不少东西。教完高一后，我跟着教高二，担任班主任。

也许因为勤奋好学、教学有股闯劲的缘故吧，科组推荐我参加说课比赛。当时我刚刚怀孕，很辛苦。经过层层选拔，我获得肇庆市一等奖，并代表肇庆市参加广东省首届青年教师说课比赛，获得了二等奖。

上海市教科院顾泠沅教授认为教师的成长主要靠能力和机遇，即内因和外因。很多教师有能力，但碰不到机会，即使肯下功夫，也不容易成长起来。只有两者相结合，教师才能真正成长。爱因斯坦说过："如果一个人掌握了科学的基本原理，并学会了如何独立地思考和工作，他将会找到属于自己的道路。"

调整磨合期的教师要有底气，即具备扎实的专业知识。物理教师的知识构成是多元的，除了物理学科知识外，还包括课程知识、教学知识等，如图1所示。这些知识并非截然割裂，而是相互关联的，它们的交集构成了教师所特有的学科教学知识（Pedagogical Content Knowledge，PCK）。按照美国教育研究专家舒尔曼的观点，PCK是关于教师如何针对特定的学科主题及学生的不同兴趣与能力，将学科知识组织、调整与呈现，以进行有效教学的知识。实践证明，PCK是教师专业知识中最核心的知识，因而发展教师的PCK也是教师专业化成长的关键。当然，教师PCK的生成和发展是一个不断建构的过程，我们一方面要勤于历练，在教学实践中积累经验，增长才干；另一方面又要敏于反思，在学习思考中揭示规律，提升智慧，从而发展和丰富学科教学知识。

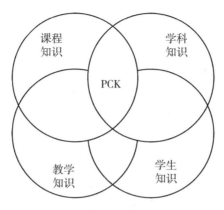

图1　物理老师应具备的知识

2. 适应发展期——4~6年

通过一到两个教学循环的磨练，我对教材整个知识的体系有了比较全面的了解，同时对物理教学的全过程有了一个清晰的认识，逐渐适应了教学岗位的要求，由此进入一个顺利的发展时期。因为孩子小的缘故，我没有随班教高三。休完产假后，我又教高一，还担任备课组长，并带物理竞赛班。此时，我的主要任务是进一步熟悉教材和钻研多媒体教学技术。记得当时我参加了全国首届中学物理教学改革创新大赛，包括制作课件、教学设计、将课程录像等，获得了广东赛区一等奖。到了高二的第二个学期，我尝试分班教学。当时有五个专业班，抓教学的副校长带一个班，另外两个老教师各带一个班，我带两个班，并且做班主任，兼备课组长。那时我的压力非常大，实在忙不过来，别无他法，就把一岁多的孩子送回了老家。那时也没有什么教学平台，必须靠自己扎扎实实地学。我买了很多专业书，每次备课到深夜。经过一年的辛勤和努力，我终于把高中物理课程教完，所带班级的考试平均分也不错，于是也就顺理成章地教高三，带两个物理专业班，并做一个班的班主任。

实践表明，一位教师的教学功底是否深厚，取决于他的学科视域是否宽广。所谓学科视域，指的是教师对其任教学科内涵及本质的理解与把握。对物理教师而言，学科视域就表现在对"物理究竟是什么"这个问题的回答。在我看来，物理既是一门学科，又是一种智慧，还是一种文化。物理学科的内涵丰富，犹如一棵枝繁叶茂的"物理树"：最先映入眼帘的树叶和果实，就像物理学科的知识层面；支撑着它们的树枝、树干，好比物理学科的思维层面；它那深深扎入泥土、维系着大树生命的树根，则是物理学科的文化层面。作为物理教师，能够对物理学科作一番深入审视与剖析，拓展自己的学科视域，是十分必要的。眼界决定境界，如果物理教师仅仅关注物理的知识层面，那他充其量只能算是一名"经师"；如果他在教物理知识的同时，还能突出物理思维，引导学生领悟其中的思想和方法，从而提升智慧，他就是一位"明师"；如果他在教物理知识和思维方法的同时，还能潜移默化地对学生进行物理文化的熏陶，润泽他们的心灵，那才称得上是教书育人的"人师"。

在高三暑假补课前，我听说有一位物理特级教师教书很厉害，就提前电话预约并登门请教。我们从没见过面，也不认识，我坐了两个多小时车去拜访他。他跟我聊了他多年来的教学经验，让我受益匪浅。紧张的教学工作和班主任工作压得我喘不过气来，没有人帮助，也没有人指导我。而我是个不服输的人，要么不做，要做就做最好，这一直是我做事的原则。经过我和学生一年的努力，学生高考成绩相当不错，我所带班级的物理考试平均分比其他班高出 20 分（那时是标准分），而我担任班主任的那个班，学生本科上线率也是最高的，在学校引起了轰动。

3. 成熟提高期——7~10 年

在适应发展期的基础上，教师会因为个人职业的理想和发展需求，产生进一步提高和发展的愿望，想进行更高层次的职业培训和进修，进一步提高自己的专业技能，积极开展教科研工作，力争成为区域的学科骨干，切实成为学生学习的组织者、促进者和引导者，努力使课堂充满生命的活力。

经历首次高三毕业班的辉煌后，学校让我教高二，继续教两个专业班，并负责带年轻老师。经过高考洗礼，我再来教高二，一些知识点就非常清楚，讲起课来思路也清晰了很多。我能够从一定的高度来看待每节课的教学，而且上课没有以前那么辛苦了。在此期间我指导学生参加了青少年科技发明比赛，参加了全省及全国的比赛，获省一等奖和全国二等奖。带完这届高三，我作为肇庆市骨干教师被选派去华东师范大学充电，接受了一些新的教育理念和方法，结识了一批名教师。回来后学校安排我担任物理科组长，并承接了省教育厅十五规划课题"普通高中物理科毕业考试研究"子课题的研究任务。

成熟提高期的老师要有根基，即拥有丰厚的文化底蕴。教师应关注自己的知识结构是否完善，并反躬自问学科知识有多少。物理教师当然要具备丰富的物理知识，但更应拥有广博的文化知识，诚如苏霍姆林斯基所说："学科知识应处于教师知识结构中的一个角落，而不是中心，更不应是全部。"只有这样，教师才能更好适应并出色地完成教育教学任务。

4. 反思创新期——10年以后

面对课改，我们存在着一些问题和困惑，无论是观念更新、专业知识储备还是教学的实际操作，都对我们提出了严峻的挑战，即使个人再勤奋，恐怕也会感到某种理论的单薄和实践中方法与技能的不足。教师是专业人员，需要持续成长，应该为具备相当广泛知识储备的专业技术人员，有能力对自己的教学加以反思、研究和改进，并对自己身边的同事产生专业影响力。因此，教师成长需要不断"学习—实践—研究"，并且不断循环往复。只有三者相辅相成，教学水平才能不断提升。

为了促进自己的教育理念更新和专业水平提升，我又参加了全国在职研究生考试，并参加了东莞市高中骨干教师北京师范大学培训班的学习，接受大师们的教诲，从而打牢自己的理论基础，促进自己转变教学思想，开阔自己的知识视野，完善知识结构，并全面提升自己的物理学科素养、教科研水平和教学能力。

我在近10年的教学生涯中，教师职业的经验和能力得到充分发展，从此我走入了自我反思阶段，同时积极尝试教学创新，不断追寻符合个人特色的教学风格，实现经验型教师向学者型教师的转变。我认为作为一名教师，既要"教"也要"研"，既要"研"也要"写"。因为"教"是

"研"的基础和前提，而"研"是"教"的总结和提高，"写"则是把"研"的结果加以分析、概括、提炼，上升为理论，从而总结出规律性的东西。因此我积极撰写论文，进行课题研究，先后主持或参与省、市级课题研究 11 个。2017 年课题《高中物理创新实验教学研究》获得广东省教育教学成果二等奖，2014 年课题《DIS 实验和传统物理实验在教学实践中的对比研究》荣获市普通教育科研成果二等奖、省教育创新成果三等奖、第三届全国教育教学研究优秀成果奖。我主编了《高中物理实验专题训练》及《东莞市骨干教师北师大研修论文集》，并参与了《广东名师伴我学》《高中总复习优化设计》等 8 本教辅资料的编写，公开发表了有较高学术水平和应用价值的论文 62 篇。

我也积极扩大对外交流，发挥引领作用，2012 年我成为广东省高中物理骨干教师，2013 年被评为东莞市高中物理学科带头人，2015 年被遴选为广东省"百千万人才培养工程"名教师培养对象，2018 年我成为广东第二师范学院客座教授，2018 年被聘为两个广东省物理名师工作室指导专家；2014 年被评为全国教育科研先进工作者，参与广东省高考命题工作 1 次，参与省学业水平考试命题工作 3 次；在全国各省市做讲座 70 余场，2017 年赴美研修期间，我代表其他名师给美国学生上了一节课，受到好评；2014 年我被聘为汕尾市城区物理科备考指导专家，2012 年被聘为澳门物理教学大赛的评委；我还多次荣获全国中学生物理竞赛优秀指导老师、全国优秀科技辅导员等称号，多次指导科组老师参加全国名师大赛、全国青年教师创新大赛、广东省青年教师创新大赛、广东省教师教学技能大赛，获全国一等奖 3 次，全国二等奖 2 次，省一等奖 2 次。

作为学科组长，我努力加强教研组建设，强化教师们的集体认同意识（家园意识），确立大家公认的教学理想和追求目标（目标意识），发展、丰富和完善教研方式（研究意识），落实常规管理工作（责任意识），形成科组特色（创新意识）。

教师的学术水平、业务能力、表达方式、协调能力和个人风范，对上好课都有极其重要的影响。因此教师团队的建设是可持续发展的核心，只有拥有稳定、知识结构匹配和充满活力的教师队伍才能够满足教学的发展。教师团队建设包括两方面：①形成了相对稳定的由年轻教师组成的教学骨干团队。在科组积极倡导"教师人人都是研究者""问题即课题，教学即教研，成长即成果"等理念。鼓励教师大胆实践、认真反思，通过反思来发现问题，有的放矢开展研究。②在科组中积极开展教学讨论和教学研究活动。在科组的业务学习活动中，由组内教师举办讲座，交流分享心得和经验，同时也邀请其他专家来科组讲学。为了加强科组教研，促进学习交流，打造品牌科组，我们特建立网络教研平台——"学校物理成长团队"。通过这个平台，"将思考转化为文字"成为我们教育生活的习惯。作为成熟教师，我热心帮助培养年轻教师搞好教育教学工作，心甘情愿做奠基石，为他们的成长铺设道路，鼓励他们积极参加各种比赛及教研活动，使他们快速成长起来。科组里有2位年轻教师已成为市高中物理学科带头人，有5位教师成为市教学能手，参加各级各类比赛都获得过一等奖。

我秉承"阳光做人，用心做事"的理念，带领科组锐意进取。我所在的科组连续12年被评为校先进科组，2013年在"省教研组"评比中获一等奖，2015年物理科被评为市"品牌学科"。

二、教无定法然有章法——我对教学风格形成的一点体会

或许是多年在教育教学上打下了良好的基础，或许站的高度不同，我的教育教学思想也发生了较大的变化，由原来注重结果转变到更注重学生的学习过程、学生综合能力的培养上。在近20多年的教学生涯中，我逐渐形成了激情、简约、理性的课堂教学风格。

激情是一种强烈的情感，短暂迅猛爆发的情绪状态，它能让人兴奋，充满活力。激情教学就是用激情去传播知识和感染学生，用一种高昂的精神状态、真挚丰富的情感，通过不同的交流方式，把教学中的各个环节紧密有效地结合起来，使学生的心灵受到碰撞，智慧得到启迪，潜能得以挖掘。

简约是简洁洗练，单纯明快，词少意多。简约不是简单摹写，也不

是简陋肤浅，而是经过提炼形成的精约简省，富有言外之意。教学中的简约就是抓住问题的要旨除去繁枝，在精简中蕴含深意，富含哲理。

理性一般指概念、判断、推理等思维形式或发展活动，处理问题按照事物发展的规律和自然进化原则来考虑，考虑问题、处理事情不冲动，不凭感觉做事情。理性是科学的要素，教学上的理性是指相对感性而言更注重实验结论，分析和解决问题强调逻辑推理。

1. 课堂教学如何才能做到富有激情

（1）课前精心准备。在课前，我深入钻研教材，参阅教辅，准确把握本节内容中有效教学三大元素：有效导入（以激发学习情感、态度和价值观使学生进入最佳学习状态为目的）、有效精讲（以落实"双基"和教学重点为基础，优化学习过程和方法，通过有效讲解培养学生的理解能力为目的）、有效精练（以有效指导方法，训练学生分析问题、解决问题的能力为目的），并根据学生的实际情况，认真设计、编写好每一节课的教案。

（2）课堂上激情互动，有的放矢。在课堂上，我以健康、活泼、自信的形象，激情洋溢的语言表达，开拓创新的探究式教学模式，有效地激发学生学习的兴趣和热情，通过课堂上"动起来，更精彩"的互动教学模式，使学生整节课自始至终充满热情，干劲十足地投入课堂学习。在教学过程中，我始终贯彻因材施教的原则，坚持以教师为主导、学生为主体、教学为主线的原则，注重课堂教学的过程和效果。授课时我深入浅出，抓好有效导入、有效精讲、有效精练这三大教学环节，全力挖掘学生的潜能，彻底消除后进生。

（3）课外适时疏导。在课外，我像家人一样与学生交流、谈心、沟通，特别是对一些学习成绩不理想、思想波动较大的后进生，我站在他们的角度去关心、鼓励他们，并创设机会给他们表现自我的机会，帮助他们找出不足，克服困难，树立自信。在我用心的引导和鼓励下，学生在学习上会逐渐从"填鸭式"的被动学习转变到主动学习，学生在轻松、愉快、热情高涨的氛围中学到知识，提升能力，不断获得进步和成功的喜悦。

2."简约"是我对课堂状态的最高追求

简约不仅是一种气质，一种风格，更是一种境界。如果课堂是一幅多彩的图画，那么简约的课堂更像是一幅中国写意水墨画。

简约的课堂首先应当是教学语言的简约，教师课堂用语要简洁、深刻、凝练，不说废话。在课堂上，教师的讲解要努力实现最少，学生能通过自己阅读和思考，自己动手完成的内容，教师就坚决不讲。

其次是物理概念和规律的表达要简约。数学是学好物理的基础和工具，它能简洁准确地表达物理概念和物理规律。例如，加速度概念很抽象，它与位移、速度等概念之间既有区别又有密切关系，为了让学生正确全面理解这几个运动学概念，我用数学上导数和微积分的知识来帮助学生理解，从而使学生理解位移是描述位置变化的物理量，速度是描述位置变化快慢的物理量，位移的导数即是速度。加速度是描述速度变化快慢的物理量，速度对时间的求导即是加速度。

最后是教学手段的简约。简约的教学手段有很多，我最推崇的是用简约的图示表达复杂抽象的物理过程。例如求解复杂的高考力学综合题，我根据教学实践和深入思考，总结出了画示意图加列表的解题方法，提高了学生的解题能力。

3. 如何实现课堂教学的"理性"

我的教学风格中的"理性"是由物理学科的特点决定的。物理学是研究物质世界最基本的结构、最普遍的相互作用、最一般的运动规律及所使用的实验手段和思维方法的自然科学。"物理"是中文"格物致理"四个字的简称，强调讲道理、重推理。理性和感性相对，教学上的理性，最关键的就是语言的逻辑性强，言之有事实，言之有理，分析问题注重推理，关注数理的结合。所以，我在课堂上就尽量创设条件，多做实验，常将实验引入课堂，让学生充满兴趣，并且常用实验验证物理规律，让事实说话。

三、格物穷理，思辨求真——我对教学思想探索的一点心得

1. 聚焦学科核心素养

经过多年教育改革，学校素质教育成效显著，但与立德树人的要求还存在一定差距，这些差距主要表现在重智轻德，单纯追求分数和升学率，学生的社会责任感、创新精神和实践能力较为薄弱等。学校教育从"双基"到三维目标再到核心素养，既有融合更有超越。作为核心素养主要构成的关键能力和必备品格，实际上是三维目标的提炼和整合。三维目标不是终极的目标，而是核心素养形成的要素和路径。上述变化并非是政策风潮的权宜转向，而是教育本质的全面回归，从根本上体现了从知识本位到以人为本的观念转变。

物理核心素养是学生在接受物理教育过程中逐步形成的适应个人终身发展和社会发展需要的必备品格和关键能力，是学生通过物理学习内化的带有物理学科特性的品质。物理学家陈佳洱说："物理学不只是图表和数据，它能带给你很多更珍贵的东西：理性的思维方式、人生的哲学和人生的道路。"这段话正是对物理学科价值的诠释：让学生终身受益的不是具体的物理知识，而是所学的知识忘掉之后剩下的东西。或者说，学过的物理能给学生打下什么烙印，他跟没学过物理的人相比会有怎样的差异。这就是物理学科的核心素养。从专业角度讲，物理核心素养主要由"物理观念""科学思维""科学探究""科学态度与责任"共四个方面的要素构成。

因此，我们要关注物理知识的文化取向，开发物理知识的育人价值，从传统的以知识为本的物理教学，转变为培育核心素养为主的物理教育。物理教学通常是以知识为线索展开的，这就容易使教师把教学的重点放在知识的落实上，而忽视了物理课程的育人功能。为了防止这种倾向，我们在设计和开展教学时必须以物理核心素养为导向，将物理观念、科学思维、科学探究、科学态度与责任等要求，自始至终贯穿在教

学活动之中，使物理教学过程成为学生核心素养的养成过程。

2. 物理教学应从知识重现走向知识重演，促进学生发展科学思维

物理的知识结构相当于浮在水里的一座冰山，显露在水面上的部分就是教材中明确说出的概念、规律和基本模型，隐藏在水面下的部分则是运用概念、规律的方法、策略、技巧等，还有物理的真善美。一个学生的知识结构中如果只有概念、规律、基本模型，而缺少运用概念、规律时的方法、策略、技巧等，显然就不能解决稍复杂一些的问题。对于学习中等以上的孩子，如果物理成绩不好，基本不是物理知识不足的问题，而是科学思维的欠缺。

目前普遍存在的物理教学方式是使知识重现，老师是从中间教起——教的是结论，学生学到的是技巧。如果物理教学仅以知识为线索展开，容易导致教师教学设计聚焦于知识，专注于学生获得知识，而忽视物理课程对学生物理核心素养的培养。因此，教师必须把核心素养作为物理教学的重要目标，将核心素养的培养落实于教学活动中。所以我们应倡导的是另外一种教学方式，使知识重演，从开头教起——教的是思维，收获的是智慧。教师直接告诉学生知识，看起来可让学生在短时间内得到更多的知识，却很难转化为解决问题的能力与智慧，也无助于提升他们的核心素养。

"科学思维"作为物理核心素养的一个方面，它是从物理学视角对客观事物的本质属性、内在规律及相互关系的认识方式；是基于经验事实建构理想模型的抽象概括过程；是分析综合、推理论证等方法的内化；是基于事实证据和科学推理对不同观点和结论，提出质疑、批判、检验和修正，进而提出创造性见解的能力与品质。"科学思维"主要包括模型建构、科学推理、科学论证、质疑创新等要素。物理教学发展学生的科学思维能力是重要的教学目标之一。

在物理课堂教学中，并存着三种思维活动，即物理学家的思维活动、教师的思维活动以及学生的思维活动。教师在教学中应将三种思维尽量开放，使它们水乳交融、相映成趣，形成一个和谐互补的有机整体，从而有效促进学生的思维发展。第一，要揭示物理学家的思维过

程。教师要拨开教材严谨、神秘的面纱，把蕴含在字里行间的科学家的思维结晶挖掘出来，让学生循着前人的思维历程去亲身体验，使他们不仅从中获取知识，更能受到科学思维的熏陶。第二，要展现教师的思维过程。教师要敢于并善于把自己原始的思维过程充分展现在学生面前，让他们去评价、思索，从而达到启迪学生思维的目的。第三，要显露学生的思维过程。通过上课、提问、练习等方式，使学生的思维活动轨迹自发（或诱发）地显露出来，这将有助于学生迸发可贵的思维火花，或显露出学生隐藏的思维障碍，从而提高学生思维训练的针对性和有效性。

学科知识只是形成学科素养的载体，学科活动才是形成学科素养的渠道。为此，教师要改变学生知识学习方式，倡导他们深度学习与协作学习。

美国数学家波利亚提出发生学原理："在教一个科学的分支（或一个理论、一个概念）时，应该让学生重蹈人类思想发展中的那些最关键的步子。"他的教学指导思想是让学生重演物理知识的发生过程，即在教师的指导下，让学生去揭示并感受物理知识发生的原因、物理知识形成的经过以及物理知识发展的方向，并借此培育学生的物理核心素养。

大凡写在教科书上的，多是科学研究的结果，是科学家思维活动的结晶，是静态知识。它掩盖了知识形成与发展的生动过程，使学习者难以体验探索和发现的喜悦。尤其是物理学家们那独特的思路、精巧的方法以及认知的升华，它们在教材中被过滤了。而蕴含在科学研究过程中的思想、方法才是动态的知识，从某种意义上说，它更值得我们去开发和利用。教师的任务就是要揭开教材这层严谨抽象的面纱，让学生亲自参与知识的再发现过程，去经历探索的磨砺，从中汲取更多的营养。知识，如果没有学习者的亲身体验与感悟，它们充其量只是些无活力的概念的堆砌，用不上也忘得快。这些知识只有经过学习者充分的内化活动，使之转化为个性化知识，即成为学生个体的经验、智慧和方法后，课本知识才能被激活，从而具有新的生命和价值。

因此，物理教学更多的应着眼于思维活动的过程，而不仅仅局限于思维活动的结果，真正使物理教学成为思维活动教学，让学生重演物理知识的发生过程。

3. 我的教学思想凝练——格物穷理，思辨求真

(1)我国"物理"概念的源与流

①我国古代的"物理"概念——万物之理

据《韩非子·解老》载："理者，成物之文也。""物有理不可以相薄，故理之为物之制，万物各异理，万物各异理而道尽。"即万物之理、一切事物的道理，属于哲学上的范畴。

②我国近代的"物理"概念——"格致"与"格物"

明清之际，西学东渐，引进了很多与近代科学相关的书籍，很多人把"physics"翻译为"格物"或者"格致"。朱熹认为："格，至也。物，犹事也。穷推至事物之理，欲其极处无不到也。物格者，物理之极处无不到也。知至者，吾心之所知无不尽也。"

③我国现代的"物理"概念——由"physics"到"物理"

我们今天所使用的"物理"概念，与英文的"physics"相对应，"physics"又来源于希腊语，其经历了一个从希腊到西欧，再到日本和中国的嬗变传播过程。近代"物理"一词，在中国始见于政界，是出现在1898年康有为进呈光绪帝的一本奏折上，他在奏折中提到："从此内讲中国文学，以研经义、国闻、掌故、名物，则为有用之才；外求各国科学，以研工艺、物理、政教、法律，则为通方之学。"1900年，清末民初物理教育家王季烈整理重编了由饭盛挺造编纂、藤田丰八翻译的《物理学》。王季烈发现将英文中"physics"一词翻译成"物理"和原先的"格致"一词相比，词意表述更准确，且这种译法的合理性得到了非常广泛的认可。之后，中国引进了很多关于物理学方面的书籍。

(2)格物穷理，思辨求真

格物穷理就是教师让学生研究物理现象，穷究它的道理。学生在自主学习、交流互动中求悟，理解认识物理学本质；在探究中求悟，增强创新意识和实践能力；在解决问题中求悟，提升核心素养。

思辨求真是指勇于质疑，善于寻疑，不断追求，探索真知，提炼物理观念，养成科学思维习惯，形成正确的科学态度和责任感，满足学

终身学习的需求。

在教学思想的指引下，我提出了中学物理思维引导课堂教学模式。思维引导课堂教学模式在教学中着重探究的是知识内容之科学方法的价值、科学发现的过程、科学成果的应用等诸方面；着重于概念、规律的形成过程，深层内涵及应用价值，要从物理学与科学技术、人类社会发展这一角度来认识物理学的作用。

众所周知，思维能力是人的能力的核心，而课堂教学活动中，学生的思维活动无疑是最重要的。贝斯特认为："真正的教育就是智慧的训练。……经过训练的智慧乃是力量的源泉。"杜威认为："持久地改进教学方法和学习方法的唯一直接途径，在于把注意力集中在形成思维、促进思维和检验思维的种种条件上。"就物理学科的特点而言，无论是"概念的形成""规律的掌握"，还是"实验的成功""练习的完成"，都离不开严谨的思维，可以说，思维能力的有效培养，是中学物理教学实践成功的关键。

能否有效培养学生思维能力的关键就在于教师在教学中能否成功地引导学生的思维，充分激励学生进行高效思维，并把思维能力培养始终贯穿于中学物理教学的全过程和各个方面。这样，在教师启迪下，才能使学生潜移默化地养成对物理问题进行深入思考的习惯，不断获取正确思维的方式和方法，把学生的思维能力不断地由低级到中级到高级进行有序培养，使他们能成为掌握思维方法的能人，有较高的思维能力，有优良的思维品质，有良好的思维习惯。

思维引导课堂教学模式基本框架是：创设情境，设疑激欲——活跃思维，启导引欲——悟理展欲，质疑求索——深层开掘，寻疑求索——总结、应用、巩固、提高——认知重组，能力发展。为成功引导学生思维，教师可把设疑、质疑、解疑的思路融进整体设计中，不断设疑以引起学生思考，又不断地通过思维引导使学生能够体验受质疑的过程，达到释疑和解疑的目的，从而使学生在思维过程中既获得新知识，又获得成功的喜悦，从而培养了学生的思维能力。

教师采取的教学策略如下：

第一，须在吃透学生现有的学识水准和思维水平的基础上进行思维引导的设计。

　　思维是对客观现实的反映。客观性原则是思维研究的根本原则。这一点实际是进行成功思维引导设计的基本立足点。也就是说，要牢固确立"教是为了学"的观点，备课的重点应由"怎么教"转移到"如何学"的方向上来。说得具体些，就是教师在教案设计中时时要自问：这样教，学生能否向"学得轻松，记忆牢固，理解深刻，联系广泛"这一目标靠得最近。

　　为此，教师要认真研究学生的学识状况（学科知识内容及水准、相关学科进度、物理模型与物理方法的掌握水平等）、思维状况（思维特征现状，包括班级学风特征的形成等影响思维现状的因素）、能力状况（如观察能力、实验能力、提问能力、分析与解决问题的能力、自学能力等）、身心素质（学习兴趣、学习习惯、抗挫能力、持久学习时间的长短、刻苦精神等），其目的就是探索在教学中如何充分调动学生思维的积极性，发挥学生的思维特点，最大限度地提高学生的学习效率。

　　总之，教师在研究了解学生的基础上进行思维引导的设计，才能具有针对性，与学生的实际情况相吻合，才算得上是有的放矢的教学。

　　第二，思维引导的教学设计要非常重视能持续激发学生学习动机的情境创设。

　　从学习论的观点来看，学习动机是积极主动学习的心理依据。在影响学生学习过程的诸多因素中，学生自身的因素是首要的，即内因起决定性作用，而在学生自身因素中，起决定作用的应是学习动机，它决定学生的学习自觉性、积极性和主动性。只有当学生有了明确的学习目的和强烈的学习需求时，才能自觉、积极、主动地学习，才能提高学习效率。

　　学习动机是在外界影响下形成的。教师的教学活动是促进学生形成学习动机的最直接、最有效、最持久的外界影响。就心理学而言，学生学习动机包括认知内驱力、自我提高内驱力和附属内驱力等多个方面。

　　对学习动机的认知内驱力的培养，教师主要从激发学生的好奇心与求知欲着手，以达到教学目标。即创设新奇性、新颖性、趣味性的情境，或创设认知冲突情境，或成功运用教学反馈机制等手段达到目的。

对学习动机的自我提高内驱力培养，教师主要应在成功激励与培养学生成熟的自尊心、自信心、好胜心上做文章，为此要创设适宜的教学环境。对学习动机的附属内驱力培养，教师主要是通过充分运用奖励、表扬、赞扬等正面激励机制及成功组织开展同学间的共勉活动，来达到目标。

第三，思维引导的教学设计要在突出重点、整体设计的前提下，追求"一气呵成"的理想境界。

只有高标准的追求，才会有高质量的产品。教学也是一样，要想达到成功引导学生思维的目标，必须对教学设计方案有一个理想境界的追求。而这一理想境界，简而言之，可用"一气呵成"这四个字来概括。具体地说，就是要争取达到"思路清晰、层次分明，启迪自然、激欲自如，引思有方、攻难有策，突出重点、深入浅出，环环紧扣、引人入胜，前呼后应、承上启下，学得有情、获得轻松，行云流水、一气呵成"的理想境界。

第四，成功引导学生思维要分层组织、精心设计思维阶梯。

教师整体设计方案确定后，接下来的工作就是把整堂课分为几个层次来进行具体的设计。而分层组织、精心设计思维阶梯，则是能否引导学生思维的关键，整体设计的优与劣也正是在这里得到充分的体现。

具体地说，就是教师要根据学科的知识结构的繁简，知识规律的难易，教学对象的实际来合理地选择教学的进度，巧妙地引导学生思维的发展，使教学能依据教学所具有的内在逻辑和学生思维发展特点有条不紊地进行。

第五，成功引导学生思维，应当持续设疑、质疑、解疑、寻疑，以求步步深化、细化、固化、内化。

如何使分层设计浑然一体，成功引导学生的思维活动步步深化呢？最佳方案就是把设疑、解疑融进整体设计中。托尔斯泰讲得好："知识，只有当它靠积极的思维得来，而不是靠记忆得到的时候，才是真正的知识。"智力也只有通过智力活动——思维才能得到发展。有趣的是，在思考的过程中，总是以旧知识为基础而又以新知识的获得为终结的。不断地设疑以引起学生思考，又不断地通过思维引导使学生能够释疑和解疑，从而使学生在思维过程中既获得新知识，又获得成功的喜悦，使他们醉心于成功的思维之中，把乐趣寄于积极的成功思维之中，就能极大地促进学生思维能力的提升。

但要使学生在整堂课中能积极思维，有效思维，就离不开设疑、设问的方法和技巧的运用。

第六，成功的思维引导，必须坚持双向互动、活跃思维的准则。

教学是以教师为主导、学生为主体的双向思维过程，教学的设计重点应放在如何启发引导学生积极思维、正确思维、有效思维、灵活思维、不断进取上。因为学生的思维活动越积极主动，越正确灵活，学生接受知识就越多，掌握知识就越好，记忆知识就越牢固，智力发展就越快，教学质量也就越高。

活跃学生的思维，不仅有赖于教师教法上的新颖多变，语言上的艺术水准，教学思维设计的合理高效，例题选择的典型得当，实验演示的成功有效，还要求教师能正确合理、巧妙地使用启发引导学生活跃思维的手段，促使学生顺利地跨越一个个思维障碍，解决一个个疑惑与问题，使学生真正尝到释疑解惑后的乐趣。这正是教师教学艺术的具体体现。

为使教学真正达到双向互助、活跃思维的目的，教师特别要注意的是启发、引导、点拨学生思维时的恰时性、方向性和灵活性。或者说，教师应该努力做到"启在关键处，发在疑难时，引在上升点，导在要害处，点的时间恰当，拨得分寸合理"。

另外，学生者主体也，执教者主导也。教育教学的核心和主体是学生，如何调动学生的学习主动性，引导学生自主学习和培养学生自主学习能力是教学的重中之重，也是培养具有创新能力人才的根本。为了实现这一目标，我在教学中主要突出以下理念：

首先，课堂民主：小组合作式教学。课堂民主，学生思维才能活跃，创新才能得以实现。教师应该成为学生学习的组织者、引导者和参与者，建立一种资源共享的伙伴型师生关系，以平等的态度对待每一位学生，促进学生主动参与，勇于实践，积极探索。让学生用有限的时间进行高效的学习，以自主学习为中心。在课堂上，教师借助导学案例，让学生体验学习的过程，真正成为认知知识、感悟知识、理解知识、体验获取知识乐趣的第一主人。民主的课堂氛围为小组合作探讨提供了可能，学生得以在小组内进行充分而深入的探讨：议疑难，探求解决问题的途径；议规律，掌握思路；议"常发病"，寻根求源；议争议，统一认识；议知识结构和特征，提高学习效率；议创见和发现，培养创新思维，使课堂成为师生间思维碰撞、共同领悟并形成结论的园地。

其次，问题引领：实现师生、生生间的对话交流。课堂教学中问题主要来自教师提出的问题和学生提出的问题。其一是教师在课堂上的提问，是师生之间展开对话的前提。教师不断地询问学生对某个问题的理解，使学生处于思维的状态并迅速在头脑中搜寻解决问题的策略。教师在备课时要注重教学问题的选择、设计与呈现，应该从学生的实际出发，与他们的真实需求相吻合，和他们的实际水平相匹配。其二是学生提出的问题，有效的教学策略是引导学生自己发现问题、提出问题、解决问题，因此当学生能够带着问题、矛盾、困惑、方法、理解走向自我、走向同伴、走向教师的时候，就意味着"回归学习本真"的教学思想及营造师生和谐课堂生态环境得以充分彰显。

最后，充分主导：纠错机制创新教育。课堂是允许学生出错的地方，因为许多差错背后往往闪烁着智慧的光芒。学生的错误是一种很好的教学资源，当学生在课堂上出现错误或产生问题时，教师不能视而不见，充耳不闻，要从学生的视角看待这些错误，让学生坦承自己的想法，耐心倾听他们的表述，不轻易否定学生的答案，尊重学生的思维成果，与学生一起经历挫折，让每个学生都参与整个学习过程，让他们在合作交流中主动寻求解疑的策略，充分发挥学生之间的思维互补功能。学生在对错误答案启发、讨论、争辩的过程中，形成了一种多层次的多向交流，他们的思维异常活跃，观点产生碰撞，智慧得到启迪。学生在讨论和争辩中掌握了所学的知识，不仅训练了思维，也使他们各方面的能力得到提高。错，不怕，怕的是一错再错；对，不喜，喜的是知其所以然。

我们每个老师都是自我价值和社会价值的实现者、享受者和传递者，我们没有放弃，诚然也不会殉道；我们走不到圣殿，但是也不会停下攀登与思想的脚步。或许，我们并不璀璨，却也光亮。我们行走在教育的春天，繁花似锦的岁月。我们在坚守自我，走出自己的教学风格，塑造自己的教学思想。让我们用教师的生命活力焕发课堂精彩纷呈，赋予孩子们生命本色与热爱，让他们的生命充满激情与理性。

正像《为未知而教，为未来而学》一书所言："我们需要一种更具有'未来智慧'的教育视角，在复杂多变的世界努力培养人的好奇心、启发人的智慧、增进人的自主性和责任感，引导学生积极地、广泛地、有远见地追寻有意义的学习。"

现代教师应追求三个境界：安于平凡，不甘平庸，追求卓越。要安心于平凡的教学工作，踏踏实实地做研究，在平凡中见伟大；不把教师知识传递作为教育的终极目标，不断向自我挑战。教师对自己的工作要严要求，不断超越自己，坚持不重复过去，不重复别人，不重复自己。

回顾这 26 年来的教学之路，我相信，不间断地开展教育教学研究，再把研究的成果应用到教学实践中去检验，然后反思总结，不断提高自身素质，形成一个良性的逐渐上升的循环(图 2)，我们一定可以尽快地成为一个研究型的教育名师与专家。

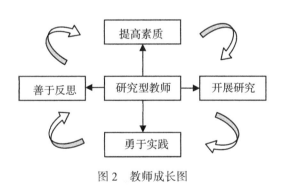

图 2　教师成长图

仰望星空，我们要有教育理想和追求，秉持对事业的执着坚守；脚踏实地，我们应身体力行，在教学中尽心、尽力，更要尽智。要在研究实践中生成和丰满我们的教育智慧。"捧着一颗心来，不带半根草去。"著名教育家陶行知的话，是我永远的座右铭。

诗云："高山仰止，景行行止。"理想的教育是无人可及的，但教育的理想却应人皆有之！我会更加努力提升自己的教育、教研业务水平，勇攀教育创新的精神高地，守望教育理想，追梦精彩人生！

聚焦核心素养　回归物理文化

深圳市光明区马山头学校　朱建山

从 1999 年 6 月召开的第三次全国教育工作会议上发布《中共中央国务院关于深化教育改革全面推进素质教育的决定》，明确指出素质教育要"以培养学生的创新精神和实践能力为重点"，一直到近几年，构建国家创新体系进一步得到党和政府以及全社会的高度重视。如，2017年 1 月 10 日《国家教育事业发展"十三五"规划》强调："从中小学做起，注重激发学生学习兴趣、科学兴趣和创新意识，加强科学方法的训练，逐步培养学生逻辑思维与辩证思维的能力。……大力开展校内外结合的科技教育活动，加强对学生科学素质、信息素养和创新能力的培养。"2019 年 6 月 11 日，《国务院办公厅关于新时代推进普通高中育人方式改革的指导意见》指出："改进科学文化教育，统筹课堂学习和课外实践，强化实验操作，建设书香校园，培养学生创新思维和实践能力，提升人文素养和科学素养。"2019 年 6 月 23 日，《中共中央国务院关于深化教育教学改革全面提高义务教育质量的意见》指出，要"提升智育水平，着力培养认知能力，促进思维发展，激发创新意识"。几代国家领导人也对构建创新型人才培养模式做出过重要指示，创新教育逐渐成为我国教育界的一个影响最为广泛的热点问题。但是到目前为止，如何对中小学生进行创新能力培养仍然缺乏成熟的理论和实践模式。

我们知道，物理学是一门实验科学，物理实验既是物理教学的基本方式和手段，也是物理课程教学的重要内容和主要环节。物理实验有助于培养学生的好奇心、求知欲，培养学生的实践能力、创新精神以及科学素养等。中学物理课程"有助于学生继续学习基本的物理知识与技能；体验科学探究过程，了解科学研究方法；增强创新意识和实践能力，发展探索自然、理解自然的兴趣与热情；认识物理学对科技进步以及文化、经济和社会发展的影响；为终身发展，形成科学世界观和科学价值观打下基础"。因此，物理的学科特点决定了物理教育在培养学生创新能力方面具有得天独厚的优势。物理学的发展史就是一部创新史，科学家们研究物理问题的方法和思维过程，为实施创新教育提供了极好的指引。

但是，目前物理教学的现状却与国家对创新人才培养的需求存在较大的距离。长期以来，物理教学方式还是以学生被动接受式为主要特征，普遍存在着重结论轻过程、"满堂灌"和脱离生活实际的题海战术等弊端。我们仅仅把理解巩固知识作为物理知识应用的首要目标，将学生丰富多彩的课堂活动简化为一个知识接受的简单过程：过于强调教师的主导作用而忽视学生的主体作用，过于强调基础知识、基本技能的教学，而轻视对学生情感态度与价值观的培养，过于强调接受学习而忽视学生的主动参与和探究性学习，忽视知识的形成过程和应用过程。学生在教学中接触的是标准答案，学生做实验变成"看实验""程式化实验""试题实验""应试式、齐步走实验"，缺少探究过程的实践体验。

如此种种，教师过于强调接受知识性结论，死记硬背和机械训练的教学方法，忽视了学生的主动参与、学习体验以及探究和创新，使物理学科枯燥乏味，抽象难学，极大地束缚了学生的创新意识和创新思维，也使物理教育在培养学生创新能力方面的独特功能未能得到充分发挥。物理教师都有这样的体会：学生刚接触物理课程时兴趣盎然，可是时隔不久，兴趣就消失殆尽。学生对做实验很感兴趣，但对物理课却没有兴趣。究其原因，在于现行的教学法不能大面积地提高学生学习物理的积极性，虽然能够教会学生掌握一些概念、一些公式，但是学生的学科核心素养无法得到培养。所以，无论是时代发展的需要、新课改的需要还是学生主体发展的需要，我们都要改变传统的物理课堂教学形式。

综上所述，我们设想从学科育人的高度，从文化这一新视角聚焦物理学科核心素养，以开发和利用"非常"实验为出发点和落脚点，通过充满"惊奇"的物理"非常"实验教学活动，激发学生创新意识，为培养学生创新能力提供一个重要切入点和突破口，使学生能像物理学家那样欣赏物理学，改变物理学抽象、枯燥难学的现状，拉近学生与物理学的距离，同时对在当前中、高考模式下如何真正切实有效地开展创新教育、培养创新人才，提供一个清晰的思路和有效模式。

一、思考与启发：剖析中学物理教育的本原问题

翻看各个版本的物理教科书，差不多对物理学都有这样的定义："物理学是研究物质结构、物质相互作用和运动规律的自然科学。"但这仅仅是对物理这门科学在学术意义上的一种界定，而我们所面对的"物理"，它既是科学同时又是一门课程，于是我们有必要从教育意义的层面上进行一番再认识，以挖掘其丰富的学科育人的价值内涵。

（一）思考——物理课程的价值目标

首先，从现代认知心理学的角度来看，作为教学范畴内的知识，可以分为两大类型：一类是陈述型知识，也称为描述型知识，它是关于事物状况和事实的知识，这一类知识可以被陈述和描述。如各种概念、定义、定理、定律以及知识结构或体系等。另一类是程序型知识，是一套关于办事的操作步骤和过程。这类知识主要用来解决"做什么"和"如何做"的问题，可用来进行操作和实践。物理思想方法就是一种程序型知识，在中学物理学中蕴含着大量的思想方法，如：物理建模法、类比推理法、隔离法与整体法、等效变换与等效替代法、补偿法、控制变量法、比值法、乘积法、外推法、理想化的思想、对称的思想、近似的思想、累积的思想、放大的思想等。物理学之所以一直被公认为处于整个自然科学的基础地位，不仅仅在于它对客观世界的规律做出了深刻的揭示，还因为它在发展过程中，形成了一整套独特而卓有成效的思想方法体系，这些思想方法是伴随物理学的发展而建立起来的。可以这样说，在物理学发展过程中，每一次物理学上的重大突破都是来自思想和观念上的大突破，都会强烈地在哲学史上留下难以磨灭的转折性的印记。爱因斯坦曾经明确指出："在建立一个物理学理论时，基本观念起最主要

的作用。物理书上充满了复杂的数学公式，但是所有的物理学理论都是起源于思维与观念，而不是公式。"

其次，从教育价值角度来看，朱铉雄教授认为物理课程的价值可以分为三个层次：一是知识的价值——用文字和公式表现出来的关于物质结构和物质运动形式的众多基本定理和定律，它们集中地反映了人类对自然界不断深化的认识。二是情感的价值——用精练的科学语言和优美的教学形式，形成和构筑起对自然界的认识图像，发现和感悟更多的科学美和自然界的和谐美。三是思想方法的价值——以严密的逻辑性和系统性体现的、隐藏在这些定理和定律背后深刻的思想和方法论，物理学中的科学思想方法是物理教学的灵魂，体现着物理文化的丰富内涵。所以，从某种程度上说，系统掌握了科学思想方法就抓住了学习的灵魂，正确整合科学思想方法就促进了教学改革的健康发展，灵活应用了科学思想方法就打开了创新的源头活水。

(二)启发——物理学科的本质内涵

著名法国科学家庞加莱曾说过："物理学是由一系列事实、公式和法则建立起来的，就像房子是用砖砌成的一样。但是，如果把一系列事实、公式和法则看成物理学，那就犹如把一堆砖看成房子一样。"因此，我们应该拓展课程的学科视域，对物理学科的内涵及本质有一个全面深刻的理解与把握，对"物理究竟是什么"这个根本问题有一个真正清晰的认识。关于物理学科的本质，我们可从三个层面去解读。

1. 物理是一门科学

物理学是一门以实验为基础的自然科学，它是发展最成熟、高度定量化的精密科学，又是具有方法论性质、被公认为最重要的基础科学。物理学取得的成果极大地丰富了人们对物质世界的认识，有力地促进了人类文明的进步。正如国际纯粹物理和应用物理联合会第 23 届代表大会的决议《物理学对社会的重要性》指出的，物理学是一项国际事业，它对人类未来的进步起着关键性的作用：探索自然，驱动技术，改善生活以及培养人才。

2. 物理又是一种智慧

物理学之所以被公认为一门重要的科学，不仅仅在于它对客观世界的规律做出了深刻的揭示，还因为它在发展、成长的过程中，形成了一整套独特而卓有成效的思想方法体系。正因为如此，物理学当之无愧地成了人类智慧的结晶，物理思想与方法不仅对物理学本身有价值，而且对整个自然科学，乃至社会科学的发展都有重要的贡献。

3. 物理还是一种文化

物理文化是科学文化的重要组成部分。物理学是以实验为基础的科学，最讲究实证，它的基本研究方式就是实践，物理学家在科学研究活动中最基本的态度就是实事求是，因而在客观性上表现为"真"；物理学创造的成果最终是为了造福全人类，它在目的性上体现出"善"；另外，物理学还在人的情感、意识等多方面反映了"美"。物理的"美"属于科学美，主要体现于简单、对称和统一；对称则统一，统一则简单，它们构成了物理学的基本美学准则。正因为物理学本身兼具真、善、美的三重属性，所以我们完全有理由说，物理不仅是一种文化，而且是一种高层次、高品位的文化。

综上所述，借用吴加澍老师的观点概括地说，物理教学的核心价值就在于促进学生实现三个转化：一是把人类社会积累的知识转化为学生个体的知识，使他们知道世界是什么样的，成为一个客观的人；二是把前人从事智力活动的思想方法转化为学生的认识能力，使他们明白世界为什么是这样的，成为一个理性的人；三是把蕴含在知识中的观念、态度等转化为学生的行为准则，使他们懂得怎样使世界更美好，成为一个创造的人。

作为一名物理教师，能对自己所任教的物理作一番全方位的审视与剖析，这是十分必要的：一方面可使我们看到物理原来有着如此丰富的内涵，从而会更自觉地去挖掘和开发它的育人功能，全面提升教学质量；另一方面又使我们感到物理原来有着如此美好的禀性，从而更加钟爱物理，更有激情地去从事物理教学。笔者以为，只有真正热爱物理的物理教师，才能做到不仅教会学生如何去理解物理、应用物理，而且还会进一步引导他们去感悟物理、欣赏物理。

二、探索与发展："实验引领 任务驱动"的课改探索

著名物理学家劳厄说过："教育给予人们的无非是一切已学过的东西都遗忘掉的时候所剩下来的东西。"对于物理学科教学来说，教师就是夯实物理学科素养，实现前文引用吴加澍老师所述的"三个转化"，让学生终身受益。

那么，如何在课堂教学中体现物理教育的这种教育价值观念呢？

(一)探索——"非常"实验：点燃创新的火花

麦克斯韦说："没有实验的物理是不可想象的。"的确，在物理学中，每个概念的建立、每个定律的发现，都有其坚实的实验基础。物理实验及其教学是物理教学的一个重要组成部分，它既是物理教学的重要基础，又是物理教学的重要内容、方法和手段。物理学是一门实验科学，实验能为学生提供符合认识规律的环境，激发学生的求知愿望，培养学生学习物理的兴趣和良好的科学精神，也是培养学生科学探究能力的重要平台，实验教学是培养学生科学素养、合作意识、创新精神等内隐品质的重要途径。

基于此，针对物理学科特点，并结合当前物理教学实际，在研究的探索阶段，我们提出了物理"非常"实验的概念。

我们提出的"非常"实验是指有目的地选择和利用实验室之外的其他存在物及创新设计而开展的一类体现自创性、体验性、趣味性、简易性、生活化的物理实验教学活动，这里的"非常"包括不同的、特别的、极端的、非常规的等意思。我们的物理"非常"实验与人们熟悉的"自制教具""低成本实验"以及"课外拓展实验"等概念具有一定的内在联系，也有明显的区别，是其中的"精华"部分。其逻辑关系如图1所示。

经过多年的研究积累，我们在2016年8月由东北师范大学出版社出版了《"非常"实验：点燃创新的火花——中学物理实验教学创新研

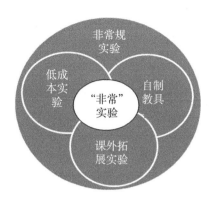

图 1　"非常"实验的界定

究》一书，为具体操作实践提供了指南。我们这个研究的主旨是将创新思维理论和物理实验课程资源的开发利用相结合，探讨在物理实验教学中促进学生创新思维发展的教学模式，基本的思路是论述开发"非常"实验的策略、途径，使物理教学变得更加生动有趣，使实验更有智慧，使实验教学变成学生体验创新智慧的过程。该书主要论述了以下几个要点：

1."非常"实验的创新特质

我们提出的"非常"实验更加强调物理实验的"新""奇""趣""美"（如图 2），更加注重对学生创新思维的训练和熏陶，追求足以让人惊叹，让人眼前一亮，发出尖叫的强烈刺激的效果，是最能激发学生创新意识、启迪学生创新思维，最具有"物理味"特别令人"惊奇"的课堂教学实验。

与利用实验室装备的专门化实验器材开展的"常规"物理实验不同，"非常"实验具有两层含义：一是在资源利用方面不拘泥于实验室的成品装置，而是直接利用环境中"本来用途不是用来开展实验"的物质资源，包括生活易得物品、材料、器具、人体自身、交通工具、建筑设施、娱乐器材等，同时包括利用研发自制的实验器具；二是在实验效果显现方面，采取灵活与简便的方法与形式，使实验过程体现自创性、体

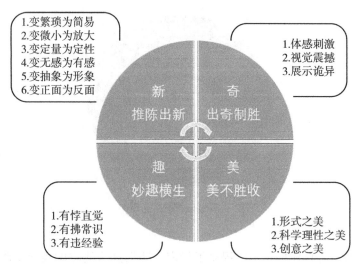

图 2 "非常"实验的创新特质

验性、趣味性、简易性与生活化,以最简单的器材、最真实的探究获得最深刻的物理思想方法的体验。

"非常"实验是反思常规物理实验在育人功能上存在的局限性而提出来的,它与常规物理实验、计算机辅助实验、模拟实验及仿真实验有机结合,优势互补,众多物理实验资源的开发和利用为物理新课程改革提供了重要支撑,使物理创新教育不再是空中楼阁、无源之水。

2. 中学物理"非常"实验的创新途径

《高中物理课程标准》指出:"实验室的课程资源不仅限于实验室的现有设备,学生身边的物品和器具也是重要的实验室资源。"

在我们身边到处都是可以用来做实验的器材,只要善于动脑、巧妙设计,就可以用其创设教学情境,引导学生观察、思维,同时还增加了学生动手的机会。故此,"非常"物理实验资源来源于生活,贴近生活,直观、新奇有趣,借助它来展现物理现象,形成物理概念,探究物理规律,更能使学生感到物理学就在身边,更有亲切感,激发学生的兴趣和好奇心,产生亲身体验、自主探究的欲望,从而提高学生的学习积极性和主动性。由于开发了大量简单实用有趣的"非常"实验资源，我们的实验教学也由看实验变为自己动手做实验，变被动接受知识为主动探求知识，变限制性实验为开放性实验，便于学生在宽松、自由的氛围中积极自由地动手和动脑，对促进学生学习方式的改变、开拓学生的视野和空间、实现学习的拓展和迁移具有重要的作用，既增加学生对物理规律的理解深度，又可以极大激发学生学习物理的积极性，培养学生发散性思维和创造性思维能力，也培养了学生的创新能力。

　　我们总结的"非常"开发途径一般都是利用环境中"本来用途不是用来开展实验"的物质资源(图3)。

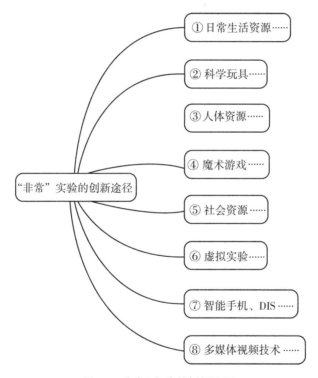

图3　"非常"实验的创新途径

3. "非常"实验的开发流程

物理"非常"实验的具体方案与器具的设计，我们是依据一定的教学与学习理论，遵循设计原则进行的。一般的过程是从教学主题出发，在确定实验内容的前提下，分析各种备选生活材料、物品、器具等资源的物理特性，根据实验需要进行发散思维与集中思维，然后对产生的多种方案进行比较，筛选出符合教学目标和设计原则的物理"非常"实验方案。物理"非常"实验开发的具体流程如图4所示。

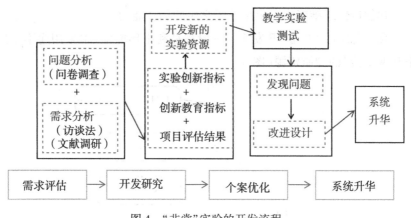

图4 "非常"实验的开发流程

在实际的设计过程中，可以采取以下两条设计路线或思路进行：

（1）针对具体实物的物理"非常"实验设计

从生活环境中的某一具体实物出发开发演示实验资源，就是从物理教学的视角审视潜在资源的价值，进而开发其实验用途。

生活中的材料、物品、器具等物质资源，除了有其生活用途之外，都具有某些物理特性，如外观形状、特有的功能、质地、弹性、导电性、导热性等，全面分析和列举这些物质资源的物理特性是有效利用它们设计"非常"物理实验方案与器具的基础。在具体的设计过程中，首先要思考某一具体实物的某一物理特性有可能被哪些物理教学主题所用到，将这些特性与教学主题建立对应的联系，这是一个发散思维与集中思维同时进行的过程，接下来才是"非常"物理实验方案或器具的具体设计过程，或者可以直接用来呈现某些物理教学主题的相关原理，或者通过人为控制或干预，创造出特定的观察条件，或者通过人为改变结构及与他物组合，形成某种实验器具以呈现预期的物理现象等。

（2）针对实验主题的物理"非常"实验方案设计

这是根据实验主题或教学内容需要，发散和集中思考选择可利用的材料、物品、器具等来解决物理"非常"实验融入创新教学的设计思路。在上面的步骤中已经讨论了实验资源的选择问题，其实，实验选材和设计一般是紧密联系在一起的，而选择材料的过程分为"初选"和"筛选"两个环节，"初选"过程是将物理属性符合或基本符合实验要求的物品、器具等列举出来，侧重从物理学的视角对生活环境资源实验价值进行审视，这是发散思维的过程；"筛选"过程是侧重于从教学与学习理论和物理"非常"实验设计原则出发，分析"初选"出来的各种材料、物品、器具等是否符合教学目标要求，以及设计的物理"非常"实验方案与器具是否可行或便于实施，这是集中思维的过程。

4."非常"实验的教学策略

要促进学生创新思维的发展，除了积极利用各种资源开发物理"非常"实验教学，更要改进教学策略，在传授知识的同时训练学生的创新思维，培养学生的创新精神和创新意识。结合物理"非常"实验特点和新课程基本理念，我们主要采用以下教学策略来达成物理创新教育目标。

（1）实验情境的创新设计——激趣导学策略

激趣导学就是在物理教学过程中，教师选用新奇有趣、内涵丰富的物理"非常"实验创设情境、导入新课，激发学生的好奇心和求知欲，增强他们的学习兴趣，从而提高他们的创新意识。实践证明：学生的认知内驱力来自观念冲突，由于物理概念、规律、法则、定律等本身不具备吸引学生注意力的属性，学生往往对奇异的物理现象、物理过程的再现等表现出强烈的好奇心。因此，我们要积极开发和利用物理课程资源，在物理教学过程中，要从学生的心理特征和物理学科的特点出发，根据教学内容选择适当的情境素材，用直观手段与语言描绘相结合等手段，创设新颖的课堂教学情境，如利用新奇有趣的物理实验引入，把常规实验进行包装，改造成魔术表演、游戏等学生喜闻乐见的形式，列举生活中与所学的知识有关的趣事、生动的物理史料，或呈现给学生的材料、现象与学生原有知识经验发生矛盾等，把学生引入物理世界，使学生的情感活动与认知活动结合起来，激发学生的学习兴趣和参与意识，激活学生强烈的求知欲。

（2）实验方法的创新改进——设疑引问策略

有些物理实验，由于实验原理不够完善和实验方法单一，或者实验效果较差，或者有较明显的误差等，因此在物理实验教学中，应引导学生努力改进实验方法，训练学生创新思维的独创性。

设疑引问就是基于物理"非常"实验教学具有个性化和开放性教学的特点，在物理教学中，启发学生积极思考，大胆提出问题：为什么要按照教材的要求做，有没有其他方案？在教学过程中，我们在实验方法上进行很多创新的改进，例如将一次实验"分解"为多次"强化"实验、将一个实验"解剖"为多个"垫底"实验、将一个实验"拓宽"为多个"纠偏"实验等，这些非常规的改进引出的问题有利于培养学生独立思考的习惯，给予学生在思维上以新的触动，真正达到通过实验激发学生的创新意识，培养学生发散思维的目的。所以在实验教学中应打破常规，对教材中安排的实验，不妨灵活地对实验目的、实验器材、实验条件、呈现方式等等方面加以变化，从人体体验出发，以魔术和杂技表演的方式设计实验，加入科学探究的相关内容等，以便发挥学生的想象力，克服机械模仿和照搬的习惯，逐步培养学生的迁移能力和创新精神。

（3）实验过程的创新体验——动手探究策略

动手探究策略就是基于物理"非常"实验具有成本低廉、体验性强、内含创新价值等特点，从科学领域或现实社会生活中选择和确定研究主题，创设一种类似科学研究的情境，通过学生自主、独立地发现问题，对可能的答案做出假设与猜想，并设计方案，通过实验、操作、调查、搜集证据，对获得的信息进行处理，得出初步结论。学生通过收集和处理信息、表达与交流等活动，获得知识、技能、方法、态度特别是创新精神和实践能力等方面的发展。

在现行中学物理教材中的学生实验大部分是验证性、测量性实验，验证性实验往往使学生带有预知性地进行观察，使观察被"成见"左右，甚至当观察到的结果与预料不符时，也会不顾实际情况仍按期望得出结论，这就扼杀了青少年学生的创新能力，使学生对物理实验失去兴趣。因此，在教学中要充分挖掘教材中的验证性实验，转化为探究性实验（例如变部分演示实验为学生随堂实验，变部分验证性实验、测量性实验为探究性实验），突出实验的创新性，发挥探究性实验教学在培养学生的科学态度、科学方法，以及促进学生创新思维发展的作用，使学生学会研究与探究实验的方法，激发学生的好奇心和求知欲，促使学生主动探究解决问题的正确途径，让学生成为新知识的探究者和发现者。

（4）实验难点的创新突破——发散求异策略

创新思维有两种基本形式：发散思维和集中思维。

发散求异就是利用物理"非常"实验具有程式多变、物具他用、体现自创的特点，在物理教学中，以课本知识为发散源，通过对物理实验加一加、减一减、改一改、变一变、扩一扩、缩一缩等方法进行改进和创新，开发物理"非常"实验资源，进行拓展、变形，发散出多个有价值的问题，训练学生的发散思维能力，同时适时加强总结，比较各个设计方案的优劣，训练学生的集中思维，然后再变换条件训练发散思维，再加以总结训练集中思维……我们的具体目标就是通过多次的发散和集中，防止学生"照方抓药""依葫芦画瓢"的简单操作，为学生营造一个能使学生充满惊奇的热爱物理的探究创新的文化氛围，让学生在这样的氛围中受到创新精神的熏陶，有意识、有计划、有目的地对学生进行创新思维品质的综合训练，以增强学生的创新兴趣和信心，培养学生乐于创新的个性品质，并潜移默化地形成探究创新能力。

在实验教学中，对于一些教学的难点问题，往往是学生最难理解与掌握的，如果能对实验难点进行发散求异的创新改进，不但使实验变得轻松与简单，而且在整个过程中都能体现出创新的美，对于培养学生的思维，本身就是一个很好的例子。

在物理学科教学中结合"非常"实验进行创新教育的教学方法与模式不同于传统的教学方法与模式，它要体现本身的创新性和发展学生的创新性两个方面。因此，创新教育下的物理课堂教学多采用新型的教学模式和方法。几种常见的新型教学模式有"任务驱动型"模式、"抛锚式"模式、"启发—创新"模式、"交流—互动"模式等。

(二)整合——让物理课堂更有"思想"

我们正处于一个呼唤创新的年代,思维能力、创新能力的重要性在国内提到了从未有过的高度。在这样一个创新精神被极度弘扬的时代,我们的教育目标已经定位于培养"具有创新精神和实践能力"的人。因此,在课堂教学中如何培养学生的创新思维,应该成为全体师生共同追求的最高理想。由于创新素质与能力的获取更多地是依赖物理思想方法,因而在中学物理的教学过程中,应把握住科学思想方法这一精髓和灵魂,强调将科学思想方法的渗透放在教学的首位。

1. 理解"思想课堂"的内涵

著名物理学家劳厄说:"教育给予人们的无非是一切已学过的东西都遗忘的时候所剩下来的东西。"劳厄所说的剩下的东西是什么呢?显然不是知识,而应该是思维能力、思想方法和科学精神!

另一位著名物理学家玻恩在接受诺贝尔奖时也曾说:"我荣获1954年的诺贝尔奖,与其说是我发表的论文里包括了一个自然现象的发现,倒不如说是那里包括了一个关于自然现象的新思想方法基础的发现。"由此可见,物理学中的科学思想方法在物理发现中的重要性。

因此,所谓让物理课堂更有"思想"(简称"思想课堂"),我们的定位就是在物理课堂教学中整合物理科学思想方法,注重科学素养的提升,让学生学会科学思维,善于思考,锻造科学精神,进而形成正确的思想。只有掌握了物理思想和方法,学生在今后的学习中思维方法就会运用自如,会使一个人受益终生。

对于学生来说,学习物理重要的不仅仅是物理知识,而是物理思想、物理方法和物理能力。在进行系统的物理知识教学的同时,应使学生受到感染,潜移默化,逐步掌握物理思想、物理方法。正如中学物理的内容分为三个层次,由浅入深、由低到高依次是物理知识、物理思想方法和科学精神,物理学习就是获得物理知识、掌握思想方法、修养科学精神。

2. 物理教学中的"思想"整合

所谓"思想"整合，其基本内涵就是教师在物理学科思想方法的指导和统领下，创造性地将各种教学资源和各个教学要素及教学环节，经过整合、组合和相互融合，在整体优化的基础上产生聚集效应，从而提高学生综合素养，促进学生发展的一种教学方式。

由于科学思想方法都是蕴含在庞杂的、具体的物理学科知识中，具有内隐性和高度的概括性，要实现整合式教学模式，首先是教师必须将蕴含在具体学科知识中的学科思想方法充分准确地挖掘出来，其次是教师善于将某个思想方法与某个知识点进行整合性教学，并有效地将学科思想方法落实到教学过程的每个环节。

物理科学思想方法的整合教育，一般按照以下程序进行教学设计：确定教材的类型→分析挖掘教材中的科学方法因素→确定物理科学思想方法教育的重点内容→制定物理科学思想方法教育的教学目标→确定具体的课堂教学程序过程评价。

当然，在具体的课堂教学中可以根据实际情况，采取隐性的教育或者显性的教育，在进行一定时间的物理科学思想方法的渗透性教学后，要适当提出有关的物理科学思想方法名词；或者在总结时进行显性的物理科学思想方法教育，明确本堂课中物理科学思想方法教育的具体内容与要求(包括物理科学思想方法的简单内涵，应用这种方法的简单步骤等)，也就是说，"过程可以隐性，总结一定要显性"。

三、超越与凝练："始于惊奇 濡以文化"的理念成型

随着基础教育课程改革的不断深化，课程文化作为课程改革的深层次因素和重要目标，日益受到人们的重视。物理学是一门科学，也是一种智慧，更是一种文化，可以"传授知识、涵养精神、塑造人格"。在此基础上，我们要顺应时代的要求，在新的教育理念下，不能仅仅从物理知识工具的角度，而是要更多地从文化的视角，挖掘并提升物理文化的深刻内涵，从而促进物理创新教育实践。

(一)超越——关注物理知识的文化取向

物理文化是科学文化的一个子系统，它是一种高品位的文化。它发源于西方，并从西方向全世界传播，逐渐成为全世界人民共有、共享的主流文化之一。作为自然科学的重要组成部分的物理学，在经历了近代科学革命的洗礼后，逐渐发展并形成了自己稳定的创造主体——物理科学共同体、特有的科学研究方法、特有的语言符号、丰富的成果以及共享的人类群体，并且已经以相对独立的文化——物理文化——存在于人类整体文化之中，同时潜在地影响着人们的生活方式和思维、行为方式。

费曼在他的《费曼物理学讲义》的结束语中这样写道："我讲授的主要目的，不是为你们参加考试做准备，甚至不是为你们服务于工业或军事做准备，我最想做的就是给出对于这个奇妙世界的一些欣赏，以及物理学家看待这个世界的方式，我相信这是现今时代里真正文化的主要部分。也许你们将不仅对这种文化有欣赏，甚至也可能你们会加入到人类理智已经开始的这场伟大的探险中去。"应该说这是关于物理文化的比较早的论述。

近来，少数学者对"物理文化"有所论述，其中厚宇德将物理文化界定为："是以物理学工作者为中心，为创造者、实践者向人类社会辐射的一种文化，它集中体现为物理学家的思想及思维模式、情感模式、行为习惯、价值标准、工作方式等。"这是我们比较认同的一种观点。

笔者认为，从这一文化新视角进行物理教学研究，其重要意义在于使广大物理教育工作者能将物理学置于广阔的人类文化之中去考察，使学生能像物理学家那样欣赏物理学，发现物理学与人类文化的关系及其对人类文化的影响。可以断言，在物理教育中，物理文化教育将从隐性变为显性，物理教育将从基于知识的教育变为基于文化的教育，使物理学作为人类的优秀文化能让绝大多数学生接受，提高学生的核心素养，增强抵御迷信和伪科学的能力。

(二) 凝练——"始于惊奇 濡以文化"的物理文化课堂理念成型

著名特级教师吴加澍老师对"物理树"有过精彩论述："最先映入人们眼帘的树叶、果实，就像物理学科的知识层面；而支撑着它们的树枝、树干，好比物理学科的思维层面；它那深深地扎入泥土、维系着大树生命的树根，则是物理学科的文化层面。"为此，我们必须重构文化取向下的物理知识观。本文前面已提到，物理知识也有两种形态：一种是外显的学术形态，另一种是内隐的教育形态，前者具有实用价值，后者则有教化功能。我们的教学应该从学术形态深入到教育形态，即在重视物理知识的科学内核的同时，还要注意挖掘它的文化底蕴，提升物理教学的文化品性。让学生在学习知识的同时，还能进一步去探寻知识的渊源，揭示知识的本质，体悟物理的美感，从而全面发挥物理知识的教育价值。

所以，我们在设计和开展教学时必须以物理核心素养为导向，将物理观念、科学思维、实验探究、科学态度与责任等要求，自始至终贯穿在教学活动之中，使物理教学过程成为学生核心素养的形成过程。

受此启发，我们构建的"始于惊奇 濡以文化"的物理文化课堂教学模式，不再只是关注知识的传递，而是通过物理文化的渗透，夯实学生的物理学科素养，使物理课堂不再局限于单调、枯燥的物理解题教育。如图5所示，科学观念就像鸽子的头颅，有了科学观念，鸽子才有正确的思想观念，少走弯路；科学态度和责任如同鸽子的尾翼，就像航行的舵一样，有了它才不会偏离航向；而我们总结出的"基于HPS的'准历史现象'教学法"（能够把科学史、科学哲学与科学社会学融入物理课堂涵养物理文化）与"基于'非常实验'的任务驱动型教学法"（能够培养科学探究）两种物理文化课堂教学转型的教学方法就像是鸽子的两翼，为鸽子提供飞行的动力；物理文化就是鸽子的心脏，有了文化素养（心脏）的鸽子才能够翱翔于天空。

(三) 实践——基于聚焦核心素养的物理文化课堂构建

基于以上理论，我们逐步进行了基于聚焦核心素养的物理文化课堂

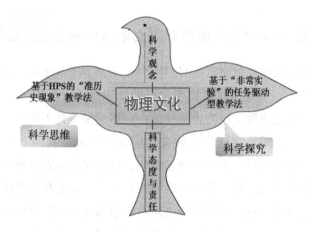

图 5　聚焦物理学科核心素养与回归物理文化的逻辑结构

教学转型，具体包括以下三种类型：

1. 基于 HPS 的"准历史现象"教学法

近年来，国际科学教育界大力倡导把历史、哲学与科学社会学（history，philosophy and sociology of science，HPS）纳入中小学科学课程中，以期促进学生对科学本质的理解，帮助学生形成正确的科学本质观，培养他们的科学精神和创新能力，即所谓的 HPS 教育。目前，大部分发达国家已经开始注重 HPS 教育，其中美国在这方面表现尤为突出。

西方 HPS 教育专家马修斯（1991）认为："HPS 教育的主要作用就是既联结了自然科学的不同学科，又联结了自然科学与其他学科，最终目的是促进科学与文化的联结，使科学能够与公众的自身、文化、道德、政治指向相关联，可以使公众对科学及科学相关教育做出更完整的理解。"首都师范大学丁邦平教授（2000）认为，HPS 对科学教育改革的作用主要体现在以下几个方面：首先，为原来非人文化的学校科学课程提供了人文化的因素；其次，HPS 教育可以起到沟通英国学者斯诺所提出的"科学文化"和"人文文化"两种文化的作用；再次，把 HPS 教育融入科学课程中有助于克服教育中出现的一些问题，如女生不喜欢学习科学，公众对科学态度的冷漠以及科学在历史、文化和社会中地位理解不足；最后，可以使学生更好地理解科学本质。从以上 HPS 的作用来看，把 HPS 融入物理教育改革中，可以极大改善物理教学质量，培养学生多方面的能力。

综合以上几点的分析，并受近年来史学研究中提出的"准历史现象"研究的启发，我认为可以考虑运用"准历史现象"教学法来组织物理教学，即将这一方法迁移到物理教学当中，将与教学内容相关的物理学史料，尤其是对某一物理理论的形成曾起到关键作用的人物、事件和思想，进行物理文化重演，即在教师指导下，让学生去揭示物理知识的发生原因、经历物理知识的形成过程，以及感受物理知识的发展方向等，使物理学习成为学生的"亚研究""再创造"的过程，使物理学科核心素养培育落到实处。

从物理文化角度来看，使用这一方法对于聚焦物理学科核心素养的意义表现在以下几点：①"准历史现象"教学重现了物理学家在塑造物理文化过程中所表现出的对真善美的不懈追求、他们对社会发展和人类与环境的关注以及他们的高尚情操等，有利于培育学生的科学态度与责任。②"准历史现象"教学让学生将自己融入"准历史"事件中，像物理学家一样去探索问题，使学生的思维经历物理学概念和规律的形成过程，从而获得具体而完整的科学思维的方法论教育和鲜活的创新教育。③"准历史现象"教学能使学生较自然地接触一种隐性的文化背景，久而久之，有利于增强学生对不同文化的敏感性和感受力，形成物理观念。该课型操作模式见图 6。

2. 以"非常"实验引领的任务驱动型教学法

古希腊哲学家柏拉图说："惊讶，这尤其是哲学家的一种情绪。除此之外，哲学没有别的开端。"亚里士多德也说过："古往今来人们开始哲理探索，都应起于对自然万物的惊异。"基于此，为了适应时代发展和创新人才培养的需要，我们提出了"非常"物理实验的概念，为丰富中学物理实验资源开辟了新思路。我们试图在现代教育理论的指导下，将创新思维理论和物理实验课程资源的开发利用相结合，以开发"非常"实验资源为突破口，探讨在物理实验教学中促进学生创新思维发展的教学模式，使物理教学变得更加生动有趣，使实验更有智慧，使实验

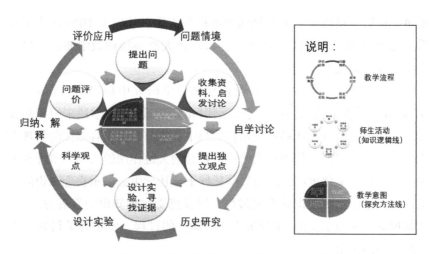

图6 基于HPS的"准历史现象"教学法逻辑结构图

教学变成学生体验创新智慧，提升创新能力的过程。目前我们经常采用的教学模式可以概括为"实验引领，任务驱动，体验过程，整合思想"（简称任务驱动）。

"实验引领"是根据物理的学科特点，追寻物理的本质而采用的一种方法。物理是一门实验科学，实验是物理教学的重要内容，也是物理研究的主要方法。创新教育的基本理念，从"教"必须要为"学"服务的关系出发，在任务设计中，我们强调以"非常"实验或者"活动"来创设探究的情境，引领学生带着真实的任务学习，从而促进学生主动对知识进行意义建构。

"任务驱动"指的是在创新教育理论的指导下，以建构主义、动机理论等现代教育理论为理论基础，教师首先巧妙地设计任务，通过"任务"来"诱发""加强"和"维持"学习者的成就动机。任务是作为学习的桥梁，"驱动"学生完成"任务"的不是老师，也不是任务本身，而是学习者自己。也就是说，学习者的成就动机构成了学生学习和完成任务的认知内驱力。学生在完成任务的过程中培养了创新意识和创新能力以及自主学习的习惯，学会了如何去发现问题和解决问题。

"体验过程"是关注学生物理学科核心素养的形成，通过真实的探究活动体验，促进学生创新品格的生成，以利于学生科学素养和创新能力的提高。吴家澍老师特别重视知识的个性化，他说："知识，如果没有学习者的亲身体验与感悟，它们充其量只是些无活力的概念的堆砌，用不上也忘得快。只有经过学习者充分的内化活动，使之转化为个性化知识，即成为学生个体的经验、智慧和方法后，课本知识才能被激活，从而具有新的生命和价值。"

"整合思想"指的是将物理科学思想方法作为物理教学的灵魂和精髓，整合到物理知识的传授过程中。我们的课题研究实践表明，那种把物理学方法作为标签和点缀，只是将物理知识和方法简单进行机械组合、简单灌输的教学是肤浅的及生硬的。我们认为理想的物理教育应该是：以浓缩的时空和自然的形式，尽量让学生按照认识的重演规律，去重演知识的产生与发展过程，将教学过程转变成为学生的"亚研究""类创造"过程，使学生在获取物理知识的同时，还能从中汲取前人的智慧，领悟思想方法，陶冶科学精神，形成初步的科学世界观和方法论，全面落实新课程所要求的三维教学目标，全方位提升他们的科学素养。

以"非常"实验引领物理创新教育的教学流程如下(图7)：

图7　基于"非常"实验的任务驱动教学法逻辑结构图

3."习题实验化，实验习题化"应对中高考复习

在中、高考复习中，很多物理习题按照常规的解题思路分析比较困难，学生难以理解，如果用实验模拟题设中的物理情境，则可化解难

度，还能激发学生兴趣，帮助学生准确理解概念和规律，甚至缓解高考压力。我们的做法是教研组推广"五个一"："一次组内大讨论""一次深入提问""一篇小论文""一道好题""一个习题相关的自制小实验"。具体的操作模式如图8所示。

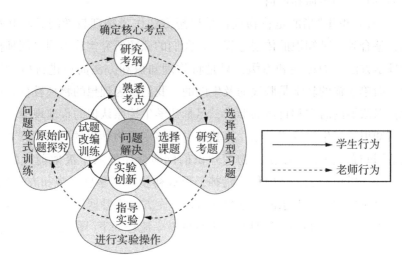

图8 "非常"实验之习题实验化教学模式逻辑结构图

四、效果与反思：成就师生，促进学校特色内涵的发展

笔者曾在任教的多所省内外学校进行过研究实践，始终不变的主题是在物理教学中进行创新思维和创造能力的培养。从最初的结合物理教学的科技创新实践活动到目前成熟的"非常"实验引领的"聚焦核心素养回归物理文化"物理创新教育模式，实现了学生、教师、学校多方共赢的局面，一路走来收获满满。具体效果阐述如下：

（一）惊奇——让学生创意喷发

自开始研究与实践以来，学生创新能力大大提升，每次科技节都有大量学生痴迷于新奇的物理实验中，在历年深圳市中小学生探究性小课题申请人数、获奖人数排名中均位列前茅，如 2018 年，第一个实践学校顺利结题的学生探究性小课题有 20 项，其中张春斌老师指导的《新能源汽车车位智能锁的设计》《直流电路中电流电压电阻在不同电路中一般性关系探究》等 5 项课题获得深圳市优秀课题，学校获得深圳市先进单位。朱建山、温剑飞指导光明中学学生近五年，有 30 人次获科技创新大赛市级奖，50 多人次获区级奖，其中还有 5 项获得全国创新科技大赛省级一、二等奖，有三位学生在《创新与发明》等专业杂志上发表科学探究论文，作为薄弱学校却有近 10 人获得物理奥赛省级一等奖。2016 年黄正玉老师指导学生完成的"洛仑兹力演示器"参加第 31 届全国科技创新大赛获得全国第八名(银奖，广东省队最好成绩)并获得国家专利；2017 年、2018 年都有学生获深圳市科技创新大赛一等奖。

(二)创新——让教学精彩纷呈

在"非常"实验教学创新研究与实践中，物理老师更新了教学观念，找到了研究的突破口，课堂教学形式活泼多样，特别是课堂中精彩的"非常"实验展示总是让人眼前一亮。2005 年 12 月朱建山老师获得省教研院组织的创新教育优质课评比一等奖，同时获得实验创新省一等奖。黄正玉等老师的习题实验化教学有效地促进了学生对物理概念、规律的深刻理解，提高了习题教学效率，黄正玉老师连续五年在深圳市高考备考会上给全市高三物理教师做习题实验化专题讲座。赵兴华老师几乎每年都承担全市的物理实验创新培训讲座，而且每年都获得市级实验创新一等奖，其所在学校物理科组被评为省级优秀科组。温剑飞老师根据我们的教学模式执教的课例获得"一师一优课"省级优课，同时还在《中学物理》等杂志发表两篇本成果的教学案例。近三年，我的工作室学员中就有张春斌、林奕墩、陈建生老师等 4 位老师参加全国性物理学术年会课堂教学展示比赛活动并获得一等奖，他们的相似之处就是都采用了多个"非常"实验引发大家的惊奇，博得大家一致好评。

我们整理出的"非常"实验创新和教学案例的资源库已经初步形成系列，形成的相关教学案例《实验引领 任务驱动——中学物理创新教育新课堂教学设计》也由云南人民教育出版社于 2014 年 10 月出版，无论贫困地区还是发达地区均可复制，极具推广价值。据初步统计，我们课题组教师近五年在物理教学专业杂志发表了 60 多篇相关论文，出版相关理论专著 12 部，区级以上课题近五年就有 14 个立项，有 4 人次获得国家级实验创新成果奖，有约 10 余名成员教师在全国、深圳市等物理实验教学大赛中获奖，30 余人次在区级以上实验教学比赛中获奖，6 门校本课程被评为深圳市好课程精品课程，占我区获批市级好课程数量的 90% 以上。我们的研究实践成果在广东省教育资源公共平台以及互联网移动终端上发布，我们开发的"疯狂的鸡蛋""魔幻易拉罐""百变气球""爱上空气炮"等"非常"实验受到学生的追捧；我们在"抖音"、腾讯视频等新媒体网络平台发布的"非常"实验曾经创下一天获得四百多万点击量的轰动效应，几十家全国性的主流网站和报纸均有报道，取得了良好的社会效应。

(三)分享——让成果持久芬芳

除了埋头钻研，我们借助深圳市朱建山名师工作室及广东省朱建山名师工作室这个平台，积极传播和分享自己的研究成果。近年来，主持人朱建山老师多次在区内教师培训大会上主讲自己的研究成果，也多次应邀在广东深圳、湛江、河源、汕尾、韶关、茂名、梅州及江苏宿迁、浙江温州、北京等地举办讲座交流，2015 年 12 月朱建山还在台湾高雄市进行两岸同课异构活动。另外，工作室成员也纷纷在各地正规教研机构举办的研讨会上分享自己的研究成果和心得体会。温州教研网、《宝安日报》、《南方教育时报》、广东省教育资源服务公共平台、光明教育在线、光明教育微信公众平台、乐昌电视台等媒体对本课题成员的成果或者讲座进行了报道，广东电视台经济科教频道、深圳电视台"深圳直通车"栏目于 2019 年 5 月 26 日以《聚焦物理界的创新教育——朱建山老师的"非常"实验》为题进行了"教育风采——致敬学术先锋"专题报道，深圳电视台都市频道于 2019 年 3 月 6 日对黄正玉老师的实验创新进行了报导。2019 年黄正玉等三位老师通过"抖音"等新媒体发布的名为《3+1=3?》的物理"非常"实验短视频，短短一天获得四百多万人次点击量，腾讯网、新浪网、凤凰资讯、网易新闻、搜狐新闻等几十家门户网站和《南方都市报》《深圳特区报》等省市报刊纷纷转发报导，引起广泛关注。

(四)反思——创新是态度，文化是高度！

这个教研成果围绕着立德树人这个根本任务，定位于促进学生物理核心素养的养成和发展，从文化高度俯瞰物理学，用哲理的深邃透视物理学，在精神的殿堂赏析物理学，对在物理课堂教学中以物理文化来濡养学生的创新精神，夯实核心素养作了有效的探索。受高考及人才选拔模式的限制，虽然我们围绕课题做了大量工作，但是由于习惯的养成、教育理念的更新、学习方式的改变并非一日之功，面对不同学习能力的学生，怎样才能提高每一位学生的探究热情，如何最大限度地满足不同层次学生发展的需求，又避免课时的限制，相关理论研究还不够系统、深入，可操作性和实践指导性仍然有所欠缺，还需要丰富教师获取教学资源的途径，从整体上做好物理课程体系的建设，最大化体现物理学科对全体学生的育人价值，这也是我们今后仍应努力思考与解决的现实问题。

以教学民主发展创新素养

深圳中学　郭玉竹

一、关于教育价值的哲学思考

1. 教育即生成

所谓生成，就是每个受教育者都能够主动地、最大限度地发挥自己天赋的潜力，使其"内部灵性与可能性"得到充分的发展。

2. 教育是个体自我教育和自我实现的过程

教育是引导学生提高学业、完善人格、发展潜能，成为最好的自己；教育是提供机会、搭建平台、创造条件、优化环境，让学生在其中体验、尝试、锻炼、表现，从而获得成长、成人、成才、成功的过程。

理想的教育为人类创造文明、幸福和快乐。

3. 学科教学的最终目标是促进学生的全面和谐发展

学科教学作为教育的基本活动形式，其目标应全面体现教育的培养目标，不仅要使学生掌握一定的知识技能，而且要发展学生的智力和体力，与此同时还要培养学生正确的世界观，形成健康的个性品质。

教学的基本价值、基本作用、基本任务决定了教学的最终目标是全面育人。

4. 教师职责

教师的职责是发现每一个学生的潜能，帮助学生最大限度地发展自己的潜能，引导学生学会求知、学会做人、学会生活、学会发展。

5. 教育的根本任务是"立德树人"

《国家中长期教育改革和发展规划纲要（2010—2020 年）》明确指出，要"优化知识结构，丰富社会实践，强化能力培养。着力提高学生的学习能力、实践能力、创新能力"。其中"拔尖创新人才培养模式"成为纲要中的关键点。

《中国学生发展核心素养》也提出，核心素养的发展以科学性、时代性和民族性为基本原则，以培养"全面发展的人"为核心，分为文化基础、自主发展、社会参与三个方面，综合表现为"人文底蕴、科学精神、学会学习、健康生活、责任担当、实践创新"六大素养。

二、对数学和数学教学的理解

数学是研究数量、结构、变化、空间以及信息等概念的一门学科，从某个角度看属于形式科学的一种，也是学习和研究现代科学技术必不可少的基本工具。数学素养指学生在发现、表达、解释和解决多种情境下的数学问题时进行分析、推断和有效交流思想的能力。

数学是自然科学的皇冠。数学与大自然同构，数学与哲学相通。数学的研究源于对现实世界的抽象，通过基于抽象结构的符号运算、形式推理、一般结论等，理解和表达现实世界中事物的本质、关系与规律。马克思说："一种科学只有成功地运用数学时，才算达到真正完善的地步。"

数学不仅是自然科学的重要基础，而且在社会科学中发挥越来越大的作用，数学的应用已渗透到现代社会及人们日常生活的各个方面。数学不仅是运算和推理的工具，数学还是表达和交流的语言，数学承载着思想和文化，数学是现代文明的重要组成部分。英国著名哲学家罗素说："数学，不但拥有真理，而且有至高的美。"

数学教学是对数学课程的具体实施，是为达成一定的数学课程目标，在特定的环境条件之下所开展的教学活动。理性思维是数学素养的灵魂。数学是思维的科学，数学教学是思维的教学，其核心是培养和发展学生的思维能力。思维教学的核心是使学生学会有逻辑地、创造性地思考，学会使用数学语言表达与交流，成为善于认识和发现问题、提出问题、分析问题和解决问题的人才。

三、相关概念界定

1. 创新素养

（1）创新素养是以新思维、新发明和新描述为特征的一种概念化修习涵养的过程，也可以理解为创造性的素养。

（2）创新素养包含的要素（表1）：

表1   创新素养包含的要素

	创新素质	内涵要素	作　用
1	创新意识	创新动机、创新欲望、创新兴趣	乐于创新
2	创新精神	创新理想、创新勇气、创新意志	敢于创新
3	创新思维	批判思维、发散思维、聚合思维	善于创新
4	创新能力	敏锐观察、丰富想象、创新实践	能够创新
5	创新人格	创新品质、创新情感、创新个性	保障创新

创新教育，是指通过对中小学生施以教育和影响，使他们作为一个独立的个体，能够善于发现和认识有意义的新知识、新思想、新事物、新方法，掌握其中蕴含的基本规律，并具备相应的能力，为将来成为创新型人才奠定全面的素质基础。

2. 教学民主

教学民主是指在教学过程中建立起民主平等、互相尊重、互相信任、互相合作的师生关系，突出学生的学习主体地位，使教学具有民主的性质，成为民主的活动。同时在教学内容中注重民主意识的渗透和学生民主思想、民主精神、民主参与能力的培养，以民主化的教育造就富有个性和创新精神的一代新人。

教学民主最重要的是赋予学生学习的真正自由，培养学生的自主学习能力和自我领导力。著名教育家陶行知先生曾说："创造力最能发挥的条件是民主，当然在不民主的环境中，创造力也有表现，那仅是限于少数，而且是不能充分发挥其天才，但如果大量开发'人矿'中之创造力，只有民主才能办到。"他还特别指出："特别是我们做教师的人，需要再教育来肃清一切不民主，甚至是反民主的习惯与态度，并且积极地树立真正的民主作风。"

四、教学思想形成的背景与过程

我的教育生涯大体分为四个阶段。

1. 学习借鉴阶段（1990—1993 年）

我于 1990 年毕业分配到长沙市一中，为了让我对中学数学教育有全面的认识，学校制订了让我从初一到高三教一个大循环的计划，在初一年级我担任班主任并兼任学校高中数学竞赛主教练。刚开始，我教学经验缺乏，前两年学校给我们三个新入职的数学老师安排了一个专门的导师（劳监芬老师），她是复旦大学毕业的，是长沙市一中老数学科组长。她不上课，专门负责指导我们教学，两年内她听过我近 100 节课，从教学的原则到教学的各环节均进行反复指导。当时的数学科组长任远志老师与备课组长张有源老师也给了我许多鼓励与帮助，同时学校还安排了特级教师李长贤老师与年级组长袁定珊老师指导我的班主任工作。得益于他们的悉心培养，我成长很快。1992 年、1993 年我获全国数学竞赛"园丁奖"一等奖，1993年被评为湖南省教委优秀教师。

这三年一方面我大量地听课，借鉴优秀教师的成功经验，学习他们上课的方法与技巧，琢磨他们的教学方式、教学语言、教学风度等，取人之长，补己之短。另一方面我如饥似渴地学习、研讨教育教学理论，学习先进的教育技术与教学方法，思考其实践价值，并将所学教育教学理论、技术与方法有意识地运用于实践，指导自己的教育教学活动。我抓住一切机会主动承担公开课、展示课的开设，自我加压，促进专业能力提升，我的教育教学能力在不知不觉中快速提高。

为了提高专业素养，我参加了中国数学奥林匹克教练员培训，花三年的时间系统做了多个省市历年的中考数学试题与初中数学竞赛试题、历年的高考数学试题、历年全国高中数学联赛试题与部分省市高中数学竞赛试题、历届数学冬令营试题、历年数学国家集训队试题、历届国际数学奥林匹克竞赛试题及部分国外数学竞赛试题，并对其进行了大量分析、思考与感悟，收获特别大。

2. 反思创新阶段（1994—2002年）

这九年从高一到高三进行了三个循环的教学，一直担任数学竞赛主教练，1994年到1996年担任了三年班主任。1994年获湖南省优秀论文一等奖，1994年至1996年获全国数学竞赛"园丁奖"一等奖或特等奖，1996年获湖南省"神箭英才导师奖"一等奖与中国数学奥林匹克高级教练员证书，1998年获"希望杯"优秀园丁奖，1999年至2002年连续四年被中国数学学会评为"全国高中数学联合竞赛优秀教练员"。在此期间，深圳市教科院尚强院长、长沙市一中的余泽平校长与张维德副校长，给予我极大的关怀、鼓励与支持。我国著名的数学竞赛与数学教育专家常庚则教授、严镇军教授、单樽教授、张尧教授、冷岗松教授、余红兵教授等给予我各种指导与帮助，他们对我成长意义重大，影响深远。

这个阶段，是我教学特色的提高阶段。我彻底摆脱了模仿的束缚，能够独立地做好教育教学工作的各个环节，在教学实践活动中勤于摸索、善于总结，积累了大量而丰富的教学实践经验；善于反思自己的教学情况，通过归纳整理、认真筛选，得到能反映教学效果和教学个性的典型经验；将典型经验进行理论概括、抽象升华，撰写研究论文，申请和参与课题研究，不断促进自身教学改进和专业化发展。我博采众家之长，结合自身特点，找到适合自己个性和特长发挥的教学方式，进行创造性教学，逐步形成独特而鲜明的教学风格。

3. 特色成熟阶段（2003—2013 年）

这 11 年我任教了 9 届高三、一年高一与一年高二，担任过五届高三数学组长与五届高三班主任、兼任一年高二年级组长。其中 2003 年被评为深圳市优秀教师与深圳市中青年骨干教师，三次被评为深圳市高考工作先进个人，2011 年 5 月被评为深圳市名教师，2011 年 9 月被评为深圳市首批名师工作室主持人。2009 年我被深圳市教育局选拔参加第十二期赴美海外教师培训，开拓了我的视野，提升了我的格局。

这期间我一直担任深圳中学学术委员，发表 10 多篇论文，参编 10 余部著作，主持与参加过多个省级以上课题的研究，其中国家级课题"信息技术环境下的数学教学设计"（课题编号：AHA010018-004-002）于 2006 年 12 月通过专家鉴定。两次应邀参加深圳市高考讲师团工作，5 次参加了深圳市高考数学模拟题命题工作，6 次参加审订工作，20 多次应邀在全国及省市学术会议上发言，多次在省市层面承担研究课及名师示范课，实现从教师到名师的飞跃。

此时，我对教育有了全面深刻的认识，在教学过程的各个环节、各个方面都有自己独特的创造，教学已经具有浓厚的个性化色彩。我在教学内容、教学方法、教学组织形式、教学语言、教学体态等方面的结合日臻完善，使之成为一种艺术化的东西，教学过程的开展有序和谐，真正做到了游刃有余、指点有方、循循善诱，从而使课堂教学散发出个性魅力。

这阶段，我感触最深的是反思优化，要成为名师，关键是能时常反思提升。美国心理学家波斯纳曾提出教师的成长公式：经验+反思＝成长。在经常性的反思过程中，不断地对自己的认知过程进行自我评估，通过这种"批判性的控制"，教师能够超越自己认为理所当然的经验世界，将从经验中获得的隐性知识显性化以及将显性的理论知识转化为个人的实践经验，从而完成针对自身知识的转化、调整和重组过程。强烈的反思倾向和有意识思考问题的习惯使我加深了对知识的理解，也不断优化知识结构。教师有了反思的习惯，还要精于反思，反思教学行为，反思与教育有关的观点，反思某一个教育现象，反思自己的专业成长，反思学生的学习过程，反思某一个教学案例。在反思的过程中，教师通过总结撰文来实现经验的提升、理论的建构，从而形成独特、深邃的教学思想。

4. 思想升华阶段(2014年至今)

自2013年起，我开始从事行政工作，2014届、2015届任高三年级组长，2015年7月任学生处主任，2016年7月任教师发展部主任，2018年10月任校长助理兼教师发展部主任、初中部负责人。角色的转变倒逼我从更高的层面思考教育和教学，校本课程的开发和实施，拓展了我的课程意识，提高了我的课程开发能力，丰富了我的课程实践经验，我的专业素养进一步提升。

2015年4月我有幸被遴选为广东省中小学新一轮"百千万人才培养工程"第二批高中理科名教师培养对象，2015年9月被评为南粤优秀教师。参加培训前，我只形成了自己的教学风格和教学主张，这时我还是以教书为主，比较关注数学本身，重点教学生解决数学问题的思参方法和数学学习方法，对数学的育人价值挖掘不充分。通过第一批培养对象人人论坛的教学思想分享、王红院长的专题指导报告及导师们的报告，基于我担任学生处主任的历练，教学主张变得更加清晰，思想体系初步形成，呈现出全面育人、道法并重的特点；基于中国学生发展核心素养和新高考方案，通过人人论坛的分享和导师的指导，结合担任教师发展部主任时的研究，我形成了以教学民主发展创新素养思想体系，教学真正做到了以人为本，道法自然。

由于教学思想明晰，工作业绩有了较大的提升。2014届深圳中学高考重点率达87.1%，28人被北大清华录取，数理化三科竞赛共获50个全国一等奖，19人进入冬令营，占全省的54%，3人进入国家集训队，其中周韫坤同学获第55届国际数学奥林匹克竞赛金牌，彭昌南同学获第 15 届亚洲中学生物理奥林匹克竞赛金牌,142 名深圳中学学子收到了国际顶尖大学和学院的 616 份录取通知;2015 届高考重点率达 89%,深圳市理科总分前十名,我校独占 7 人,其中冯嘉嘉进入广东省理科总分前十名,数理化三科竞赛共获 52 个全国一等奖,14 人进入数学、物理、化学国家冬令营,5 人进入国家集训队,刘睿豪、梁燕荣获第 27 届国际青年物理学家锦标赛金牌,章鸣、薛黛林荣获第十二届国际语言学奥林匹克竞赛银牌,204 人获得斯坦福大学、麻省理工、哥伦比亚大学和杜克大学等海外著名大学的录取通知书;我主持学生处工作时,激发学生热情,突出价值引领,实现教育增值,以综合素养评价为抓手,促进学生卓越发展,我校被评为全国心理健康教育特色学校,在第五届全国中小学生艺术展演比赛中,摄影、舞蹈、校园剧获全国一等奖。我任教师发展部主任时,完善了教师专业发展体系,组织各类培训,引领课题的申报和研究,组织校本课程的研发,出版校本教材,举办全国性的教研活动,老师们参加各类教学技能大赛获市级以上奖励 400 多项,我校被评为首届"全国文明校园",《深圳中学高中课程建设及学生综合素养评价方案》2017 年 2 月入选教育部基础教育课程改革典型案例库;2018 届我兼任班主任的高三(1)班竞赛和高考均取得了优异成绩,26 人分获数理化竞赛全国一等奖,11 人进入省队,5 人入选国家集训队,薛泽洋荣获国际物理奥林匹克金牌,聂翊宸荣获国际化学奥林匹克金牌,高考班级均分 647.6,年级第一,最低分 614,理科全省前 150 名我班占 4 人,16 人录取清华北大,参加高考的 32 人有 18 人数学 140 分以上,班级均分 136.7;我任初中负责人时,初中部各项工作有了长足进步,社会美誉度提升很快,2019 年中考取得优异成绩,石语涵同学勇夺深圳市中考状元。

五、以教学民主发展创新素养的策略及实践

1. 建设丰富多元的可选择的课程

"自由是创造性思维的灵魂。"学生是心理处于发展变化中的人,学

53

校的教学环境对学生创新素养的发展具有决定性的作用。

学校的所有培养目标都是通过课程去实现的，要培养什么样的人，就应该设置什么样的课程。

深圳中学致力于培养具有中华底蕴和国际视野的拔尖创新型人才。基于落实立德树人教育根本任务、培养学生核心素养以及创建具有中国特色世界一流高中的办学目标，构建深圳中学"本校的课程"，课程为学校的培养目标服务；基于学生个性化和智能化学习需求，建设自主选择、分层分类分项学习的课程体系，营造技术环境下的学习生态，充分发挥信息技术的隐性支撑作用；基于学生按需选学、学校按需施教、高校按需选材的课程实施理念，创新课程实施与评价模式，激发学生学习需求，促进每一位学生充分而自由的发展；基于一切有价值的资源都可成为学校课程资源理念，充分尊重教师、学生、校友、社会（尤其是互联网）主体在课程开发、整合及实施中的自主性和贡献；基于教育全球化视野要求，开展多层次、多类型、跨领域、跨地域的学科活动，搭建多种学生发展平台，并通过高端学科活动课程化，促进学生深度学习，一系列举措使我校课程建设走在时代前列。

深圳中学课程结构围绕育人目标与核心素养的三个方面及六个维度，全面整合国家、地方、校本三级课程，形成三大板块、六个系列和二十八个课程群的课程结构（图1），将学校的各类文化课程、德育教育、科技活动、研究性学习、校园文化活动、社区服务、创新中心课程、高端学术活动、生涯规划活动、综合实践活动等纳入学校课程体系中，将各类教育教学活动系列化、课程化、规范化，形成全方位、立体化的育人环境。

为促进每位学生的充分发展，我们基于培养目标，实施差异化教学理念与教学策略，突破传统，建立按需选择的课程体系，并将课程进行分层与分类：基础课程、高级课程、拓展课程、主题课程、活动课程，使课程服务于提升每一位学生的生命质量。

在实施过程中，教师充分尊重学生的个性和习惯，给学生自主选择学习的机会，允许他们基于个性选择体系，基于兴趣选择课程，基于基础选择层次。学习基于自我的真实需要，学生的选择与他的人生规划

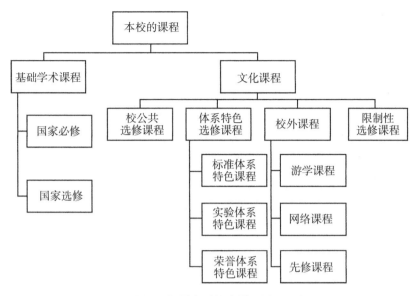

图 1　深圳中学校本课程设置

紧密相关。教师的主导作用体现在指导学生的自治管理，帮助学生形成和提高自我管理能力和创造性自学能力上，如图 2 所示。

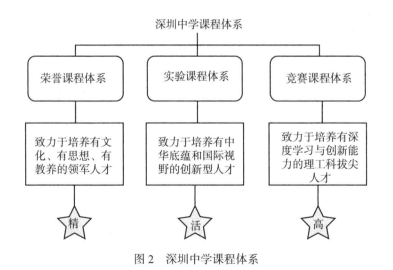

图 2　深圳中学课程体系

除正常修习之外，我校扩大了学分获得的途径，自学、先修、免修、免听，校外学习、网络学习、国际学习，这些均可以换算学分。

2. 建立和谐的师生关系

教学是师生间交流和沟通的过程，教师应树立正确的学生观。《数学课程标准》指出："在数学教学活动中，学生是学习的主体，教师是学习的组织者、引导者和合作者。"教师不以道德教育和知识传授的权威者身份出现，而应是一位导师，做数学学习和学生生活的引导者、帮助者、参与者。

我致力于创造民主和谐的课堂，始终注重学生在课堂中的主体地位，师生间形成平等的关系，共同成长。只有在民主和谐的氛围中，师生平等对话，学生才能充分地张扬个性，培育起探索未知的情感、意志、动机、需要等非智力因素，实现师生间知识同步、思维共振、情感共鸣，学生才会在轻松愉悦的状态下，唤起创造的热情，释放巨大的学习潜能(图3)。

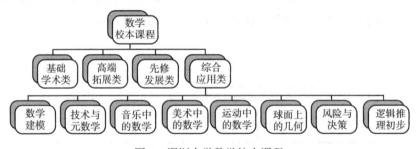

图3　深圳中学数学校本课程

3. 优化教学环节，提高教学效率

教学是一门艺术，而艺术的魅力在于教师对课堂教学的设计与教学过程中的灵活驾驭，教学的过程是学生理解数学概念原理的过程，更是学生形成数学素养的过程。教学过程不仅是学生获取知识的过程，更是学生学会学习的过程。

(1)科学指导学生前置学习

鼓励学生提前预习、阅读教材，主动探索数学知识。设置适合本节课内容的学习方法和学习目标以及问题指引，激发学生的兴趣和动机，让学生带着问题和强烈的求知欲去阅读，并试着解决相关问题，从而培养学生的创新精神和终身学习能力。

(2)设置适当的教学目标

面向国家新一轮课程改革，机遇和挑战并存。从聚焦三维目标到培养学科核心素养，变化的不仅是理念，更是育人目标价值取向的升华。核心素养的提出，是基础教育课程改革的创新点和突破点，为我国持续推进的基础教育课程改革注入了新的生命活力，丰富了以人为本、以学生发展为核心的课程改革理念内涵，进一步彰显了宏观教育理念、培养目标与具体教育教学实践的内在联系。

核心素养的提出和实践，蕴含了学习方式和教学模式的变革。育人为本的课堂教学，需要在教学中实现共性发展和个性发展的统一，促进公平发展和提高个体学习质量的共振。

数学教育对发展学生核心素养有其独特贡献，主要体现在科学精神(理性思维、批判质疑、勇于探究)、学会学习(乐学善学、勤于反思、信息意识)和实践创新(劳动意识、问题解决、技术应用)上。

高水平的教学设计是一堂好课的根本。基于核心素养的数学教学设计要做到四个理解：理解数学，理解教学，理解学生，理解技术。教学目标要实现"人人学有价值的数学，人人都能获得必需的数学，不同的人在数学上得到不同的发展"。

(3)巧设问题情境，培养学生创新意识

数学是我们思考世界的一种方式，我们最应该教会学生的正是如何以数学的方式进行思考，我们最应该关注的应该是那些能给人留下思考空间的问题。课堂导入时我注意用学生身边的现象和社会生活中的现象、校园中的实物或发生的事例，从学生关心和感兴趣的话题来烘托课堂气氛，进而彻底激发学生的学习动机，唤起学生的求知欲望，让他们兴趣盎然地参与到教学过程中来。在教学中，我经常设计一些可能会让学生产生疑问或发生错误的材料、题目，让学生在争论中，发生理解和认识上的冲突，再适时进行点拨，解开学生学习过程中产生的知识疑点，使学生对容易误解或容易忘记的知识形成比较深刻、清醒的记忆与理解。在教学过程中，我会充分关注学生的思维与活动表现，结合学生的实际情况和学习中生成的问题，适时设计新的问题、新的情境，来进一步启发和促进学生的思考，深化对问题的探究，进而达到思维的发展。

我在执教《圆的标准方程》时，挖掘教材，以 5 个问题联通学生的思维，合理运用 TI 图形计算器帮助学生直观认识并理解有关概念，充分利用技术平台图形处理功能分析问题解决问题，还利用其计算功能解决运算问题，从而保证教学时不因为计算问题而偏离教学目标。

问题 1：以直线 $y = x + 1$ 为例说明直线方程的概念是怎样的？确定一条直线需要几个独立条件？

师生活动：老师用 TI 图形计算器演示并发布调查，通过视觉、听觉和触觉等让学生感受直线方程概念的两个方面，加深理解。

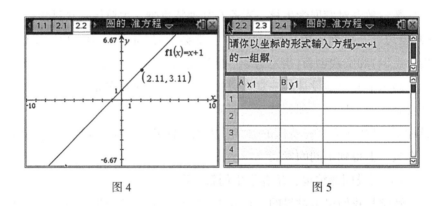

图 4　　　　　　　　　　　图 5

问题 2：方程 $(x - 2)^2 + (y + 3)^2 = 25$ 的图形表示什么曲线？为什么？

师生活动：老师利用 TI—Nspire 设计并引导学生动手探索和观察，圆上的任意一点 $M(x, y)$ 的坐标都满足方程 $(x - 2)^2 + (y + 3)^2 = 25$，反之以方程 $(x - 2)^2 + (y + 3)^2 = 25$ 的任意一组解为坐标的点 $M(x, y)$ 均在圆上，从具体实例逐步抽象出圆的标准方程的概念。

问题3：你认为圆心为 $A(a，b)$ ，半径为 r 的圆的标准方程是怎样的？

问题4：ΔABC 的三个顶点的坐标分别是 $A(5，1)$ ，$B(7，-3)$ ，$C(2，-8)$ ，求它的外接圆的方程并画出外接圆。

问题5：你认为一个圆将它所在的平面分成几个部分？点 $M_0(x_0，y_0)$ 在圆 $(x-a)^2+(y-b)^2=r^2$ 内的代数表示是怎样的？在圆外呢？

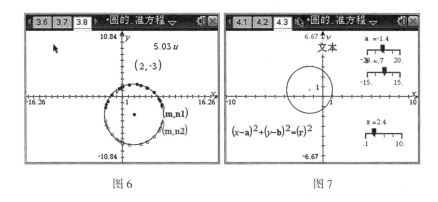

图6　　　　　　　　　图7

如果我们总能给学生这样的问题，并且引导他们思考，那就不仅能让他们应用知识方法解决问题，更能让他们认识问题的本质，体会数学的思想，学会思考与探索，感受收获的乐趣，发现数学的美。这样的学习我想一定是充满快乐，富有意义的。

(4)坚持多边互动的教学模式

教学是教师与学生的交往互动，师生双方应相互交流、相互沟通、相互启发、相互理解、相互补充。我坚持平等自由地探讨问题，巧用信息技术进行思维碰撞、质疑反思、探究辨析、多向交流……鼓励学生有自己的见解，对学生的不同思路不轻易否定，营造出一种师生互尊、同学互爱的宽松、和谐、自由的创造性氛围，在活学活用中培养学生的创新活力。

(5)培育"学习共同体"

我将传统的以教师为中心的"目标·达成·测试"的教学结构改变

为以学生为中心的"主题·探究·表现"结构，实施自主、探究、合作的开放式学习机制，适时让学生命制数学试题，互相批改作业，让学生上台讲课，主持讨论，课后作个别辅导等。

(6)巧用评价正向引导

"好学生是夸出来的。"我在数学教学过程中以肯定和赞美的态度对待学生，善于发现并培养学生的特长，对学生已经取得或正在取得的进步和成绩给予及时、充分的肯定，让学生感受到学习的成功，品尝到成功的愉快，从而激发学生的自尊心、自信心和进取心。

改作业和试卷我少用红叉，允许学生犯错，避免绝对评价，建立更加完善的教学质量评价体系与学业预警机制。

总之，我在教学中重视教学设计周密合理，教学语言严密，教学过程层次清楚、条分缕析、首尾连贯、环环相扣，论证严密，结构严谨，用思维的逻辑力量吸引学生的注意力，用理智控制课堂教学进程。在教学中，我做到从学生的学出发，注意教学流程的"活"，鼓励学生质疑问难，"启"中求"活"；能根据教学难度的高低与学生的接受能力恰当地选择和使用教学方法、教育技术。我注重联系旧知，强调知识的迁移与思想方法的类比。学习上我对学生要求严格，一丝不苟，学生不仅能学到知识，得到思维训练，还会受到我严谨治学态度的熏陶和感染。同时我在工作时情绪饱满，充满激情。教学语言具有形象性、鼓动性和感染力，我讲到动情之处，往往是情绪高涨，慷慨激昂，扣人心弦，引起学生强烈的情感共鸣。学生所获得的不仅仅是知识、方法与思想，还包括人格、情感的陶冶。

4. 创建创新体验中心及相关的体验课程

深圳中学创建 15 个创新体验中心和创新实验室，宗旨是联合国际知名创新企业，以创新教育的理念搭建一个平台，为多样化、个性化、创新型人才成长提供良好的环境和机制。同学们在开放、自主、合作的学习模式中，感受企业创新文化，体验创新学习过程，自主学习能力、实践能力和创新思维能力得到了提高。

深圳中学 15 个创新体验中心和创新实验室为：

①华为创新体验中心。

②比亚迪创新体验中心。

③华大基因创新体验中心。

④腾讯创新体验中心。

⑤光启创新体验中心。

⑥中科院先进科学研究院创新体验中心。

⑦建行金融创新体验中心。

⑧中广核创新体验中心。

⑨IYPT 国际青年物理学家锦标赛、麻省理工发明创新比赛创新体验中心。

⑩科大讯飞、中科大"语音识别创新实验室"。

⑪与香港中文大学(深圳)共建的"智能机器人创新实验室"。

⑫与加拿大阿尔伯塔大学刘江枫教授合作建立的"刘江枫数学创新实验室"和"国际数学资料中心"。

⑬与深圳大学共建的"空间智能创新实验室"。

⑭与上海交通大学共建的"光伏发电创新实验室"。

⑮与清华大学薛其坤院士共建的"薛其坤院士物理创新实验室"。

在构建创新体验中心的同时,学校注重开发与创新体验中心相关的体验课程,为学生创设多元化的项目学习情境。丰富多元的平台不仅拓展了学生的学习空间,为教师提供了高端的专业发展平台,而且汇集了各领域的专业人员参与校本课程设计开发,进行学术讲座分享,进而培养了师生的学术素养和专业精神。

5. 以真实的任务促进学生卓越发展

20 世纪 80 年代以来,教学范式向学习范式转换、"以教师为中心"向"以学生为中心"转变、"面向学习结果"向"面向学习过程"转换、个性化学习及多元化学习等教育理念逐渐得到国际社会的广泛认可。于是,项目学习作为典型的"以学生为中心"的教育方式,开始兴盛于西方国家,并在幼儿园到大学各个学段均得到了广泛的应用。进入 90 年代,项目学习逐渐被我国教育学者所关注,并引入我国的教育中。

项目学习逐步发展成为信息时代一种重要的学习方式。目前许多中学生国际赛事是以解决项目问题、进行课题项目研究的形式来开展的，如数学建模竞赛、丘成桐中学科学奖、国际青年物理学家锦标赛、美国学术五项全能比赛等。

我们通过构建系列数学活动，培养学生在复杂情境中解决问题的能力和品质。引导学生通过对现实问题的数学抽象获得数学对象，构建研究数学对象的基本路径，发现值得研究的数学问题，探寻解决问题的数学方法，获得有价值的数学结论，建立数学模型解决现实问题。构建数学活动时，我们注重创设与现实生活紧密关联的、真实性的问题情境，设计基于问题的、基于项目的活动方式，引导学生开展体验学习、合作学习、建构学习，通过有结构、有逻辑的系统学习，逐步形成数学学科观念、数学思维方式和探究技能，促进数学知识和技能的持续结构化，使学生的理性思维不断走向成熟。

我们指导和鼓励学生进行数学探究，带领学生积极参加国际高端学术活动，挖掘数学在发展学生创新素养中的核心作用。数学探究学习主要是指学生在学习课本数学知识的过程中，围绕某个数学问题，自主探究、学习的过程。数学建模其实也属于数学探究，这个过程常常包括：观察、分析数学事实，提出有意义的数学问题，猜测、探求适当的数学结论或规律，并给出解释或证明。然而在数学教学中不是任何内容都能有效地开展数学探究，这就要求教师应把握好时机，精心选择富有挑战性的探究问题。在开展数学课题探究学习的实践中，根据学生的特点选择合适的课题是一个关键的问题。数学探究课题可以从教材提供的案例和背景材料中发现和建立，也可以从教师提供的案例和背景材料中发现和建立，应该特别鼓励学生在学习数学知识、技能、方法、思想的过程中发现和提出自己的问题并加以研究，指导他们走向社会生活实际，自己去观察社会，发现问题，提出问题，自己创设出问题情境，并且通过同学间探究、合作，找到问题存在的原因，研究出解决的办法。当然刚开始学生可能提不出问题，这时老师就应该逐步地引导学生提出问题并解决问题。

美国高中生数学建模竞赛（HIMCM）为美国数学及其应用联合会

（COMAP）为高中生举办的非营利性比赛项目。竞赛得到美国数学教师理事会（NCTM）、美国数学协会（MAA）、美国运筹学与管理学研究协会（INFORMS）的协助和支持。作为国际有广泛影响力的比赛，其汇聚了众多中学数学精英，比赛吸引了中国包括深圳中学、中国人民大学附中、北京四中、上海中学、华东师大二附中、杭州二中、杭州外国语学校、南京师大附中、南京外国语学校等众多名校参加。美国高中生数学建模比赛有助于增进学生对数学的学习兴趣，提高他们对数学知识的应用能力、团队合作能力和学术创新能力。比赛的宗旨是鼓励学生对范围并不固定的各种实际问题予以阐明、分析并提出解法，鼓励学生积极参与并完成完整的模型构造过程，同时给学生提供一个以小组形式参加比赛的机会，让学生意识到团队合作的重要性，并且提高学生解决实际问题的能力、英文写作能力和合作探究能力。它是一种彻底公开的竞赛，每年美国数学及其应用联合会将会给选手提供两个实际且开放型问题，例如通过对汽油价格的预测给出司机加油的策略；或通过对城市人口及交通状况分析，提出如何合理设置城市自行车出租点的方案。选手可以选择其中任意一个问题建立数学模型，并完成一份具有对该问题的分析和详细解决方案的英文论文，其中包括：问题的重述、简化和假设及其合理性的论述、数学模型的建立和求解（及软件）、检验和改进、模型的优缺点及其可能的应用范围的自我评述等内容。选手以小组形式参赛，每个小组由四人组成，报名时间在每年10月底之前，指导教师通过美国数学及其应用联合会官网进行报名注册，比赛设在每年11月中旬。在比赛期间，选手需要在连续36小时内完成任务，可以利用任何图书资料、互联网上的资料、任何类型的计算机和软件等，为充分发挥参赛学生的创造性提供了广阔的空间。论文将送至美国，由美国数学及其应用联合会组织专家进行评审，将评出特等奖、特等奖提名奖及一、二等奖，比赛结果将于次年的2月通过COMAP官方网站发布。

我校从2011年参加HIMCM美国高中生数学建模竞赛，至今年已经参加了8届，共取得特等奖6次，且两次被全球最大的运筹学与管理学研究协会授予最高荣誉INFORMS奖，获奖情况得到包括新华网、中国网、光明网、新浪、腾讯、深圳政府网等约20家媒体的集中报道

(图 8、图 9)；获特等奖提名(Finalist)32 次；获一等奖 100 多次，二等奖若干，其中 2012 年、2015 年两次荣获美国高中生数学建模竞赛特等奖。

图 8　2012 年被授予 INFORMS 奖奖杯

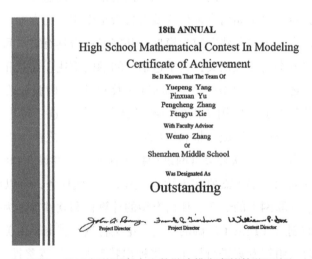

图 9　2015 年美国高中生数学建模竞赛特等奖证书

在数学建模与课题探究实践教学中，我们不再是传统的"传道、授业、解惑"的知识传授者和管理者，而是学生进行探究学习的促进者和合作者，师生一起组成了一个学习共同体。作为促进者，教师的主要任务是把握正确的探究方向，激励学生勇于探索，引导学生进行研究。当然，教师要根据每个学生的特点进行不同的指导和引导。而作为合作者，教师要自觉地把自己当做学习团体中的一员，与学生一起共同学习、探索和讨论。学生作为具有创造能力的主体，教师应充分信任他们，相信他们有能力进行自主探索和研究。

数学建模和数学课题探究学习过程，能真正让学生深刻理解和体会数学学科的内涵。学生通过主动参与、积极思考、与人合作交流和创新等过程，解决真实的数学问题；体验创造的激情，建立严谨的科学态度和不怕困难的科学精神；有助于培养学生勇于质疑和善于反思的习惯，培养学生发现、提出、解决数学问题的能力；让学生投入到现实的、充满探索的数学学习过程中去，体会数学的探索过程，体会数学与自然、社会和人类生活的联系，获得情感、能力、知识的全面发展。

结束语

思想引领行动，坚持以教学民主发展创新素养，我受益颇多。我所教学生有300多人考入北大、清华，100多人进入耶鲁大学、斯坦福大学、麻省理工学院等国际名校，5人在高考中获数学单科状元，3人获总分省状元。所培养学生有60多人获全国一等奖，15人次入选冬令营，4人次入选国家集训队。

教学思想的形成过程本来就是一个不断学习与批判的过程，是一个不断实践与反思的过程，是一个不断建构与解构的过程。在这"破"与"立"交替上升的过程中，"课堂性格"就得以形成，得以巩固，得以优化，而这种优化永无止境。同时由于教育的"时代性"与"前瞻性"，也要求我们紧跟时代的脉搏，不断超越自我。我一直认为一个教师超越其他教师不是最重要的，最重要的是不断地超越过去的自己。教师要不断地超越过去的自己，就要以深厚的感情，从事崇高的事业；以奉献的精神，立足本职岗位；以高超的技艺，展示个人的才华；以不断的追求，提升自身的价值。我立志永远要做一个"实践着的思考者"和"思考着的实践者"，志存高远、脚踏实地，不忘初心、努力奋斗，为党的教育事业终身奉献，为中华民族伟大复兴培养更多具有中华底蕴和国际视野的拔尖创新人才。

以任务为篙 撑思维的船

华南师范大学附属中学 贺 建

一、20 年中学生物学教学实践的探索与思考

教学的核心问题主要是"教什么"和"怎么教"的问题。自首次我站上讲台，至今已超过 20 年。在这 20 余年的执教生涯中，我有幸刚好赶上我国基础教育的大发展，亲身参与了我国第八轮基础教育改革，使用过"大纲版""课标版"等多种教材，经历了从"3＋X"到"3＋理科/文科综合"再到"3＋1＋2"不同高考模式的变迁，在这一过程中有盲目、有冲突、有思考、有探索，对学科教学的核心问题的认识也逐渐由模糊到清晰、由感性到理性，形成了一些自己的理解。

(一)什么才是生物学学习的核心目标

长期以来，中学生物学一直面临一个尴尬的境地，在同学眼中生物学是"理科中的文科"——概念多、内容杂、学习以记忆为主、没有思维深度，所以很多学生对生物学的学习提不起兴趣；在高校老师眼中，中学生物学的学习要求不高，选拔性不强，高校在人才选拔时几乎直接忽视生物学科，以至于当年"3＋X"高考模式下许多顶尖高校生物学专业都不招 X 科选学生物学的学生。时至今天，社会仍然存在一个很不协调的现象：在科学研究前沿领域生物学一路高歌猛进，在中学生物学教学实践中却地位尴尬。

作为一名生物学教师，我一直在思考，生物学的核心价值是什么？

67

生物学与其他自然科学有何异同？怎样才能把生物课上得更像理科而甩掉学科偏见？

2000 年开始，我国第八轮基础教育课程改革拉开了帷幕。"三维目标"首次进入我的视野。我有幸作为中学教师的代表参与研究新课程教材的编写，较早接触了新课程理念。随着新课程教材正式进入课堂，我作为我校生物学骨干教师参与了第一轮课程改革的教学实验，在实践过程中得以对三维目标进行了更深入的学习，阅读了加涅、布鲁姆、皮亚杰等大师的经典著作，以了解三维目标提出的背景和依据，对三维目标特别是知识与能力的关系有了自己的解读。2007 年 6 月，广东新课程高考正式登台亮相，生物科考完后舆论一片哗然，与往年大不一样的试题让老师和学生都极不适应，也因此引发了激烈的争论，但不论支持还是批评，当年高考突出考查"能力"却是共识。令我欣慰的是，我所带的首届生物科毕业生在当年高考中却表现优异，有超过 1/3 的学生进入全省单科前 100 名。这一结果也坚定了我对三维目标的认识——在知识、能力、情感态度价值观中，能力是核心，在生物学学习中应当在学习知识的同时突出能力的培养。

但能力是一个相当抽象的概念，能力的实质是什么？虽然《高考考试大纲》和《课程标准》对能力给出了一定的解释和描述，但追问到最后总让人感觉只可意会不可言传。后来，在开展广东省教育科学规划课题《在高三教学背景下提高学生生物科学素养的研究》研究时，我结合布鲁姆和安德森的目标分类理论、SOLO 目标分类理论对课程标准的三维目标、高考考试大纲的能力要求进行了细致的比较分析，逐渐认识到能力的核心是思维，无论是智慧技能还是动作技能，思维都是控制能力这一"性状"的基因，能力是运用思维方法分析解决问题的表现，能力水平的高低主要取决于思维水平的高低，思维水平的高低具体表现为思维品质的优劣。学习的终极目标是通过学习活动，促进人脑的发展。而生物学的核心育人价值则是让学生学会运用生物学的思维方法认识自身、认识世界。

(二)什么样的学习方式更高效

在我的教育经历中有一件小事对我的触动很大。2013 年，华南师大附中高一年级大学先修实验班的 4 位学生准备参加美国(高中)学术十项全能比赛(USAD)，对这一比赛的渴望，极大地激发了 4 位同学的学习热情。为了很好地完成这一比赛任务，他们在保证主要学科正常学习的情况下，只用不到三个星期的时间，就自学了涉及数学、科学、文学、经济等十个学科共 20 本、近 5000 页的中英文书籍，最终击败来自北京、上海的多所名校代表队，并晋级全球总决赛。

这次比赛用事实说明：学生的学习潜力是十分巨大的，任务式学习是一种高效的学习方式，在生物学教学中如果能设计恰当的学习任务，激活学生的学习潜力，将极大地提高学习效率。这为解决生物学如何学提供了可行的思路。

回顾自身的学习经历也是如此。在自己的成长中，几乎每一次能力的显著提升都对应一项任务式学习，这种任务包括为了上好一节公开课用几周时间认真研读教材、设计教学思路、推敲语言表达、学习教学理论等，也包括为了完成一本论著，用长达两三年的时间进行大跨度的深度学习。比如我在撰写《生物试题编制原理与技术》一文时，前后历时三年，搜集整理了自中华人民共和国成立以来历年的生物高考试题，通过多种途径收集了来自我国香港和台湾以及美国、英国、澳大利亚、新加坡等地各类试题；阅读了十几本理论著作、上百篇的相关论文，因此对考试评价形成了较为系统深入的认识。

在这一思路的指引下，我尝试在高中生物学教学中开展任务式教学的校验，对任务式教学的理论基础、教学流程、任务设计的方法进行试验，逐渐形成了自己的教学模式，教学方式受到了学生的喜爱，教学效果也得到了检验，在我校年度教学研讨会中，我作为理科代表所上的高三复习课"神经调节"受到高度评价，我所指导的青年教师在广东省生物学青年教师教学比赛中获得一等奖(第一名)。

(三) 如何弥补课堂学习实践性的不足

自 20 世纪七八十年代以来，典型的生物学课堂主要是基于文本资料的学习，而中学生物学教材描述性知识又占据了较大的篇幅，这一方面导致了以记忆为重要特征的学习方式，而缺少高阶思维特别是创造性思维的训练；另一方面又抹杀了生物学作为实验学科、实践性学科的本质属性，学生学习时往往仅仅关注静态的结果，而缺少探究过程和活动体验，导致对生物学知识的理解片面，对问题分析过于片面化、简单化。

我刚参加工作时任教初中生物，没有中考和高考的压力，我带领学生以课外活动小组的形式开展了很多生物学的实践活动，比如在大学校园中辨认植物，制作动植物标本，带领学生栽种红树苗，进行了长达 3 年的红树植物的淡水驯化实验。后来在高中教学中，我继续坚持带领学生进行科技创新活动，开展菟丝子浸染薇甘菊的试验，深入大学实验室开展纳米小球纯化白酒的实验等；开发了"生物学创新性实验""生物学思维方法"等校本选修课；组织开展了以生物学科学考察为重点的冬、夏令营活动，比如 2005 年开展的"携手香山 走进德庆"科学考察冬令营、2006 年"印象客家"科学考察夏令营、2008 年"中美跨太平洋绿色行动"夏令营等。在这些活动中学生直面真实的世界，亲自观察、思考、合作、探索，学生的科学精神和实践能力得到了极大的提高，这些经历也让我认识到生物学学习不能脱离实践，要真面真实的世界。

上述这些，似乎为如何教生物提供了可行的途径。

二、以思维发展为核心的任务驱动式教学观

(一) 学习的核心是发展思维

1. 科学思维的三维内涵

科学思维包括科学态度、思维方法、思维品质三个维度。

（1）科学态度

科学态度是科学思维的重要组成部分。《普通高中生物学课程标准（2017年版）》对科学态度的界定是"尊重事实和证据，崇尚严谨和务实的求知态度"，除此之外，好奇心、进取心、实事求是、有责任感、合作精神、有为科学献身的精神等也对科学思维的发展具有显著影响。

（2）思维方法

思维方法的种类很多。根据思维活动所凭借的工具不同，思维方法可分为动作思维、形象思维和抽象思维；根据思维探索问题的方向不同，可分为聚合思维和发散思维；根据思维的创造性程度，可分为创造性思维和常规思维。

抽象思维是思维的高级水平，是人类思维的核心形态。在抽象思维中，思维是通过一系列比较复杂的认知加工方式来实现的，这些认知加工方式主要包括分析与综合、比较、抽象和概括三类。在生物学的学习和研究过程中，还经常用到实验、模型与建模、系统分析、假说演绎法等综合的方法。

（3）思维品质

思维品质是智力活动中，特别是思维活动中智力与能力在个体身上的表现，实质是人的思维的个性特征。它由敏捷性、灵活性、创造性、批判性和深刻性五种成分构成。

2. 发展高阶思维是高中生物学学习的重点

21世纪人才是第一资源、创新是第一动力。在信息化、智能化时代，信息高度膨胀，以互联网和人工智能为代表的科学技术迅速发展。人类学习的重点将不再是对知识的同化，而是学习如何创造知识。但在传统生物学教学中，过于重视对知识的记忆和知识的理解，对批判性思维、创造性思维等高阶思维的培养重视不足，这已经远远不能适应时代的要求，亟须改变。

3. 高中生物学思维发展的目标框架设计

在高中生物学学习中，科学思维学习目标的基本框架如表1所示：

表1 高中生物学思维发展的目标框架

模块	科学态度	思维方法		思维品质
		一般性方法	综合性方法	
分子与细胞 遗传与进化 稳态与调节 生物与环境	尊重事实和 证据、崇尚 严谨和务实 的求知态度	分析与综合 比较 抽象与概括	实验 模型与建模 假说演绎法 系统分析法	深刻性、敏捷 性、灵 活 性、 批 判 性 与 创 造性

该框架包含科学态度的培育、思维方法的训练、思维品质的提升三个维度。其中，科学态度的培育是前提，思维方法的训练是关键，思维品质的提升是重点。三者统一于问题解决的过程中。思维方法分成基础性的一般方法和更具学科色彩的综合性方法。

4. 通过学习发展科学思维的理论依据

人的思维发展既与遗传基因和先天发育密切相关，又受后天教育与训练的深刻影响，并且后天的影响更大、更深。进入中学阶段，人的智力进入一段快速发展期，此时摆脱了儿童时期单一的具体运算和简单形象思维，进入了抽象思维阶段，思维活动的数量和质量都有显著提高。因此，中学阶段是思维训练的重要阶段。训练思维主要是在掌握一定思维方法的基础上，提高思维品质的水平。我国著名心理学家朱智贤教授认为，思维品质的实质是认知思维能力的差异的表现，亦即智力差异的表现。我国心理学家杨清指出，增进思维品质是培养和发展思维的重要手段。北京师范大学林崇德教授经过长达20年的研究得出结论，培养学生的思维品质是发展智能的突破口，能够有效地促进学生的学习成绩和学校的教学质量。

(二) 任务驱动是推动思维发展的有效手段

1. 任务式教学的理论基础

任务式学习 (Task-Based Learning, TBL) 是一种建立在建构主义教学理论基础上的学习策略。建构主义教学设计原理强调：学习者的学习活动必须与大的任务或问题相结合，学习者在真实的学习情境中带着任务进行学习，以探索问题的解决方法，并持续驱动和维持学习者学习的兴趣和动机。任务式学习本质上是一种强调自主学习的学习范式。

在信息爆炸的互联网时代，信息迅速膨胀，学习将更倾向于个性化、个别化、网络化，根据个人需要有选择地获取信息将是学习的常态，而个人兴趣和问题解决的需要是选择获取信息的两个主要标准，因此以现实中的任务驱动将是一种重要而普遍的学习模式。

2. 任务驱动式教学模型的建构

基本内涵

任务驱动式教学模式以任务驱动为主要手段，以促进思维发展为主要目的，通过任务驱动，实现自主学习、深度学习，最终达成学习目标。

教学流程

任务驱动课堂模式大致可以分为四个环节：创设情境、提出任务→自主学习、完成任务→结果展示、师生评价→总结反思、整理提高。其流程见图1：

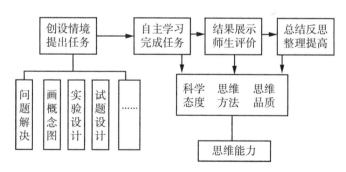

图1 任务驱动课堂模式

任务设计

典型的任务式学习往往需要较长的学习周期，在现有教学组织模式下很难成为生物教学的常态，但可以将典型的任务式学习与"非典型"

的任务式学习相结合,即除少数典型的任务外,可以任务式教学理念为指引,将复杂的学习任务分解,或根据教学内容,设计一些简单的、小型的学习任务,推动学习的进行。这些任务可以是某一现实问题或理论问题的分析与讨论、问题解决、画概念图、试题设计、资料检索与综述等。根据任务设计的不同,该模型可演变成多个不同的教学模式,比如探究性教学模式、5E 教学模式、论证式教学模式等。

(三)以丰富的学习经历促进人脑的发展

思维是人脑的机能。现代课程理论认为,课程即经历,人的活动促进人脑的发展。在生物学学习中,单一课程的学习经历是比较贫乏的,教师应致力于在国家课程的基础上因地制宜、因人制宜开发更丰富的课程内容,引导学生获得多样化的学习经历,从而促进大脑的发展,最终提高思维能力。

1. 建构三位一体的课程体系

从我校校本特点出发,将国家课程、校本选修、研学旅行等课程有机整合,构建了三位一体的课程体系(图 2)。该体系将生物学课程系统划分为基础课程、拓展课程、研究课程三类。每类课程均承载着

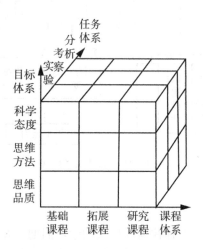

图 2　生物学"三位一体"课程体系

发展科学思维这一核心目标。多元的课程体系，为学习任务的设计提供了丰富的素材，从而形成了类型多样的任务体系，帮助学生体验丰富的学习经历，为推动科学思维的发展，实现学习目标提供了条件。

2. 不同课程的育人特点

课程不同其特点也不同，思维塑造的侧重点也会有所不同，如表 2 所示。

表 2　　　　　　　　**不同课程的育人特点**

课程类型	基础课程（必修课程）		拓展课程（选修课程）		研究课程（研学及科创）		
课程特点	1. 基础性强，学科性强 2. 开放性小，实践性弱 3. 知识系统性强，预设性强，深度小，体验性弱		1. 拓展性、综合性、体验性 2. 开放性较大，实践性增强 3. 知识系统性不强，预设性较强，深度加大，内容更关注科技前沿		1. 真实性、实践性、复杂性、融合性/统整性 2. 知识系统性弱，预设性弱，深度大，体验性强		
课程目标	掌握基本概念，形成基本的科学态度、思维方法和思维品质		侧重于知识拓展和对概念的深层次理解，更强调对高阶思维能力的训练		重点是培育科学态度、训练创新思维、提高在真实环境中解决实际问题的能力		
内容组织	单元式 学科性		项目式 综合性		主题式 统整性		
教学方式	大班教学，个体学习与小组学习相结合		小组探究，以生物学实验和实践性活动为主		以小组和个体开展自主探究、问题解决		
课程内容	必修1：分子与细胞	必修2：遗传与变异	校本选修(创新实验、生物学思维方法、STEAM 课程)	国家选修	冬令营	夏令营	研究性课题

三、以思维发展为核心的任务驱动式教学实践

(一) 利用不同的学习内容培养科学思维

1. 利用概念教学发展科学思维

在基础课程的教学中，基本思路是以大概念教学为基础，对教学内容以重组(以突出知识的联系)、挖掘(提升问题意识和思维深度)、拓展(提高知识与生产生活的联系)、转化(将理论学习转化为实践操作)等方式提高教学效果。

利用概念教学发展科学思维包括以下三层含义：首先，概念是思维的细胞，科学思维必须建立在科学概念上。我在教学中发现，很多学生在问题分析时做出错误判断，不是思维能力不足，而是概念理解错误。其次，概念的建立需要经过抽象、概括、归纳、演绎等思维过程，概念的建构过程也是思维训练和能力发展过程。最后，在概念学习中积极运用概念分析处理问题，在运用中训练思维，是推动学生科学思维发展的重要手段。

为达成上述目标，我们建立了概念教学"五步"教学法，即诊断、探究、构建、重建、应用 5 个学习环节(图 3)。

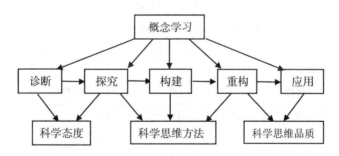

图 3　生物概念教学"五步法"

在概念诊断中，通过创设情境，激发学生对生物学概念研究的兴趣，培育科学态度。在探究、构建两个学习环节，以归纳、演绎等思维

方式进行观察、推理分析，加强对概念本质的认知，提升学生思维的方法。在重构环节，引导学生从大概念的角度，系统归纳概念在已有知识体系的建构位置，提升学生思维的深刻性。在应用环节，则提出新任务让学生去解决，提升思维的灵活性，从而提升学生思维的品质。

2. 利用实验教学发展科学思维

作为实验学科，实验教学在生物学科中具有举足轻重的地位。但长期以来，实验教学一直是中学生物教学的薄弱环节。因此，我在生物教学中一直把实验教学放在特别突出的位置来思考，特别是利用实验教学培育科学严谨、实事求是的科学态度和分析与综合、逻辑推理的思维方法。

（1）规范实验行为，培育科学态度

在实验教学中我特别强调实验的规范操作和实验结果的科学记录，以培养科学态度。实验结果的记录要求及时、客观、准确、完整。实验结果记录的方法包括文字描述、绘图和照片。文字描述中描述内容包括颜色、形态、体积、温度、气体产生、沉淀产生等指标的变化。绘图要求表现描述对象的结构、作出标注、写出标题并标上放大的倍数。

（2）创新实验设计，拓展思维广度

在教学中，根据教学目标和教学对象的特点，我将课本的实验进行了重构。比如细胞中化学成分的鉴定实验增加了对照组；观察叶绿体实验，我鼓励学生自带材料观察；在"植物细胞的吸水和失水实验"中，由于教材中的实验设计比较简单，我在教学中将本实验作了拓展处理，第一阶段探究洋葱表皮细胞是否会发生质壁分离和质壁分离复原；第二阶段由教师提供不同材料（黑藻小叶、洋葱内表皮）、不同试剂（硝酸钾溶液、红墨水）、不同处理方式（醋酸处理或加热到80℃），学生观察并记录结果，以提高实验探究的深度和广度。

（3）重视结果分析，训练思维方法

实验结果的分析主要包括两种类型，一是根据结果得出结论，二是根据原理解释结果。通过撰写实验报告，引导学生进行实验现象的解释以及实验结论的归纳，训练思维的逻辑性。

3. 利用生物科学史发展科学思维

生物学史是培养科学思维的绝佳素材，一方面生物学史用鲜活的例子给学生展示了科学家如何分析问题、解决问题，使学生得以按照科学家的思维过程再现历史，另一方面生物学史具有丰富的内涵，对于激发学生的学习兴趣，培育科学态度，训练思维方法，提升思维品质都具有重要的作用。

（1）利用生物学史培养学生的科学态度

发展科学思维不仅是掌握一定的科学思维方法，能运用归纳与概括、演绎与推理、模型与建模、批判性思维等方法探讨生命现象及规律，审视或论证生物学社会议题，还包括科学的态度和习惯。而生物学史中科学家所表现出的科学精神、人格魅力，对学生具有深刻的影响和示范作用。比如孟德尔的坚持、摩尔根的严谨、沃森和克里克的乐观、富兰克林的大度等都会潜移默化地影响学生。研究表明，尊重事实、敢于质疑、坚持不懈等科学精神或人格特征是科学创造的重要条件，在教学中应予以重视。

（2）利用生物学史启发学生的实验思维

实验思维是生物学科学思维的重要组成部分。中学生物教材中的生物学史蕴含着大量构思巧妙的实验设计，这些实验设计都是基于问题解决的创造性思维的结果，教学中应引导学生了解科学家所面对的问题，以及这些实验设计是基于怎样的思维过程提出的。

（3）利用生物学史引导学生分析实验结果并得出结论

根据生物实验结果得出结论，一方面涉及归纳、概括等思维过程，另一方面得出的结论应科学严谨，既不能含混不清，也不能随意扩大结论的范围。比如格里菲斯肺炎双球菌的转化实验，通过第 2 组与第 3 组的对比分析，说明加热杀死的肺炎双球菌没有活性；通过第 4 组与其余各组的对比分析，说明加热杀死的 S 型细菌中存在转化因子，该转化因子能导致 R 型细菌转化成 S 型细菌，如图 4 所示。但该实验没有证明转化因子是什么。

在此基础上进行的肺炎双球菌体外转化实验，对加热杀死的 S 型细

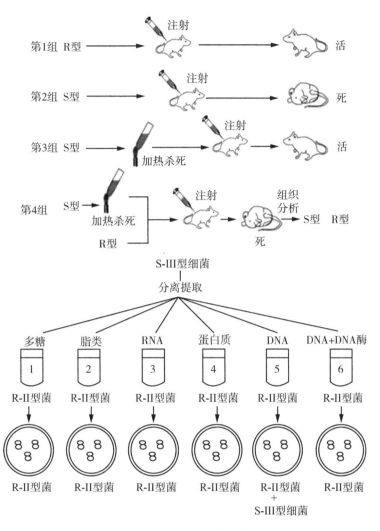

图4　格里菲斯肺炎双球菌的转化实验

菌的化学成分进行提纯，经过对比实验，排除了蛋白质、RNA、糖类和脂质，证明了转化因子是 DNA。

（4）挖掘教材中的背景资源，培养学生的批判性思维能力

摩尔根果蝇眼色的杂交实验是遗传学史中的经典实验，但限于教材篇幅的限制，教材仅展示了这一研究过程中众多实验中的两组，然后快速收敛即得出果蝇白眼基因在 X 染色体上的结论。而仅靠课本的实验，

得出这一结论是不严谨的，这为培养学生的批判性思维提供了极佳的素材。教师可以引导学生分析实验结果，对教材中的结论提出质疑，并根据新的假说设计实验进行验证，教学环节主要包括以下三个部分：

质疑：如果等位基因不是教材所定义，那摩尔根的果蝇杂交实验结果能解释吗？

根据伴性遗传基因与染色体的可能关系，控制果蝇红眼/白眼基因在性染色体上的位置有三种可能，如图5、图6、图7所示：

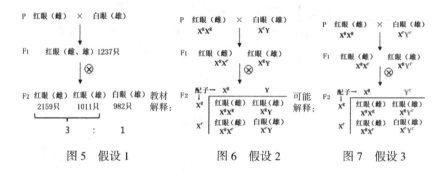

图5　假设1　　　　　图6　假设2　　　　　图7　假设3

假设1：白眼基因只在 Y 染色体上

假设2：白眼基因只在 X 染色体上

假设3：X、Y 染色体都有白眼基因

那么，如何通过实验排除假设1和假设3？

通过假设，推动学生利用基因分离定律进行演绎推理，训练思维。这一过程不仅强化了假说演绎的思维方法，而且在学习过程中提高了思维的批判性，优化了思维品质。

4. 利用项目式实践活动发展科学思维

校本选修和野外科学考察课程改变了传统的必修和校本选修课程的形式，以项目统整的方式，把课程、师生、学习时空、学习技术等核心元素统一起来，为学生构建了一个开放的课程体系。特别是在科学考察课程中，学生直面真实的生命世界和真实的科学问题，进行以学科联动为特征的综合性、实践性活动，为科学思维的发展提供了传统课堂学习无法给予的特殊价值。

以我校组织开展的中美跨太平洋绿色行动为例，这是一项延续 20 年的国际合作项目，每次活动会进行 3 周的科学考察，内容涉及动物、植物、生态、环境、地质、矿产、生产、制度等。部分主题活动如表 3 所示：

表 3　　　　　　　　　　　中美跨太平洋绿色行动

内容分类	举例	目标
科学调查	1. 四足动物的踪迹寻访及数量调查	1. 好奇心，实证精神，尊重事实和证据的态度 2. 抽象与概括，分析与综合，实验与模型等思维方法 3. 思维的深刻性、敏捷性、灵活性、批判性，创造性
	2. 两栖动物的生态调查	
	3. Champion 湖水质状况调查与相关数据分析	
	4. Mt. Abraham 植被类型及植物特点与当地气候、土壤等环境因子的关系(含地质考查)	
参观考察	1. 奶牛场参观	
	2. 采矿场参观	
	3. 垃圾处理厂参观	
	4. 可持续发展绿色产业的案例分析(以造纸厂为例)	
调查访谈	佛蒙特州环境保护的相关政策制定	
志愿服务	湖泊中外来入侵植物的清理	
人与自然的对话	倾听自然界的声音	
	欣赏自然之美(形态、色彩、结构、生命力)	

(二)利用不同的思维工具发展科学思维

1. 模型与建模

在生物学中，模型与建模是一种重要的思维方法，通过建立模型可以抽提出事物的主要特征，有利于问题分析和问题解决。模型又具有强大的解释力和预测功能，是重要的解决问题的工具。生物学中模型类型众多，比如制作细胞结构的物理模型、绘制中心法则的概念模型、建构种群数量增长的数学模型等。

模型建构的基本程序为：提供原型→抽象与概括、建立模型→列举更多的原型、对模型进行检验与修正→模型运用、解决问题。

以生态系统的碳循环为例，教学的基本思路如下：

(1)模型建构

展示简化的牧场、农田、池塘碳循环原型示意图(图8)，要求学生分组构建生态系统碳循环示意图(预期结果如图9)。

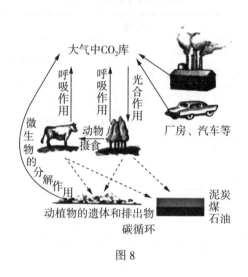

图 8

(2)模型检验和修正

提供填图题(图10)，检验对模型的理解。

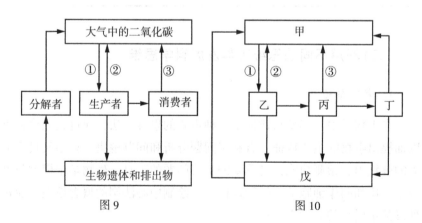

图 9　　　　　　　　　　　　　图 10

● 填图并说出判断的思维过程

- 说出图中哪项成分是可变的或可以除掉的

在这一过程中学生需要不断检查所建构的模型，不断加深对模型的认识。

（3）模型运用

分析问题：为加强水体治理，珠江流域某城市构建了较大面积的人工湿地。

当污染物随水流进入该湿地时，湿地水体中碳元素的迁移和转化途径如图 11 所示。请用箭头和文字补充虚线框中的碳转化途径。

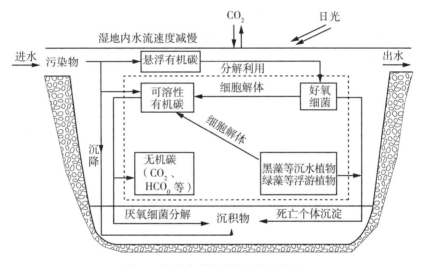

图 11　湿地中碳元素的迁移和转化

建构模型：需要运用抽象、概括、比较、分析、综合等多种思维方法。

运用模型：需要比较分析模型与应用环境之间的关系，推断模型是否适应，是否需要作出适应性的调整等，最终以模型为工具，解决问题。

建立模型需要透过现象看本质，训练思维的深刻性；运用模型要具体问题具体分析，训练思维的变通性。

建模过程需要以一般性的逻辑思维为基础，运用模型与建模的方法分析解决问题，它又是一种更上位的思维方式和处理问题方式。

2. 思维导图

思维导图(Thinking Map)是表达发散性思维的一种特别有效的图形思维工具。它将主题关键字与图像、颜色、文字等建立记忆链接，能够充分运用左右脑的机能，利用记忆、阅读、思维的规律，协助人们在科学与艺术、逻辑与想象之间平衡发展，从而开启人类大脑的潜能。思维导图常用的类型有 Circle Map(圆图)、Tree Map(树图)、Brace Map(括号图)、Flow Map(流程图)等。

将思维导图的构建和应用引入到生物教学中，不仅可以提高学生学习的兴趣，还有助于拓宽学生的思维广度，启发学生发散性的联想思考，养成良好的思维习惯，不断提升他们的思维品质。

(1)利用思维导图提高思维的整体性与条理性

思维导图最常用于知识的结构化学习，这对于加强对知识的记忆、理解，建立知识间的联系具有极为重要的作用。比如，在"细胞的分子组成"一章中，学生构建的思维导图如图 12 所示。

图 12　生物学中应用思维导图

在构建思维导图的过程中，学生将相对庞杂的学科知识进行整理，形成结构化的知识，一方面凸显了碳基生命这一主干，认识到细胞中各种有机化合物的关系，另一方面厘清了各个零碎知识点的逻辑关系，增强了思维的条理性。

（2）利用思维导图提升思维的发散性和创造性

发散性是思维导图的主要特点之一，在形式上表现为由一个主干可延伸出多个分支，不同分支又可以再进一步细分，这种思维方式为问题分析提供了多个相联系的维度，有利于提高思维的发散性。比如以"生物膜"为主题词，可以构建包含细胞膜、细胞器膜、核膜三个分支的思维导图，每个分支又可以分成物质、结构、功能三个二级分支，每个二级分支又可以细分三级分支，这种借助思维导图的思维模式，善于从多个维度分析问题，具有更强的发散性和灵活性。

3. 论证

论证是围绕某一论题利用科学的方法收集证据，运用一定的方式解释、评价自己及他人证据与观点之间的相关性，促进思维的共享与交锋，最终达成可接受结论的活动。国外有研究者将论证活动引入课堂，让学生经历类似科学家的评价资料、提出主张、为主张进行辩驳等过程，从而培养学生科学的思维。

生物学的教学往往缺少严密的论证训练。以论证为工具，开展课堂教学，对学生的科学精神、批判性思维能力的培养都大有裨益。在人教版高中生物必修 1 课后思维拓展中，有对核酸保健品评价的训练题，我曾以"核酸保健品吃还是不吃?"为题，布置学习任务——请学生以小组为单位，集体讨论，提出自己的观点，并在班内陈述自己的观点并阐述理由，开展论证式教学，取得了较好的效果，简述如下：

（1）教学目标

Kuhn 曾将论证能力分为五种层次：①能提出因果关系的理论，即将观察的现象提出因果关系，并将之表达出来；②能使用正确、适当的证据来支持所提出的理论或方案；③能以相异的方案或理论修正自己的方案；④能以合理的论点反驳他人，并提出支持自己论点的证据；⑤能针对他人的反驳再次反驳。

本节课主要通过对资料的分析，概括观点，提交论据，训练学生的科学思维。

（2）教学策略

任务驱动：以核酸保健品的相关资料创设问题情境，要求小组的学生提出自己的观点并论证。提供的问题情境具有较大的开放性，起码有三种不同的观点，有展开论证的空间。

情境创设：制定并公布发言规则，要求用语文明，尊重他人，尊重彼此发言权利，以营造自由平等的讨论氛围，创设良好的交谈情境。

支架引导：老师提供必要的"支架"以推动论证的开展。这种支架包括帮助学生学会如何表达自己的主张，如何为自己的主张寻找证据支持，也包括引导其他同学如何提问和反驳。

（3）教学流程（如图13所示）

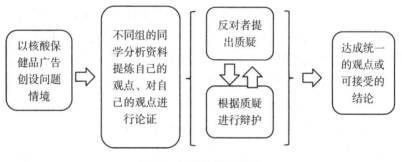

图13 论证教学流程图

（4）教学反思

我从教学中发现，学生的论证能力是相当薄弱的，这说明其思维能力亟须加强。首先表现在对生物学概念理解上的偏差甚至错误，比如吃下去的核酸保健品以什么形态进入人体，很多同学错误地判断是 DNA；人体细胞中 DNA 的含量是稳定的，不需要合成新的 DNA。概念是思维的基石，科学概念使用不当，论证也就无法进行，这是影响论证教学最大的障碍。其次是逻辑的疏漏，表现在论据与主张不具有一致性，不能根据证据推导出确定的结论。

因此，在论证教学中教师主要关注两个问题：第一是概念有无错误，第二是逻辑是否成立。在此基础上，才有可能再引导学生进行深层次的逻辑分析。

本节课问题情境的创设基本上是成功的，由于学生对核酸保健品几乎不了解，避免了存在先入为主的固有答案，很好地引发了同学们的思考、讨论、论证、质疑等。但同时，因为学生对人体合成 DNA 和 RNA 所需要的核苷酸的来源缺乏知识基础，导致论点的模糊和论证的障碍。

这节课也可以采用角色扮演的教学方式。比如一组同学扮演商家，其余多组同学扮演消费者，从不同的角度来阐述自己的看法。这种教学方式强调了社会（包括道德、伦理、政治等）在科学背景中的影响，引导学生关注科学和社会之间的相互作用。

（三）建立有利于科学思维发展的评价方法

国务院办公厅《关于新时代推进普通高中育人方式改革的指导意见》提出，要推进综合素质评价，深化命题改革。在人才选拔中优化考试内容，突出立德树人，重点考查学生运用所学知识分析解决问题的能力。创新试题形式，加强情境设计，注重联系社会生活实际，增加综合性、开放性、应用性、探究性试题。这对生物学科来说尤为重要。

首先教师应在课堂教学中倡导表现式评价，借助多种方式引导学生展示思维过程或问题解决方式，从而对学生的思维水平进行评价。

其次，课后教师可设置开放性作业，比如模型制作、知识归纳、思维导图的绘制、调查报告的撰写及展示等开放性作业，这类作业的开放性较强，学习者能表现更强的创造性。

再次，重视在实践中评价科学思维。比如在野外科学考察过程中教师记录学生对相关问题的描述、讨论，采集样品进行检测后的数据的记录，实验结果的分析等内容；在考查结束后，应通过对课题研究成果质量的评判以及对"展示—交流—问辩"过程进行评价。

此外，教师还要加强对测试命题的研究。在重视对基本概念和基本能力测试的同时，侧重设计思考性试题，突出对思维深刻性、灵活性、批判性和创新性的考查。①情境的设计。根据情境的属性，将生物学试题的问题情境分为四类：生活类问题情境、生产类问题情境、科学实验类问题情境、学科知识背景类问题情境。为保证测量的可靠性,问题情境应具有真实性、新颖性和一定的复杂性。②问题的设计。问题设计是试题命制的核心。问题决定了思维活动的方式和思维活动的层次。在问题设计时应处理好问题设计与思维层次的关系,通过开放性试题考查思维的灵活性与创造性,通过实践性任务,提高思维考查的深刻性和综合性等,进行 SOLO 分类理论试验,兼顾"量性"评价与"质性"评价。

生物学作为一门自然科学,讲究逻辑与实证是其本质特征之一,深化生物学课程改革,提高课堂质量,理应大力推进科学思维能力培养的研究,这既是落实国家课程改革总体目标的根本要求,也是提高生物学课堂质量的现实需要。

四、教学思想在实践中取得的成效

(一)教学成绩

通过实践,我在生物教学中绩效显著,生物课堂深受学生欢迎,近5届高考中,所带班级合计有 31 人考入北京大学、清华大学,有近 100 人考入香港大学、上海交通大学、复旦大学、中国科技大学、浙江大学、暨南大学、中国人民大学等国内著名高校。本人近年部分获奖项目如下:

①被评为华南师大附中最受学生欢迎的老师(华南师大附中团委学生会)

②连续多年被评为华南师大附中教学优秀奖(华南师范大学附属中学)

③被评为广州市新课程实施优秀青年教师(广州市教育局教研室)

④被评为华南师大年度工作优秀奖(华南师范大学)

⑤获广东省探究性教学说课比赛一等奖(广东省教育厅教研室)

⑥获广州市生物学科高考突出贡献奖(广州市教育研究院)

⑦获广东省生物学科教学质量一等奖(广东省教育学会生物专委会)

⑧获"聚焦课堂——高中课堂教学研讨"一等奖(华东师范大学教科所)

(二) 竞赛辅导

我把选修课和科学考察作为孵化科技创新项目的重要渠道。近年来我辅导学生参加国际英特尔工程大奖赛获四等奖一项,参加全国青少年科技创新大赛获全国二等奖 3 项,参加广东省青少年科技创新大赛获省一等奖十多项。2013 年广东省生物学竞赛委员会授予我优秀辅导教师称号,被推荐参加全国优秀科技教师评选。

另外,我指导罗宇立老师完成的高三复习课《血糖调节》参加广东省现场教学比赛获一等奖,还获得中南六省说课比赛高中组一等奖。

(三) 课题研究及论文发表

(1)近 5 年我主持广东省教育科学规划课题两项,分别是"在高三生物教学中提高学生生物科学素养的研究"(课题编号:2013YQJK292)和"在高中生物教学中培养学生科学思维的研究"(课题编号:2018YQJK368)。课题研究成果被评审委员会鉴定为优秀。

(2)近 5 年我发表论文 5 篇,出版论著 1 部,如表 4 所示。

表 4　　　　　　　　　　发表的论文及论著

题　目	刊　物
生物试题编制原理与技术(论著)	广东教育出版社
以高考遗传题为例谈批判性思维的培养	中学生物教学
利用数据表培养学生理性思维的尝试	中学生物教学
一道生物试题的 SOLO 分类分析	广东教学研究
三维目标导向下中学生物课程的命题与评价研究	课程教学研究
"探究酵母菌细胞呼吸的方式实验"教学组织	生物学通报

（3）我作为主要成员参与完成的华南师大附中集体成果"基于高素质现代人培养的普通高中学生发展指导模式的研究"，在 2018 年教育教学成果奖评选中获基础教育类广东省一等奖、全国二等奖。

批判质疑　培养理性

在长期的中学历史教育教学实践与研究中，我深感历史学科作为一门人文学科，除了学科基础知识教学以外，更具培养学生的历史思维与人文素养的特殊功能。这一功能的价值在于强化现代公民意识，使学生具有完整的人格以便应对日益复杂的社会问题。因此，过去十几年我的研究主要聚焦于：探索以历史基础知识教学为载体，尤其在中学历史关键问题的教学中，融入和渗透批判性思维精神与技能的培养，简称为"中学历史批判性思维教学"。

一、缘起

历史学科作为一门人文学科，应该在提高现代公民的素养方面发挥重要作用，培养对学生终身发展产生重大影响的素养，而批判性思维则是未来现代公民必不可少的基础能力。我个人关注中学历史批判性思维教学的缘起有四：

(一)个人的学习经历和教学实践引发对批判性思维的思考和关注

作为 20 世纪 80 年代末的大学生，我的中学和大学时代建构起来的历史认知多是基于唯物史观和革命史观、阶级斗争史观，对 20 世纪 90 年代开始在国内史学界出现的各种史学研究范式了解很少。1998 年江西省作为全国新课标"两省一市"的试点省份开始使用新教材，2001 年首次使用全国新课标高考卷。作为实验区历史教师，教材与命题的变化逼迫我对原有的教学从理念、策略到内容处理都作了批判性的变革。自那以后，我逐步认识到批判性思维能力的培养、教学观念的更新、学术思想的跟进和高考的分数、教学的业绩息息相关，要想成为一位好老师，我决不能做只会照本宣科的教师，而应成为学术型的教师。

2004年我重回大学攻读硕士研究生学位。读研期间，我深感中学教师专业提升的迫切性。也许在职教师可以通过自身的阅读提升自己，然而知识系统的重构、教学观念的更新都远不如集中学习有效。基于此，我在研究生毕业重回中学历史教学研究之后的若干年，开始关注两个问题：一是中年以上的历史教师教学观念如何更新；二是通过批判性思维的培养解决现有历史教材及教师课堂所传授知识与学术现状、高考现实脱节的问题。

（二）时代与社会发展的需要决定了中学历史教学应关注批判性思维

随着时代与社会的发展，新的高中课程标准提出了核心素养问题，高中各学科教学也都承担着不同的学科素养培养目标。最新颁布的21世纪中国学生发展核心素养的18个关键词中提出了"批判质疑"四个字，重点在于具有问题意识、能独立思考、独立判断；思维缜密，能多角度、辩证地分析问题，做出选择和决定等，这凸显的正是批判性思维的基本技能与精神特质。

古尔迪和阿米蒂奇在《历史学宣言》中写道："历史学家应该有一种特殊的能力，表现在他们能够让令人确定不移的知识变得不再那么确定，甚至还会拷问自己借以解析历史的观念本身是否已经过时。"①这是对历史学家的要求，也是对从事历史学科教学者的要求，更是对历史教学需要批判性思维的基本要求。所以，批判性思维应该进入历史教师的教学理念和实践中。

———————

① [美]乔·古尔迪，大卫·阿米蒂奇. 历史学宣言[M]. 格致出版社，2017：15.

中学历史课堂通常需要以大量的彼此相关的事实性信息，让学生运用甄别、选择、假设、论证等逻辑推理方式研究和解决问题，比如"史料史证"素养。遗憾的是，现实中大多数教学现场并没有给批判性思维留有空间，即使是材料教学中也是因观点而设材料，有限的思维活动因为过于注重形式的多样化而忽略了批判性思维技能的运用。"教给学生正确的知识"的想法，在很大程度上制约了学生的思维品质的提升。当教师的"教"忽视了批判性思维，学生也就远离了历史教育的本真追求，① 更不可能实现"批判质疑"素养的培养。因此，历史教师以历史基础知识的教学为载体，运用批判性思维工具有意识地培养一些学生批判性思维的技能与精神，是非常有必要的。

（三）批判性思维与中学历史课标之间关联的可能性

全世界关于批判性思维的概念有一百多种，我认同理查德·保罗提出的："批判性思维是建立在良好判断的基础上，使用恰当的评估标准对事物的真实价值进行判断和思考。"②它是一种理性的、反省的思维，可用于分析各种论争，识别各种谬误和偏见，根据证据和理性推导作出明确的判断或结论。批判性思维一般具有以下特质：谦逊、勇气、整合性、自主性、换位思考、公正、坚毅及对推理的信心。

根据 2011 版课标，高中历史教学承担着"增强历史洞察力""培养探究历史问题的能力""实事求是的科学态度""养成独立思考的学习习惯""注重探究学习，善于从不同角度发现问题"等要求，这些要求均与批判性思维相联系。2017 版高中课标将唯物史观、史料实证、时空观念、历史解释、家国情怀五个方面确定为历史学科核心素养，我认为这五方面素养的"教与学"均需要具有一定的批判性思维的技能与精神。

批判性思维和历史学科核心素养存在着高度契合性，它们之间是一种融合共生的关系。批判性思维的引入，将对历史学科核心素养培育产

---

① 赵亚夫. 批判性思维决定历史教学的质量[J]. 课程·教材·教法，2013（2）：7.

② ［美］理查德·保罗，琳达·埃尔德. 批判性思维工具(第三版)［M］. 侯玉波，姜佟琳，等，译. 北京：机械工业出版社，2013：6.

生更强大的动力，促使人们更敏锐、更深刻地反思传统历史教育存在的问题；而历史学科核心素养的培养和实践，也为批判性思维的正确运用和养成提供了具体的场域和机遇。批判性思维与历史核心素养二者互为条件和促进因素，将在融合共生的关系中得到更好的培育。史料实证为批判性思维提供了基本依据，批判性思维使史料实证更有信度；时空观念为批判性思维提供了维度空间，批判性思维使时空观念更有广度；唯物史观为批判性思维提供了理论依托，批判性思维使唯物史观更有厚度；历史解释为批判性思维提供了作用凭借，批判性思维使历史解释更有深度；家国情怀为批判性思维提供了价值边界，批判性思维使家国情怀更有温度。

学术界普遍认为，批判性思维能力培养存在两种基本模式：融合模式和独立模式。其中融合模式指的是在传统的学科教学中融入批判性思维策略、技巧、习性和态度的培养。中学历史批判性思维教学即属于融合式的培养模式，并不需要独立课程。在欧美国家，历史因其学科特殊性而具有培养批判性思维的先天优势，因而成为提高批判性思维能力的课程必选，不可"缺席"。

可见，"批判性思维"与"历史教学"可谓珠联璧合，中学历史教学内容中的许多内容和评价方式都可以承载批判性思维的培养，教师在教学中有意识、有选择地融入批判性思维技能与精神，不仅必要，而且可以相互促进。

(四) 本人已有的研究基础和在中学层级历史教学中实践的可能性

批判性思维在中学层级历史教学中的实践是可能的，也是符合中学历史教学现状需求的。2007 年我研究生毕业以后在中山市龙山中学任教高三毕业班，我重新梳理了一些教学内容，关注社会史、文化史与必修一、二的结合，尤其是在古希腊、古罗马，近代史的重大历史事件、历史现象分析和解读方面采用批判性思维教学，恰好 2008 年、2009 年两年的高考所涉及的西方福利制度、雅典民主等问题都和我的教学观念高度契合，学生高考成绩的优异让我更加坚信中学具有历史批判性思维教学实践的可行性。

2009 届高三结束，我离开教学一线，在市教研室负责高中历史教研工作，集中精力致力于中学历史批判性思维教学的研究。我先后在全国中文核心期刊、中学历史教学核心刊物发表批判性思维及能力培养方面的文章多篇，其中 2010 年 11 月在中学历史核心期刊《中学历史教学参考》发表论文《基于批判思维的历史教学与反思》，第二年 6 月，该文被人大复印资料全文转载。2013 年 2 月我又在《中学历史教学参考》，发表论文《从课程标准要求反思教学内容的组织与设计——以"五四运动"和"新文化运动"为例》，同年 6 月，该文被人大复印资料全文转载。2015 年 6 月在《中学历史教学参考》发表论文《从案例教学关键环节看批判性思维的培养》，2016 年 6 月，该文被人大复印资料全文转载发表。同时，这些文章也得到了国内一些知名中学历史教育专家的关注，尤其是首都师范大学的赵亚夫教授、江苏特级教师王雄老师，他们先后在公开发表的文章中提到我的这几篇文章。因此，我想在此基础上继续研究，将中学历史批判性思维教学的研究做得更加系统化，致力于通过具体实证研究解决中学历史批判性思维教学中的内容规划、课堂建构、课堂评价等实际问题。

二、中学历史批判性思维教学的内涵

中学历史批判性思维教学的内涵是：将批判性思维与历史课程结合，循着一定的路径进行融合式教学，以中学历史基础知识中的关键问题教学为承载，融入和渗透批判性思维技能与精神的培养。

(一)教学目标：批判性思维促进历史学科核心素养的培育

中学历史批判性思维的"教学"应具有两层含义，一是指向教师，执教者以批判性思维为工具可以提升教学质量；二是指向学生，学生可以通过历史课堂习得批判性思维能力与精神。因此，其教学目标既包含对教师使用批判性思维作为工具实现"教"的目标，也包括对学生是否通过历史课堂习得批判性思维的"学"的目标。批判性思维要能提升教

95

师的教学胜任力，也能促进中学生历史学科核心素养的培育。

依循理查德·保罗、琳达·埃尔德的定义："批判性思维是建立在良好判断的基础上，使用恰当的评估标准对事物的真实价值进行判断和思考。"①不难发现批判性思维中良好判断、评估标准与历史核心素养中倡导的史料实证、历史解释不谋而合，如提倡思维换位思考，从他人的角度学会理解相反观点；强调思维正直，用同样的标准判断他人；对推理的信心，重视证据和推理，可以说批判性思维对学生时空观念、史料实证、历史理解、家国情怀的培养有高度的契合，更关键的是作为工具的批判性思维所提倡的对培养良好思维的提问，对思考、学习的重新评价，均对历史教学中的课堂观察、历史命题等极具指导性的价值。

（二）内容选择：能承载批判性思维培养的教学关键问题

高中阶段是对学生进行理性思维培养的重要时期，历史学科知识教学所承载的不仅仅是历史事实本身，更重要的是基于重大历史事件、历史现象的学习而形成的历史思维，尤其是批判性思维。基于自身的教学实践和工作室的课堂观察研究，我认为有三类历史知识能较好地承载批判性思维的培养目标：

一类是世界史上的重大历史事件，如美国的罗斯福新政、法国资产阶级革命等。我之所以选择这一类作为关键问题，主要是因为教科书对世界史上的这些重大历史事件基本保持着几十年不变的叙事和评判，如果根据批判性思维对事物的判断，则应该基于更多的信息（包含学术研究成果）做出相对理性的价值分析。以罗斯福新政为例，该内容依据多数教师的理解，需要将新政的背景、主要内容、评价等进行重点设计，以凸显新政对挽救美国经济、开创资本主义制度发展新模式所产生的意义，基本是正面评价。但若从批判性思维的培养这个视角来剖析，罗斯福新政这一内容的教学可以有更多的思维培养空间，比如大危机的非常时期"新政"举措实施的真实状况如何？为什么《工业复兴法》会很快废

---

① ［美］理查德·保罗，琳达·埃尔德. 批判性思维工具(第三版)［M］. 侯玉波，姜佟琳，等，译. 北京：机械工业出版社，2013：6.

止，总统为什么会被指控违宪？这些都可以在不动摇新政总体评价的同时，培养学生的批判性思维精神，获得"善于质疑、合乎逻辑"的思维品质。

二类是中国近现代史的重大历史事件，如抗日战争、新文化运动、戊戌变法、鸦片战争、义和团运动等。我之所以也把这一类作为关键问题，主要是因为改革开放以来，学术界致力于"史实重建"，尤其是中国近代史取得了很多成果。茅海建先生说："一直以来，中国近现代史学科发展的轨迹是主题先行，很早就有了许多重要的结论，但这些结论所依托的史实却是在匆忙中搭建的，根基并不是很深……学术发展到今天，我们手中并不缺乏结论，相反的是，我们的思考却为各种各样相互对立抵牾的结论所累。"一直以来中学历史教材所汇聚的，恰恰包含了许多根基不深、经不起查证的"史实"。中学历史教学若要承担起提高现代公民人文素养，培养创新型人才的责任，需要从这些教学的关键问题入手，扭转"教教材"的传统做法，培养批判性思维。

比如抗战史，抗战史历来是学术研究的重点。近年来随着学术环境的变化，在原有研究基础上取得了不少新成果，不仅研究领域拓展、深入了，还不断呈现出一些新提法、新观点。对此，教材不可能及时反映出来，但这些新成果对于全面了解"中国军民抗日斗争的主要史实"，正确"理解全民族团结抗战的重要性"，都是极为有益的。对抗战史的教学，我们不能局限于历史教科书，而应该把握好新课标的要求和方向，就应该阐释的主要问题展开教学。这就要求我们本着"求真求实"的态度去选择教学素材、设计教学问题，尽可能地对教学对象的"然及所以然"做出最好的诠释：对于那些滞后的史学观点需要用新观点、新提法加以取代的不应刻意回避；对于陈旧而已被基于史实重建的新研究证明是不可靠的结论，该说明的一定要说明；对于现象背后那些需要加以分析的问题要适当引导。

三类是影响较大的重大历史现象，如经济全球化、工业化问题。我之所以超越空间，加上这一类全球性的历史现象作为关键问题，主要是因为与现当代相关的这些重大历史现象，各种史学研究范式有着不同的评判，研究范式的变革也带来了对这些问题的新的观察视角，而教材往往呈现的是某一种史学范式下的解读，不可能对这些现象做出相对全面和客观的呈现，所以叙述大而化之，学生只能了解一个现象的概貌，无法通过学习从中得到对复杂社会问题的理性认识。

比如分析"经济全球化的影响"这一关键问题，教材主要谈全球化是一把双刃剑，对于各个国家和地区既是挑战也是机遇。若将其置于批判性思维视野下探究，经济全球化的影响可以围绕政治上的统一与独立，经济上的有序与无序，文化上的融合与冲突三对矛盾，通过对三组矛盾的分析研讨使得学生获得"独立思考""关注理由"的思维特质，并进而形成对全球化更为全面的认识。

（三）课堂建构：批判性思维技能与精神培养的基本路径

如何对批判性思维培养进行课堂实践与路径探索，一般从教学立意的重构、教学内容的选择、教学资源的拓展、教学问题的设置、教学评价的创新五个方面建构历史课堂。

1. 从教学立意的重构明确批判性思维教学的目标

一堂课的立意是"魂"，它决定了课堂教学的高度，而决定一节历史课高度的是历史教师的认识理性。基于批判性思维的课堂更需要有一个形散神不散的"魂"，通过对史事的重新定位实现教学立意的重构。通常历史课也是有教学立意的，教师确立教学立意的依据多是从考纲、课标中针对某一考点的要求出发，有时候课标对每个考点的教学立意指向不明确，这就需要教师自己独立判断，自拟立意。但重构教学立意有赖于历史教师的学术修养，对常规立意的把握和对学情的深入分析，盲目重构或者刻意求异并非批判性思维培养的真谛。

2. 从教学内容的选择突显批判性思维教学的方向

高中新版教科书教学内容相对较多，给了教师很大的选择空间，也迫使教师不得不进行选择。单纯依据高中课标现有的表述，进行教学内容的取舍似乎很难，于是就需要细化课标，通过细化目标确定取舍的度，实现选择的自主性。如何细化，首先是初高中教学内容衔接后的

"舍"，将能够承载高中课程立意的内容作为重点。其次是将核心内容进行整合使其服务于教学立意。教学内容应该是服务于教学立意的，立意准内容才能精而简，教师才敢于"摒弃琐碎的、不重要的"东西。从教学立意出发进行教学内容的"扬弃"，执教者才能对教学内容进行重新规划与整合。

3. 从教学资源的拓展深化批判性思维教学的内涵

教学资源的拓展运用必须基于立意进行才能真正深化内涵。历史学科课程资源的拓展教学，常常被称为史料教学。甚至有学者断言，史料教学是历史教学发展的必然趋势。然而，资源拓展盲目求新求异就会走入误区。在目前的中学历史课堂，史料的运用有两个常见误区：一是通常会被设计用于解读教材枯燥的文本，忽略将史料整合为有意义的历史叙述；二是形成史料的无目的的堆砌，缺乏明确的教学指向性。如何避免课程资源拓展陷入以上这两种误区，这就需要始终关注重构的那个教学立意，课程资源拓展的"向"和"度"，也决定了历史教学的质量。

4. 从教学问题的设置提升批判性思维教学的价值

历史课堂不缺问题，缺的是有价值的问题。何为有价值的问题？个人以为能引发学生思考的问题才有价值，才是真问题。高中历史教学的问题设置应该基于批判性思维，以便适应学生发展核心素养的要求。

批判性思维强调对思维的反思，面对结论性知识多问几个"W"。某个历史结论是谁说的（who），存在强权压制吗？说什么（what），有足够的依据吗？在什么场合说的（where）？在什么情况下说的（when）？为什么要这样说，是否带有偏见（why）？这些看似简单的问题却凝聚着批判性思维的基本品质，是推进教学效果达成的重要途径。在日常教学中，针对同样的教学内容和教学资源，如果教师能够从批判性思维的视角去引导课堂问题的生成，学科素养培养的水平应该能够有所提升。因为在这简单的几个"W"的背后，培养的是从时空出发的历史认知、从证据出发的推理、从人性出发的历史理解和解释，并在此基础上形成基于自主意识的判断。

5. 从教学评价的创新提升批判性思维教学的质量

一提到评价，多数人想到的就是各种纸笔测试，评价的结果就是分数。我认为评价应该是多途径的，课堂评价的本质是考查基于学生思维发展的问题提出和解决。孩子天生是喜欢提问的，也应该是喜欢分析问题的，只是因为我们太习惯给"正确答案"，最终导致历史教学的枯燥。

如果教师基于批判性思维考量问题的预设，无论是解决问题还是生成问题，若是真能调动学生的思维也不失为一种好的评价方式。对比反思执教者几次研磨课例的经验，我发现，基于批判性思维创新课程评价这一环节的前后差异是比较大的。老师们最常用的教学形式有小组讨论、选择题当堂练，基于批判性思维设计之后，基于史料的问题提出和解决成为自然的选择。从数量上而言，稍早的设计中显性的练习设计较多，后续研磨阶段，针对性的质疑设置多练习安排少了，且所有问题都不是纯记忆性的。从设计本身来看，针对案例和史料提出的问题及解决包含了较多的思维活动，尽量避免了问记忆类的问题。

历史批判性思维教学更需要评价的跟进，批判性思维侧重自我解构，思考，再重构。教学的本质在于促进学生的发展，历史教学应当更关注学生对历史的理解，教师在评价中肯定学生思维的灵动，以便在历史学科知识的学习过程中改善思维品质。教师既要保护学生的批判性思维倾向，更要斧正、疏导、训练其批判性思维的技能。

（四）课堂评价：将批判性思维引入课堂观察的标尺与框架

课堂作为历史教学的主阵地，是否实现了对人的培养，如何观察评判一堂历史课想要"培养什么样的人，怎样培养人"，观课者往往缺乏评判的尺度和相应的框架。将批判性思维引入历史课堂观察，将历史课置于批判性思维的视野下，观察教与学过程中运用和培养批判性思维的情况，并以此为工具促进历史课堂观察，将大大提升课堂观察的价值。"批判性思维"应该成为判断历史课堂教学质量的关键，也应该成为历史课堂观察的重要工具。

华东师范大学崔允漷等专家认为课堂主要由学生、教师、课程及课堂文化四个要素构成，他设计了有 4 个观察维度、20 个视角、68 个观察点的课堂观察量表。① 虽然崔教授的课堂观察理论在全国产生了很大的影响，我也在 2011—2013 年先后听过他的多个相关讲座，组织研读了他的团队出版的课堂观察专著。但是若把专家们提出的量表作为一个"放之四海而皆准"的工具，这显然是违背崔教授初衷的。实践中这种针对全学科的、要求团队组合进行的观课工具，不适合教师个体独立完成听评课的过程，更不适合大型会议现场观摩即兴点评的情况。可操作性强的观察量表要针对不同观课个体、不同学科核心素养，就一定会有设计上的变化。我作为一名中学的学科教研员，长期从事听评课工作，需要经常面对听完课的即兴点评，深感一种内化于心的评判尺度和相应框架的掌握显得非常重要，依据此制作一份简单易操作的观察量表对团队听评课活动的意义会更大。

　　课堂观察实际上就是听评课，只是要求更专业一些，听评课虽然是很常见的一种教学效果评判及教学质量提升的方法，但目前仍存在许多亟待解决的问题。经过长期课堂教学及课堂观察的实践，我认为判断一堂课想要"培养什么样的人，怎样培养人"的评判尺度和相应框架，应该以批判性思维作为观察工具，以批判性思维的特质在教与学中的呈现作为评判课堂价值的标尺，尝试着将观察活动从教学立意、内容选择和资源拓展、问题设计、教学评价等视角展开，加深观察者对"所以然"的思考，并借以形成个体观课者对课的整体评价。通过大量观课案例剖析，我们会发现，对于如何判断一堂课的教学指向，如何实现培养目标，为什么能有这样的效果等问题，批判性思维带给了我们一些基本的思维路径，对一堂公众评价极高的观摩课如何进行理性判断与定性分析提供了相应的依据。

（五）考试测量："批判性思维"提升历史学科能力测量的精准度

　　学科能力测量的最主要依据就是各类考试试题，合格考强调基础

---

① 沈毅，崔允漷. 课堂观察：走向专业的听评课［M］. 上海：华东师范大学出版社，2008：104-107.

性，突出知识掌握的准确性和基础能力，等级考强调思维的方式和力度，突出冲击高层级的能力，注重自圆其说的能力，素养要求全覆盖。① 从考试目的而言，高考作为等级性考试，其命题日益注重对高阶思维的考查。进入信息时代以来，随着人们生存能力要求的提升和史学本身的发展，历史学科能力测量更加离不开批判性思维。因此，批判性思维在历史学科能力测量中的表现如何，有何价值，很值得我们深入探讨。

2012年全国文综卷中比较显著的变化是历史开放性试题的出现，另外，近几年的实践探索证明，选择题作为一种较为理想的题型，也能较好地体现这一学科测量目标。

三、中学历史批判性思维教学的课程类型

中学历史教育包含国家、地方、校本三种层次的课程，课程的分类逻辑可以有不同，自成体系即可。如果按各自不同的逻辑，我们可以从多个角度进行分类。例如，可以从内容本身的主题，如按人物、战争、改革等分类；也可以从资源呈现的特点，如根据案例、图表、比较等划分；还可以从培养目标的差异划分，如以敢于质疑、洞察偏见、识别谬误、推理论证、分析评判等不同层级的技能训练来呈现课程的类型。

我的观点是着重于根据批判性思维技能培养的目标来进行课程的分类，并通过这些批判性思维课程类型的建构探寻资源开发利用的基本路径。

进行这一分类的主要依据是批判性思维的特质养成需要。在批判性思维的七个特质中，我以为最基础的是思维的谦逊和思维的勇气，其次是换位思考和思维正直，再次是思维的坚毅和对推理的信心，最后是思维自主。

让缺乏思维勇气的学生敢于质疑，这属于最基础的课程类型，这一类课程可以人物为主，最好是学生所在地地方历史中的名人；如何让缺

① 徐奉先，刘芃. 基于核心素养的学业质量评价[J]. 历史教学，2018(3).

乏思维自主性的孩子尝试着洞察偏见，敢于进行个性化的思考，这一类的课程常以不同视角展示的学术成果为依托；如何培养思维的坚毅，学会辨别论据与论点，往往需要借助一些具体数据、图表，进行深度探究的课程；如何培养思维的整合，分析复杂的逻辑关联属于比较深的课程类型，这一类常以挑战教材权威，对重大历史事件进行重构的课程内容为主；想要了解学生批判性思维的强弱，则可以通过推理论证的课程来测量，比如案例分析、试题检测等。下文将对以上这五种类型的课程进行逐一说明。

1. 获得思维的勇气：摈弃对历史人物的英雄化塑造

对历史人物尤其是本地方名人进行英雄化构建，这几乎是地方史教学中比较一致性的做法，因为人们担心失去其作为模范的激励价值。但是对于历史学而言，英雄化恰恰是一个退化的过程，有血有肉的人变成了虔诚的、完美的人造物，他们没有矛盾、没有痛苦、没有人情味，也就没有可信性。[1] 人物是历史课程资源中最活跃的因素，生动的人物资料也是最富有感染力的教学素材。生动的人物资料更是进行批判性思维教学的首选素材，在本文中我将其列为批判性思维培育的第一类课程。

为什么选择地方史人物作为典型案例？显然是有个人偏好的，但也有客观原因。个人偏好是因为中山市作为名人辈出的城市，有许多可资利用的资源，而多数教师在使用地方人物资料时，都是讲他们辉煌的一面，很少谈负面，也缺乏对人物的理性分析。如果打破这样一种思维惯性，从身边的地方人物进行立体评判，尤其是近代地方人物更具培育学生思维勇气的价值。

客观原因有以下三点：第一，地方人物承载特定时空的一方人文，对中学生而言，这类素材对他们而言具有强烈的归宿感；第二，每一个人物背后都有鲜活的故事，尤其是地方人物，杂糅了作为大历史具有的阶段特征和本土历史所具有的个性特征，可增强学生对历史复杂性的认

---

① ［美］詹姆斯·洛温. 老师的谎言——美国历史教科书中的错误［M］. 北京：中央编译出版社，2015.

知；第三，人物的复杂性往往表现为评价视角的多元与主流的价值判断相结合，通过批判性的思考，学生逐步形成理性精神。

2. 洞察偏见：依托多视角的历史素材观察

不仅中国，在英法美等一些国家的历史教科书中同样存在历史叙述上的偏见问题。这种偏见在课堂教学中并不容易被发觉。尤其自"史料实证"素养提出以来，中学历史课堂出现两种极端令人担忧：一是因观点而设材料，二是断章取义以求新。前者所用史料没有多少思维含量，只是为佐证教材的观点，只求材料新；后者所选用史料缺乏逻辑的严密性，只为表现观点新。因观点而设材料，观点来自哪里？主要来自教材的观点，或者是教师本身的历史认知。前者会因为教材编写的理念或教材观点相对滞后而带有一定的学术偏见，如 2001 年高中新课改以前的教材以革命史观为依托，对近代历史上的大事件，如洋务运动、五四运动会带有偏见；后者会因为教师本人的阅读面、学术水准等因素而带有一定的个人偏见，如受到 20 世纪 80 年代的历史教育影响，后续又缺乏学术阅读的教师往往会坚持一些"层累"地造成的历史观，对 90 年代以来新史学所强调的历史认知置若罔闻，固化历史结论乃至学生的思维。那么，利用历史学科中的批判性思维课程可以培养师生共同洞察偏见。

3. 辨别论据与论点：依据素材的推断与推理

两百多年前，托马斯·杰斐逊曾要求加强历史教育，意欲使美国人学会"如何自己判断哪些事物会保障、哪些事物会危害他们的自由"。正如杰斐逊所预言的，现代公民可以尝试着做自己的历史学家，主动去识别谎言和曲解，运用材料判定过去究竟发生了什么，这些人或将成为民主的强大力量。英国历史学家休·特雷弗·罗珀说，一个民族如果失去了历史眼光，或因其历史学家枯燥的专业性研究而感到气馁，就会在思想上、很可能在政治上被阉割。

古代雅典被认为是西方民主的源头，那时的人很重视演讲技能，所以诡辩术流行；当今时代网络信息铺天盖地，个体的判断力显得尤其重要。诡辩者往往有意识地将论据与论点混淆，而公众则需要学会辨别论据与论点，不被网络舆情绑架。

4. 分析评判：成为公正的思考者

打通信息渠道，让公众积极思考，凝聚对政府的公信力，这一点似乎慢慢成了鸡肋，政府不希望所有信息公开，却又希望获得公众的信任。而作为公众的我们，只能在"鸡肋"下幻想成为一名公正的思考者。这是一个艰苦的过程，需要养成特定的思维特质：谦逊、勇气、整合性、自主性、换位思考、坚毅及对推理的信心。① 尤其是思维的整合与坚毅需要教师进一步通过比较复杂的分析评判类的案例课程来训练，学生在复杂的推理中发现自己思维的弱点，变得理性、有同情心、有奉献精神，试着跳出自己的思维框架，使自己无限接近公正的思考者。

这类课程重在提升学生思维的公正性，也是将批判性思维推进至较高层级的课程。课程选择依据主要以教材中较为复杂而重大的历史事件为主，这类教学内容教材叙述简单，结论单一，课程资源拓展空间比较大，这就为培养思维的公正性提供了空间。

5. 推理论证：基于问题解决与考试测量的分析

进行推理论证需要首先对信息进行评估，再基于信息寻找、推导出那些没有表露出来的结论，一般需要经过几个步骤：仔细阅读信息，辨别主要事实和观点；分解与所要论证的主题相关的信息，并用你所掌握的知识评判这些信息；通过你本人积累的知识推导找出结论，如果能寻找到支持或反对你的结论的其他信息则最佳。

这种课程类型实质上是对批判性思维强弱的一种测量，通过测量促进技能的提升，有点接近于复习课教学中教师常用的"以练代讲""以考促教"。因此，我将问题解决与考试测量作为单独的一类课程进行介绍。在中学历史教学中比较常见于题型训练和考试测量。

---

① ［美］理查德·保罗，琳达·埃尔德. 批判性思维工具(第三版)［M］. 侯玉波，姜佟琳，等，译. 北京：机械工业出版社，2013：11.

四、中学历史批判性思维教学的团队建设与实践探索

要想将历史批判性思维教学的思想付诸实践，不仅需要个人努力，更需要建设一支优秀教师团队共同参与实践探索。正如 2017 版课标所指出的："教师是最为重要的课程资源。"教师素质是教学质量的根本，没有研究支撑的教学就像是无源之水，而教师的专业素养可以通过团队驱动得到有效提升，这就是教师队伍建设的根本意义所在。在充分调研教师现状的基础上，我尝试在教研方式和内涵上不断创新，充分发挥骨干教师群体、高学历教师群体的力量，更新历史教师观念，我的探索主要有以下四方面：

1. 创办以研究生教师群体为主的学术沙龙

基于我市中学历史教师学历结构、年龄结构的基本特点，为了探索打造研究生青年教师群体与老教师专业共进的平台，我于 2014 年正式举办学术研修沙龙，迄今已经举办了 18 期，并且取得了良好的效果。

在多年的教师培训中，我深感教师团队的打造需要内心真正的认同而非简单的结对帮扶。在沙龙活动中，我提出了"研修共进，示范辐射"的口号，通过这个平台既让研究生教师群体展示发挥自身的学术特长，也让老教师在同台竞技中发现自己所短，修正自我专业素养的认识，形成一个教师专业成长的良性发展氛围，增强了中青年教师相互之间的认同感。

2. 打造批判性思维历史教学的移动教研平台

我以"楼老师历史工作室"微信公众号作为移动教研平台，推进中学历史批判性思维教学的开展，促进团队成员的成长，增强名师教学思想的示范辐射作用。这个平台就像一团火苗，点燃了老师们探索批判性思维融合式教学的热情，在越来越多的课堂上出现了批判性思维培养的教学探索。

在最近三年全市性的中学历史教师年度论文评选、原创试题命制比

赛、市级青年课题立项中，我发现批判性思维的教学思想已经通过公众号这个移动教研平台，深入中山市的各镇区初中。

3. 组建以研究生教师群体为主的课程研发团队

教师既是课程的实施者也是课程的开发者，一位优秀的教师更应该兼有这两个方面的成就。尤其是批判性思维与历史课程结合这样一种新的融合式教学，需要教师本身具有批判性思维技能与精神。

研究生教师群体在研究能力方面的优势，为其在新的课程开发方面提供了条件。近五年我组建了一支以研究生教师群体为主的课程研发团队，由这个团队完成的"孙中山文化进校园"的高中地方教材《名人中山》《口述中山》《人文中山》系列，目前已全部由广东高等教育出版社正式出版。这些课程资源的开发，既有利于融合式历史批判性思维教学的推进，又能够提升教师群体的职业热情和个人价值，并增进他们对课程和教学的理解。

4. 独创入职新教师"三个一"培养方案

教学中，我常困惑于中、老教师的职业倦怠，新入职教师的职业迷茫问题。如何协调教师群体结构上的差异，如何整合现有的教师资源优势，达致催生群体专业发展的动力提升目的。这些问题成为我设计培训方案时的重点关注对象和创新的出发点。

鉴于新教师学历较高，原有骨干教师经验丰富，我通过新教师代表与学科带头人"同课异构"，所有新教师与学科带头人"同讲一题"，所有新教师与学科带头人"同说一堂课"的形式，来落实促进新教师较快成长和教师群体共同发展的目标。多年的实践证明，这批新教师成长非常迅速，在我市历史学科教师水平展示的各种竞技平台上取得了显著的业绩。

以上这些教研形式不仅传播了历史批判性思维教学思想，更重要的是在课堂教学示范、课程资源开发、教师团队培养等方面推动了融合式教学的实践，也取得了不少的成果。

中学历史批判性思维教学没有一成不变、一劳永逸的模式，需要的是历史教师在课堂教学中不停息的探索。其实，教师们并不缺乏批判性思维的潜质，课堂也不缺乏对学科素养的培育：复习备考中我们所用的坐标系、手绘地图、阶段特征也是在培养"时空观念"，史料在教学中的大量使用说明"史料实证"意识的存在，多元史观解读历史，"贯通古今、关联中外"的设计无不在培育史学素养。然而现实中不乏史料教学的"滥用"、不乏单一历史结论的"灌输"，所以创新应与坚守并行。高中新课程的变革将带来历史教学的变革，批判性思维作为核心素养的关键词考查将会成为今后一个时期内历史教学评价的重要标尺，正如赵亚夫教授所言："批判性思维是决定历史教学质量的关键，中学历史批判性思维教学还有广阔的探索空间。"

为思维而教

——我的教学思想观

广东广雅中学　苏科庚

一次面试

2015 年 3 月 23 日，我在参加广东省中小学新一轮"百千万人才培养工程"名师培养对象遴选的面试时，在听完我的自我介绍和业绩陈述后，其中一位评委向我提问了这样一个问题：

"你认为什么是高质量的提问？"

稍作思考后，我是这样回答评委提问的：

我认为高质量的提问应该是凸显深度思维的问题，至少应该体现四个特点：

一、问题应该具有情境性，要能激发学生"答"的欲望；

二、问题应该具有针对性，是为解决学习重难点服务的；

三、问题应该具有思维性，不能是简单的问答互动或教材内容搬迁；

四、问题应该具有开放性，既能引导深度思考又能启发广度拓展。

评委对于我的这个回答应该还算是认可的（后来辗转才得知，我的面试成绩取得了第一名），但我知道，能够在这么短的时间里把自己对

"高质量提问"这个问题的理解概括为四个层面，源于我在教学中对"深度思维"这个话题的持续关注、深度思考和不断实践。

可以说，为思维而教，正是我努力追求并正在逐渐形成的教学思想。

一次听课

2003 年，我毕业于华南师范大学生命科学学院，就职于现在的学校——广东广雅中学。参加工作的这一年，也正是高中生物学新课程在广东试点实施改革的第一年，我是幸运的，伴随新课程的实施一起成长。

2014 年，教育部印发《关于全面深化课程改革落实立德树人根本任务的意见》，首次提出"核心素养"概念，同年启动的普通高中课程标准修订也将核心素养作为重要的育人目标。2017 年 9 月，中共中央办公厅、国务院办公厅发布《关于深化教育体制机制改革的意见》，2017 年12 月教育部发布《普通高中课程方案》以及语文等各科课程标准（2017年版）。2018 年 1 月 16 日教育部教材局负责人就普通高中课程方案与课程标准修订答记者问时指出："这次修订，各学科凝练提出了本学科的核心素养，明确了学生学习该学科课程后应形成的正确价值观念、必备品格和关键能力，并围绕学科核心素养的落实，精选、重组教学内容，设计教学活动，提出考试评价的建议，目的是切实引导各学科教学在传授学科知识过程中，更加关注学科思想、思维方式等，克服重教书轻育人的倾向，把立德树人根本任务落到实处。"

至此，"核心素养"成为新一轮课改的关键词与核心概念。

始于 2003 年启动的高中新课程改革，至今已十年有余，十年课改，浩浩荡荡，从"双基"（基础知识、基本能力）到"三维目标"（知识目标、能力目标、情感态度价值观）再到如今的"核心素养"。可以看出，随着课程改革的实施推进，其教育目标也由偏重知识传授转向能力素养的培养，重视学生思维能力、思维品质的发展正逐渐成为新一轮课改的焦点与难点。

思维能力与思维品质具备高持久度和高迁移度，它决定着学生对知识技能的掌握程度，也统领学生问题解决的水平深度。一个具备良好思维的学生更能有效地获取处理信息、培养科学的人文气质。因而思维素养已成为新一轮课程改革的灵魂，是学科课程重要的内在品质。

在新课程的实施过程中，"探究性教学"一直是新课改的一个焦点话题，但探究的核心是什么？什么样的探究才是高效的教学？在大班额的情况下如何开展有效的探究？这些问题也成为一直困扰一线教师（包括我自己）的重大议题。

2016年5月，著名的生物特级教师、北师大实验附属中学的林祖荣老师在广州六中执教了一节《内环境稳态》的复习观摩课，这节课对我产生的影响巨大而深远。

林老师在这节课里一共设置了7个问题与学生展开讨论：

（1）什么是内环境？

（2）下列哪些成分属于内环境？（消化道中的消化液；心脏中的血液；膀胱中的尿液；颅腔与椎管中的脑脊液；肺泡内的气体。）

（3）下列细胞生活的内环境是什么？（红细胞；淋巴细胞；肝细胞；神经细胞；毛细血管壁细胞；毛细胞淋巴管壁细胞。）

（4）下列哪些物质属内环境的组成成分？（无机盐；葡萄糖；尿素；胰岛素；淋巴因子；神经递质；血浆蛋白；抗体；血红蛋白；二氧化碳；消化酶；呼吸酶；转氨酶；乙酰胆碱；蔗糖。）

（5）内环境的成分会发生什么样的变化？（教师出示一幅内环境示意图：若图示结构表示胰岛，若图示结构表示小肠绒毛，则分别会发生哪些变化。）

（6）人体中下列哪些反应发生在内环境中？（酸性或碱性的物质+缓冲物；神经递质→突触后膜受体；抗体+抗原；淀粉→麦芽糖→葡萄糖；葡萄糖→乳酸或二氧化碳+水；淋巴因子→B、T淋巴细胞；胰高血糖素→肝细胞；性激素→受体细胞。）

（7）内环境的相互关系及异常（如哪些因素会导致水肿的形成）。

上述7个问题，都是围绕"内环境"这一核心概念而展开的讨论，除了第一个问题属于陈述性问题外，其他几个问题，有梯度、有维度、有深度，层层推进，环环相扣，引发了学生们的积极思考和热烈讨论，整节课精彩纷呈，通过生生、师生之间的多元互动，很好地突破了教学的重点和难点。

林老师的这节课给了我巨大的触动，也让我有了豁然开朗的顿悟——探究的核心是什么？是问题的有效设计，问题设计的核心是什么？是思维的启发与引导。

这个观点在此后的几年里成为我孜孜以求并不断实践的教学追求，逐渐内化成为我的课堂理念和教学风格。

一些思考

1. 课标：立足思维，提升素养

《普通高中生物学课程标准(2017版)》中关于学生思维培养方面的素养表述与要求主要集中在"科学思维"和"科学探究"这两个核心素养上，如表1所示。

表1　　高中生物核心素养之"科学思维"与"科学探究"(2017版)

核心素养	说　　明
科学思维	"科学思维"是指尊重事实和证据，崇尚严谨和务实的求知态度，运用科学的思维方法认识事物、解决实际问题的思维习惯和能力。学生应该在学习过程中逐步发展科学思维，如能够基于生物学事实和证据运用归纳与概括、演绎与推理、模型与建模、批判性思维、创造性思维等方法探讨生命现象及规律，审视或论证生物学议题
科学探究	"科学探究"是指能够发现现实世界中的生物学问题，针对特定的生物学现象，进行观察、提问、实验设计、方案实施以及结果的交流与讨论的能力。在探究中，乐于并善于团队合作，勇于创新

在上述两个核心素养中，"科学思维"与"科学探究"密不可分——科学思维也是一种科学探究，科学探究必然离不开科学思维。

对于"科学思维"，可以从如下几方面进行理解：

（1）从认知角度，是求真的思维。

（2）从做事角度，是合规律的思维。

（3）科学思维在科学探究中形成，用来解决自然科学问题，也可用来解决自然科学以外的某些问题。

（4）科学思维不能解决人类面临的所有问题。

（5）科学思维是人类理性精神在思维中的体现。

（6）科学思维的核心是理性思维，两者都是人类理性精神在思维中的体现，其中科学思维＝理性思维＋直觉、灵感、顿悟等。直觉是与生俱来的，灵感和顿悟是可遇而不可求的，教育教学中训练和提升科学思维，主要是指理性思维。

生物学是一门实验学科，重在引导学生进行相关生命现象的科学探究，但同时生物学也是一门具有非常鲜明理科特色和性质的学科，需要建立在大量假说演绎和逻辑推理等理性思维上的基础学科。

根据生物学核心素养所述，高中生物学思维能力的培养包括：

①归纳与概括：归纳是指从许多个别的事物中概括出一般性概念、原则或结论的思维方法。概括是指把事物的共同特点归结在一起，加以简明扼要地叙述。归纳和概括是密不可分的，概括过程中必须借助于归纳法，这样才能从个别事物的认识，扩展到一般性认识，从而形成的结论带有一般性或普遍性。

②演绎与推理：从一般性的前提出发，通过推导（即"演绎"），得出具体陈述或个别结论的过程。通俗地讲，把已经明确的事物所具有的属性（或事物之间普遍存在的因果关系）的判断，应用到具体事物对象（或具体问题）是否具有某种属性（或具体事物的因果联系），进而寻找出问题答案的推理过程，就叫演绎与推理。演绎与推理的逻辑形式对于理性的重要意义在于，它对人的思维保持严密性、一贯性有不可替代的校正作用。

③模型与建模：建立模型，就是为了理解事物而对事物进行一种抽象，是对事物的一种无歧义的书面描述。

④批判性思维：就是通过一定的标准评价思维，进而改善思维，是

合理的、反思性的思维，既是思维技能，也是思维倾向。简单而言，就是对思维的思维。

科学的基本特点是以怀疑作审视的出发点，以实证为判别尺度，以逻辑作论辩的武器。生物学科的"科学思维"与其他自然学科有着共同点——都致力于合客观和合逻辑，都倡导理性质疑，都是基于实证的逻辑思维，都强调形式逻辑思维的严密性。

新一轮高中生物课程改革把培养学生的"科学思维"作为四个学科核心素养之一，并在教材编写中着力体现这一素养，对学生形成正确科学观和良好思维方式具有重要意义。

2. 课堂：基于问题，指向思维

早在1972年，学者Aspy和Silverman在一项研究中发现，教师的课堂教学行为与教师拥有的教育学、心理学知识之间没有明显的相关性。

此后的1974年，另两位学者Dunkin和Biddle则对教师的学科知识与学生成绩之间的关系进行了研究，结果表明，教师的学科知识与学生成绩不存在统计学上的相关性。也就是说，对生物教师而言，教师对生物学科专业知识掌握的多少也与学生学习成绩之间没有直接关系。

斯坦福大学教授舒尔曼在1985年美国教育研究委员会例会上提交的一份研究报告，首次提出了PCK（Pedagogical Content Knowledge）的概念，认为教学质量与教师的PCK（学科内容教学化知识）呈正相关。

学科教学知识的基本内涵或核心价值就在于"基于学生立场，实现知识转化"。具体到生物学科，那就是教师要善于将生物学科的学科逻辑转化为学生学习的心理逻辑。生物教师的PCK不是单一的生物科学专业知识，也不是跨越学科的一般教学法知识，而是二者的有机融合。

舒尔曼理论的继承者格罗斯曼（P. L. Grossman）在1990年对PCK的内涵进行了操作性解释，认为教师的PCK由4部分组成：①关于一门学科的统领性观点（关于学科性质的知识和最有学习价值的知识）；②关于学生对某一课题理解和误解的知识；③关于课程和教材的知识（特定学习内容在横向和纵向上的组织和结构的知识）；④特定主题教学策略和表征的知识。

关于课堂教学的有效性，国内学者和一线教师也有诸多的论述，虽然标准不一，但基本都围绕"教、学、考"三个维度展开，简而言之即"教得精彩、学得愉快、考得满意"。也有学者对"有效教学"颇有异议，认为所有课堂都是有效的，只存在"低效课堂"与"高效课堂"之别。

什么样的课堂是高效课堂？有三幅漫画能很好地说明这一问题，见图1所示：

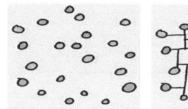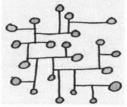

图1　三幅漫画

上述三幅漫画分别代表了课堂教学的三个层次：

①课堂上要让学生积累必要的知识；

②教学要引导学生把所学知识联系起来；

③启发学生将知识进行穿越式联想，变得有趣而富有意义。

上述三幅图也代表了三种不同类型的思维方式：零散式的思维、串联式的思维、联想式思维。不同的思维方式，其学习效果有着天壤之别。

学生就像一棵树，成绩只是暴露在地表外的枝丫，思维模式才是深埋地下的树之根本。美国"国家年度教师"肖恩·麦库姆也说，"思维模式是教育的根本"。上海华东师范大学的周彬教授曾指出，课堂的精彩与否，远没有我们想象中那么重要，真正影响学生课堂学习的，并不是设计出来的教学活动，而是教师在教学活动中表现出来的思维品质，以及对学生学习态度与学习方法的影响和引领。正如一个人的长相一样，刚开始看时，相貌肯定是最重要的；但当大家变得熟悉起来时，最重要的就不是相貌，而是让人是不是看得顺眼了，这大概就是形象了。如果一味想通过教学技能技巧来装饰我们的课堂，最终不是吸引了更多的学生，而是让学生们更容易看到我们教育智慧和学科素养的缺失。

（1）高效的思维课堂应减少课堂时间的浪费

在长期的教学实践中，结合平时的课堂观察和教学反思，笔者归纳罗列出如下 14 条浪费课堂时间、导致低效教学的行为，教师在教学中应尽量避免。

①上课不能马上静下来；

②中间暂停维持纪律；

③因任务布置不清楚造成的拖延；

④因活动衔接不好造成时间浪费；

⑤不必要的说教；

⑥在课上安排班主任工作；

⑦教师个人情绪发泄；

⑧教师语言啰嗦；

⑨教师有口头语；

⑩教学内容多数学生已经掌握；

⑪教学内容多数学生听不懂；

⑫教师上课提问质量低；

⑬提问对象安排不当；

⑭板书过多。

教学中的低效率有时是教师不经意的行为造成的，如果我们能在教学中进行持续性的记录和经常性的反思，不断总结经验教训，不断提高课堂教学效率，在有限的 40 分钟课堂里，通过组织开展形式多样、富有价值的思维学习活动，帮助学生思维能力的持续有效发展，这不仅是教学的要求，也是教学的目标。

（2）高效的思维课堂应警惕过分的喧嚣热闹

已故著名生物特级教师朱正威老师曾勉励教师要在课堂上张扬个性，"一节好课就是教师个性发挥到淋漓尽致的课"。在当前盛行"互动探究""以生为本"的教学理念下，"教师主体"的论点逐渐被抛弃甚至成为抨击的对象，"满堂灌"更是成了人人喊打的过街老鼠，几乎所有的课堂都被要求"教师少讲一点，学生多动一点"。然而，回想起那些曾让自己回味无穷、向往不已的精彩课例，几乎无一例外都是教师个性鲜明、风格突出的课堂。

语文特级教师黄永光先生结合自己多年的从教经历和课堂经验曾说，"一节好课最重要的标准在于是否有吸引力，至于讲多一点还是导多一点并不重要。"湖南省长郡中学的原校长卢鸿明先生也说："讲授也是一种艺术，可以建议但不要强迫擅长于讲授的教师转向不擅长的互动。"

这些教学名师和教育名家关于课堂教学的一些真知灼见，或许可以为当下喧嚣热闹的课堂评价标准的讨论带来一些不一样的思考。

（3）高效的思维课堂应重视问题的有效设计

无效或低效的问题也可称之为"坏问题"。"坏问题"通常具有四个特点：

①学生不需要思考就能得到答案；

②学生经过思考也很难得到答案；

③只有较少的学生能够有所收获；

④往往是验证式问题，如"是不是""对不对"等。

相对于"坏问题"，"好问题"通常也有四个特点：

①具有一定的情境性，能激发学生的兴趣；

②具有一定的思考性，能引导学生进行深度思维；

③具有一定的梯度性，符合学生的认知特点和规律；

④具有一定的开放性，鼓励学生有不同的理解与见解。

那么，应该去哪里寻找好问题呢？笔者认为，好问题要尽可能地来源于生活，来源于学生。教师平时要注意积累学生的疑问并灵活运用，作为课堂教学研讨的重要素材。

案例1

探究：《红楼梦》后四十回是曹雪芹撰写还是高鹗撰写？

师：长期以来，文学界关于《红楼梦》后四十回到底是曹雪芹撰写还是高鹗撰写，一直在争论。如果你是历史学家，除了查阅相关史料文献之外，还可以从什么途径来进行考证？

生：有历史学家运用实证研究方法，将前八十回与后四十回的文本输入电脑，由电脑根据句长、句式、重要虚词的应用等十多个语言指标进行统计。结果表明，前八十回与后四十回两个部分有显著差异，因此，应该是出自不同人手。

在课堂教学中，通过教师的适时引导，简单的问题也可以引发学生展开一些深层次、高水平的探讨。

案例2

图2所示，是苏轼《江城子》的一个片段。

师：本词的作者是谁？（简单问题，学生翻书即可知）

生：苏轼。

师：你还听过他的其他称呼吗？

生：苏东坡、苏子瞻。

师：为什么古人有这么多称呼，而今天的我们却没有呢？

图2　苏轼的《江城子》

这就从一个很简单的问题，将学生引导到对古人名字的探讨上，思维训练由简单的问答上升到深度探讨。

简单问答式的提问通常很难引起学生的兴趣，但适度改变问题的角度和提问的方式，不仅可以很好激发学生探究的欲望，而且能提升问题的思维层次性，引导学生进行良好的思维训练。

例如，同样是探讨辛亥革命取得成功的原因，以下是两种不同角度的提问，如表2所示：

表2　　　　　　　　　　不同角度的提问对比

提问1	提问2
辛亥革命为什么能够成功推翻清政府	太平天国运动经过十四年，动员了几十万军队，遍及中国十四个行省，结果没有推翻清政府；武昌起义三千人，三个月就推翻了清政府，为什么

很明显，提问2更具情境性，也更能激发学生的学习兴趣和讨论欲望。为什么提问2更有效？因为具有情境性和冲突性。

从上述案例也可以看出，单刀直入式的提问(或称为直接提问)不容易激发学生的兴趣，但通过创设一定的问题情境，对引导学生展开讨论却有"点石成金"之效。可见教学中创设问题情境的重要性。

案例3

在北美的草原上生活着一种犬鼠，它生活在地下的洞穴中，如图3所示。科学家在考察中发现，草原犬鼠生活的洞穴有两个出口，其中一个是平的，而另一个则有隆起的圆形土堆。犬鼠为什么要这样做呢？

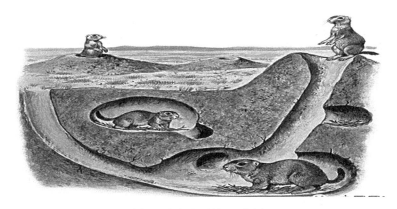

图3　犬鼠生活的地下洞穴

在这个案例中，教师结合自然界某种生物的生活场景巧妙地创设了问题情境，这个情境真实且源于生活，对学生具体天然的吸引力。这个问题的设置有一定难度，需要学生结合生物学和物理学知识进行分析讨论，这种挑战性的问题又能较好地引导学生进行积极主动的探究。

问题情境通常可以从如下七个方面进行创设：

①通过学生的活动创设问题情境；

②通过教师的演示实验创设问题情境；

③通过列举有待解释的生活现象创设问题情境；

④利用趣闻轶事和虚构故事创设问题情境；

⑤利用知识实际应用的实例创设问题情境；

⑥结合科学史创设问题情境；

⑦由旧知识的扩展引出新问题创设问题情境。

学生并不是空着脑袋进课堂的，在学习新知识时，学生头脑中肯定有与其相关的旧知识。好问题应该在旧知识与新知识之间搭建桥梁，以推动学生深入思考。如果教师在教学中能结合并利用相关素材情境，以问题为起点，并用问题来推进，让课堂学习像"悬疑片"一样层层推进、环环相扣，课堂效果就会很好。

（4）高效的思维课堂应着眼于整体教学

《人民教育》记者李帆在 2013 年第 2 期撰文《教育期待深度变革——对模式、有效教学和童年价值的思考》，其中提到山东省优秀初中数学教师刘建宇的教学案例，非常令人深思。

在他的一节课上，刘建宇只讲了三道题，分别是有理数加减、整式加减和简单方程。

为什么三道题花了整整一节课呢？

原来，对于第三道方程题，有两名学生一直弄不明白。通常，为了不影响教学进度，教师会对两名学生进行课外辅导。但刘建宇不这样，他先请几位学生当"小老师"，他们却没讲明白；于是他又亲自讲解。光这道题，就花掉了大半节课的时间。

课后，刘建宇解释说："这堂课的定位是让学生明白数、式和方程之间的联系，即数是为式服务的，式是为方程服务的，而方程是为解决现实问题服务的。"

"看似已掌握了知识的'小老师'一讲解，就暴露了思维的深层次问题。他们之所以讲不明白，是因为只理解了式与方程之间的联系，而没有把数、式、方程打通来思考；不懂的学生听不明白，是因为他们只理解数，不理解式。我最后的讲解，让已经会了的学生对问题理解更进一步，明白了式与数的关系；而不懂的学生则知道了如何移项。"

刘建宇在一道题上磨叨了大半天，他不急。可是听课的老师着急啊："要是换我来讲，十道题也讲完了。像这样的效率，可了不得啊？教学进度还要不要？我当时听课听出了一身汗！"

是啊，像这样的课堂，是高效还是低效呢？

还是在刘建宇老师的数学课上，因为学生课间操跑步时，嬉笑打闹，好不快活，他决定拿出一整节的数学课，带领学生去跑操。跑了几圈，学生累得不行，想停下来，刘建宇大吼一声："跑！我都能坚持，你们坚持不下来吗？"

那节数学课，学生跑得大汗淋漓，跑得整齐有序。从那以后，班级的精神面貌有了很大的改观。

可是，这是一节数学课啊，45分钟都在跑步，是有效还是无效？

刘建宇老师被当地同行称为"神人"。他所教的班级，初一时全年级倒数第一，初三毕业时全区第一；他所教的班级，整个初中三年都没有家庭作业，学生负担极轻；他所教的班级，仅用40节课时间，就能学习完初中三年的教材。

从刘建宇老师的教学实践和改革来看，这其中有很多值得深思和借鉴的地方。

首先，有效的标准是什么？应该是思维的发展而不仅仅是具体知识的获得。优秀的课堂，其结构逻辑建立在学生的思维逻辑之上，优秀的教师，可以透过知识的表层看到学生思维发展的路径。

真正有效的课堂，不在于用多快的速度把一个完整的知识体系呈现给学生，而在于是否教给了学生思维方法、基本原理和核心概念，在于是否根据学生的实际需要，在他们思维的节点上进行了放大。这是因为，一个学科的思维方法、基本原理和核心概念是该学科的根源，涉及某一类问题的根本。而大部分的具体知识，不过是从这根上衍生出来的枝叶。千枝万叶，根茎只有一个。离开根茎，其他枝叶也就无所依附。

我们现在很多所谓的课堂只是着眼于如何快速有效地让学生掌握具体知识，于是学生们知道了知识，却不知晓知识间的意义和联系；掌握了解题方法，却不能理解背后的原因和道理；他们手里握住了大量的"枝叶"，却放弃了最为重要的"根茎"。这样的课堂，单独一节来看，是高效的，但从学生的整体思维发展来看，无疑是低效的。

其次，用多长时间段来衡量教学是否有效？一节课、一学期还是三年、六年？如果用一节课为单位，刘建宇老师后面的一节课是无效的，因为任何数学知识也没有涉及。但如果以初中三年为单位，这节课又是高效的，因为它改变了学生的精气神，调动了学生认真学习的动力。

当下我们提倡的有效教学，恨不得课堂上的每一个教学环节都直指教学目标的达成，恨不得老师说的每一句话都能产生相应的教学效果。殊不知，教育教学里存在大量混沌的、灰色的地带，在这些地带，并不是所有的教育教学手段都能产生相应的教育教学效果。这是因为，教育教学所作用的人，其生命成长本身就具有混沌、繁杂、非匀速的特征。

所以，老师会发现，同样一个教学环境，对部分学生是高效的，对有些学生是低效的，而对个别学生是无效的，甚至是反效的。那种试图设计出让每个学生在一节课上都获得充分高效发展的方案的想法，不过是一种科学主义的迷信罢了。这种有效观，把师生的生命都机械化了，使他们成为快速运转的教学机器上的一个个齿轮，再也感受不到生命成长的喜悦，从而呈现出短期有效、长期无效的结果。

因此，衡量一位教师的教学是否有效，应该将时间适当拉长，至少在三年(甚至六年)的时间段里来衡量，给学生以足够的安静生长的时间，也给教师从容施教的空间。此外，真正有效的教学，一定是和育人离不开的，与其提倡有效教学，不如大力提倡"有效教育"。

一系列实践

在参加广东省中小学新一轮"百千万人才培养工程"的三年培训学

习过程中，我也开始深入思考如何在教学中通过设计高质量的问题，引导学生进行有深度、有质量的思考，进而实现由"为知识而教"向"为思维而教"的转变，并把这些思考在教学中进行了一系列的实践探索。

1. 培养学生的怀疑态度和质疑精神

在课堂教学实践中，笔者鼓励学生大胆质疑、善于质疑，不断培养学生的问题意识，做到"不唯上，不唯书，只唯实"。

案例 1

在进行"基因在染色体上"一节教学时，对于摩尔根的果蝇杂交实验结果（"白眼性状的表现总是与性别相联系"）的解释，教材的表述是：

"由于白眼的遗传和性别相联系，而且与 X 染色体的遗传相似，于是，摩尔根及其同事设想，如果控制白眼的基因在 X 染色体上，而 Y 染色体上不含有它的等位基因，上述遗传现象就可以得到合理的解释。"

学生针对这个解释（假说）提出了质疑：对上述现象的解释，应该有四种可能：①白眼果蝇不能存活；②控制白眼的基因只位于 Y 染色体上；③控制白眼的基因只位于 X 染色体上；④控制白眼的基因在 X 和 Y 染色体上均有等位基因。

结合学生提出的问题，教师引导学生根据上述四种假设，通过实验设计和讨论分析等方式，依次分析每一种假设是否成立（或能否排除），进而得出相应的结论。

2. 提高学生的实证意识和寻求证据的能力

科学的思维训练，来源于严谨的逻辑推导。因此，在生物学的教学中，我积极利用各种教学素材，创设相关探究活动，引导学生重视证据的收集与分析，不断提高实证意识和论证能力。

在平时教学实践过程中，由于坚持尝试并不断引导学生从证据推导出结论，笔者任教班级的学生逻辑思维的流畅性、严密性都得到了明显的提高，为学生良好科学素养的培养奠定了基础。

3. 善用案例创设问题情境

在教学中利用一些生动有趣而又富有争议性的案例创设问题情境，能有效激发学生强烈的探究欲望和学习兴趣，使学生迅速进入对课题的探究。

例如在学习高中生物学《遗传信息的携带者——核酸》一节的学习时，笔者没有利用教材中的资料直接进入课题，而是和学生一起阅读了这样的一个案例：

案例 2

早在 1977 年，美国医生班杰明·富兰克博士把核酸合剂分发给门诊患者食用，每日 1.5~2 克的剂量，结果使大批老年人延缓了衰老，避免了痴呆，增强了记忆，恢复了精力；使一大批成年病人摆脱了糖尿病、脑血栓、冠心病、肝病、肿瘤等疾病的痛苦；使一大批中青年妇女祛斑除皱，皮肤润泽，变得更美。这就是著名的核酸代谢疗法，其实质就是食补核酸(DNA、RNA)。

富兰克的实践，引起了发达国家医学界和生物制药专家的高度重视。法、英、日等国纷纷从动植物的细胞里提取核酸，作为健康食品和药物投入市场，虽然价格很贵，被称为"贵族营养"，至今仍畅销不衰。近两年，我国也出现了核酸(DNA、RNA)含量很高的珍奥核酸等核酸提纯制品，受到了广大消费者的欢迎。

中国"人类基因组计划"项目首席科学家杨焕明在接受《中国青年报》采访时说："人体不需要补充外源核酸，直接服用核酸产品对改善健康并没有帮助。"杨打的一个比方很尖锐。杨说："所谓核酸食品在营养价值上和米粉没有太大的差别。"珍奥一盒 478 元，夕阳美精品装则高达数千元，"与米粉无异"的说法当然令珍奥备受打击。

2001 年 2 月 11 日，"全国核酸类物质功能与应用研讨会"在上海召开。中国生物化学与分子生物学会工业生化专业委员会副主任乔宾福教授作了长达 1 个多小时的发言。他语出惊人，指责杨焕明是"外行，不懂核酸"。又称杨的观点所依据的是传统生化理论，但国内外最新的理论和科学实验，都证明"核酸无须体外补充"的观点是不完整的，错误的。

在阅读完上述案例后，笔者向学生提出了几个思考的问题：①核酸产品为什么会引起如此大的争议？②核酸到底是什么物质？③你怎么看待核酸的作用？在学习本节内容以前，学生对核酸的了解并不多，而教师所提供的案例中，是科学权威们两种针锋相对的意见，这种截然不同的观点也引起了学生认知上的困惑，学生迫切希望通过自己的探究去了解、认识核酸，进而作出自己的判断和评价。在这种情况下，学生对课题探究的欲望是十分强烈的，接下来的探究学习也就显得水到渠成了。

4. 训练学生的高阶思维

高阶思维就是高质量的思考。这就要求教师在教学中要引导学生形成良好的辩证思维、整体性思维和复杂性思维(例如一因多果、一果多因、多因多果；线性因果、非线性因果等)。

案例3

形成果蝇红眼的直接原因是红色色素的形成，而红色色素的形成需要经历一系列生化反应，每一个反应所涉及的酶都与相应的基因有关，因此，红眼的形成实际上是多个基因协同作用的结果。但是，科学家只将其中一个因突变而导致红眼不能形成的基因命名为红眼基因。请你根据上述事实，分析红眼的形成与红眼基因的关系。

上述素材，既源于教材，又高于教材，既启发思维，又引导思维，既有明确的指向，又有适度的开放，无疑对学生思维的训练起到良好的影响。

5. 利用试题素材设计问题

好的试题往往兼具情境性、综合性和思维性，既可以是教学评价考查的素材，也可以是课堂启发思考、引导探究的素材。例如，在进行"细胞呼吸"一节的教学中，笔者结合某地一道高三模拟题，引导学生展开了探究(图4)。

案例4

为了确定细胞有氧呼吸第二阶段发生的场所，某高中研究性学习小组进行了如下探究。

作出假设：有氧呼吸第二阶段只发生在线粒体中，不能在细胞质基质中进行。

实验过程如下：

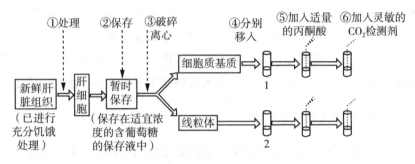

图4 细胞有氧呼吸第二阶段发生的场所

实验结果发现，1号和2号试管中均检测到 CO_2（与预测结果不相符）。

对于上述实验现象，请同学们进行探讨后回答：

（1）分析实验结果与预期不相符合的原因及改进措施。

（2）经分析及对实验个别步骤作恰当修改，重新实验后，获得了与预期相符合的实验结果。最后，老师又提出了一个新的问题："是不是在实验过程中，空气中 CO_2 溶入样本中的量足够大，而被检测剂检测到 CO_2 呢？为了排除此干扰因素带来的实验误差，你们如何解决？"你认为改进的措施是什么？

6. 重视问题梯度的搭建

笔者曾应广东省实验中学的邀请，在该校执教了一节《基因突变》的公开课，这节课得到了现场观摩的各位老师及专家的高度评价，认为课堂教学"问题的设计巧妙而富有梯度，引导讨论热烈而富有成效"。

笔者在这节课采取的教学策略主要有两个：一是创设问题，层层推进，引导学生根据问题分析、探究基因突变的相关内容。二是通过师生的互动、讨论，结合基因突变的内容进行适当的拓展，引导学生举一反三，深化对基因突变的理解。

具体的教学流程如下：

（1）教学情境的创设

出示正常细胞与癌变细胞的图片，由细胞癌变的机理引出基因突变的内容。

（2）基因突变的概念教学

本环节通过问题探究的方式，引导学生自主建构概念。

问题1：什么是基因突变？

出示基因突变的3种类型（图5），引导学生分析，并根据图示尝试自主说出基因突变的概念。

对"基因突变"概念的分析从两个问题展开：①DNA中碱基对的增添、缺失、替换，一定就是基因突变吗？②基因突变在光学显微镜下是否可见？

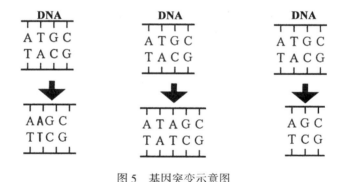

图5　基因突变示意图

在对上述问题分析的基础上引导学生理解基因突变是微观变化，"碱基对的增添、缺失、替换"是基因突变的现象，"基因结构的改变"是基因突变的本质。

（3）对基因突变案例的分析

本环节以镰刀型细胞贫血症为例，通过问题设置，引导学生进行深入的讨论，如图6所示。

问题1：镰刀型细胞贫血症的直接原因和根本原因是什么？

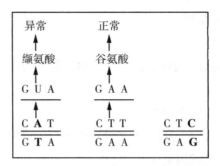

图 6　镰刀型细胞贫血症分析

问题 2：引发该基因突变的外界因素可能有哪些？

问题 3：对于镰刀型细胞贫血症患者，可以采取什么方法进行检测？

问题 4：如果正常基因发生了右边图示的突变，会出现什么结果？

在问题 4 的基础上，再引导学生进行如下讨论：

①生物体 DNA 上某个碱基对发生改变，性状却没有改变，可能的原因有哪些？

②碱基对的缺失、增添、替换三种类型中，哪种情况的基因突变对生物性状的影响可能最严重？

问题 5：该基因突变是否一定会遗传给后代？

问题 6：该基因突变最可能发生在什么时期？

通过对以上问题的分析，学生既了解了镰刀型细胞贫血症的发生原因及检测方法，又对基因突变的诱发因素、突变的结果有了一个深入的分析和深刻的认识。

(4) 对基因突变特点的分析

本环节通过对问题 6 的延伸，引导学生分析得出基因突变的特点。

问题 7：基因突变具有哪些特点？

①基因突变只能发生在分裂间期吗？（引导学生从基因突变发生的时期以及发生的部位进行分析，由此得出基因突变的特点一：随机性。）

②分裂间期 DNA 复制时都能发生基因突变吗？（引导学生结合 DNA 复制的精确性进行分析，由此得出基因突变的特点二：低频性。）

在此基础上上，教师引导学生分析突变情况(表3)，归纳基因突变的其他几个特点：

表3　　　　　　　　　部分生物的突变情况

生物	突变类型	每一细胞或基因组发生的突变率
玫瑰	花色：红色、白色、黑色	$3×10^{-9}$
玉米	籽粒：紫色、黄色、白色	$3×10^{-10}$
豌豆	花的位置：叶腋、茎顶	$2×10^{-7}$
人	血型：A 型、B 型、AB 型、O 型	$8×10^{-10}$
莱菌哈德衣藻	形态：圆球状、弧形、螺旋状	$3×10^{-6}$
小鼠	毛色：灰色、黄毛、黑毛	$5×10^{-9}$

由表3资料可以得出基因突变的特点三：普遍性(各种生物都有可能发生基因突变)、不定向性(可以突变成不同的类型)。同时，笔者以表中小鼠突变类型为例，引导学生得出结论：基因突变的结果，是形成相关的等位基因。

问题8：基因突变"利"大还是"弊"大？

结合如下材料，引导学生分析基因突变的"利""弊"关系。

案例5

镰刀型细胞贫血症是一种遗传病。患有隐性纯合子(aa)的患者不到成年就会死亡，可见这种突变基因在自然选择下容易被淘汰。但是非洲流行恶性疟疾(一种死亡率很高的疾病)的地区，带有这一突变基因的人很多，频率也很稳定，这是因为镰刀型细胞杂合基因在人体本身并不表现明显的临床贫血症状，而对寄生在红血球里的疟原虫却是致死的，红血球内轻微缺氧就足以中断疟原虫形成分生孢子。

通过对以上问题的分析，学生对基因突变的特点有了一个基本的认识，也能从辩证发展的观点对基因突变的利弊进行有效的分析，这有助于学生形成正确的科学价值观。

（5）基因突变的意义

本环节以资料分析的方式，引导学生分析基因突变与生物进化的关系。

案例6

大约在19世纪50年代以前，英国的曼彻斯特地区几乎所有的桦尺蛾都是浅灰色（AA、Aa）的，黑色型个体（aa）非常少见。因为黑色的蛾停留在长满灰色地衣的树干上，很容易被鸟类发现而捕食，难以生存。随着英国的工业发展，工厂产生的大量黑烟使地衣死亡，树干变黑。在这种情况下，到19世纪后半叶，黑色桦尺蛾（aa）的数量迅速增加。

通过对上述资料的分析，学生最终归纳出基因突变的意义：是新基因产生的途径，是生物变异的根本来源，是生物进化的原材料。

在本节课的教学设计上，笔者根据学生的认知特点，对教材内容进行了适当的调整和重组，通过问题的层层设计，引导学生分析、探究基因突变的相关内容，问题的指向明确，具有良好的思维梯度，能有效激发学生学习的兴趣，进行积极主动的思考与讨论，能有效突破教学的重点和难点。同时，笔者也精选资料引导学生进行相关的讨论和分析，所选资料既与本节内容相关，又与后续学习内容相关，在有效突破难点的同时，也起到了很好的承接效果。此外，对于表3资料（部分生物的突变情况），教师也引导学生进行了深度的挖掘，并从中概括出基因突变的低频性、普遍性、不定向性以及基因突变的结果（产生等位基因），资料的作用得到了最大化的发挥和挖掘。

结　语

自参加工作以来，得益于我的母校华南师范大学、我的工作单位广东广雅中学、人民教育出版社生物室、广东省中学生物专业教学委员会、广州市教研室（现为广州市教育研究院）生物科以及广州市教育学会生物专业委员会各位专家前辈的厚爱支持、悉心指导，让我在全市乃至全国范围内的各类高端教研活动中多次作为培训者或教师代表进行主题发言,与全国各地的同行介绍、分享、交流我的教学实践与反思体会。这些讲座发言,也让我对自己的教学实践有了更多更深入的梳理与反思;同时,也得益于各种教学公开课、研讨课的磨练,以及自己在各类生物学教学核心刊物(如《生物学教学》《中学生物教学》)上的广泛阅读与积极撰稿,我在"为思维而教"这个教学实践上不断耕耘实践,并逐渐形成了具有个人鲜明特色的教学风格,得到了大家的认可与肯定。

学起于思,思起于疑。基于情境创设,立足问题导向,聚焦概念学习,引导深度思维,这是"为思维而教"的四个重要教学策略。学生的思维往往就是从教师的教学问题开始的,科学恰当的教学问题设计,是课堂教学成功的关键。课堂教学问题设计得好、设计得巧,不仅能训练学生的思维能力,而且会激发学生的学习内驱力。

为思维而教,就是为未来而教。教学就是发展学生的思维能力,为学生的终身发展奠定基础,好教师之所以受学生欢迎,就在于他善于搅动学生思维的涟漪,把课堂的温度建立在思维的深度上。期待我的课堂,能体现"尊重之道、引导之法、激发之术",在课堂的发现之旅中成为学生的引领者。

路漫漫其修远兮,吾将上下而求索。

以文化人　文化语文

深圳市龙城高级中学　胡兴桥

一、孜孜以求——教学理念的提出

北京师范大学之前发布的中国学生核心素养，其中最重要的板块"人文底蕴"，其实就是对中国学生"文化精神"的重新建构，这也是对新修订的"中学课程标准"中关于语文学科"人文性"的深层次观照，从而实现学科核心素养里的"文化的理解与传承"。毋庸置疑，关注并继承中华优秀传统文化是"以文化人"的关键，而文以载道，"语文"文本彰显出来的精神价值，就是文化的"魂"。文化之魂于是就成了我不断提炼自己语文教学理念的"初心"。不忘初心，是为了教化人、培养人、熏陶人。文化精神中的价值观念、道德规范、人生智慧等，促成我在语文教学上，由"人文性"的理解渐变到"文化"意义上的深刻追求。于是，"以文化人、文化语文"就成了我语文教学的基本理念。

"文化"是物质与精神的总和。"语文"本身就是文化的，作为"母语"，它也是民族的，民族的语言常常是民族精神的载体。高中的语文教学，应该着力引导学生关注"文字"背后潜藏着的"灵魂"，引领学生走进传统文化，感悟并吸纳民族的传统美德、精神及价值追求，进而让学生矫正并完善自身的人生观、价值观与世界观，让他们以更完善的人格、更健全的心智继往开来。我期待因为我的语文教学，能让广东这个"文化沙漠"燃起星星之火。

理念往往是抽象的，要让抽象的理念落地，还得化虚为实，化大为小。众所周知，语文的外延与生活相等。不同地域儿童成长的生活背景是不一样的，往往带有鲜明的地域文化色彩，美国人克拉克认为"不能离开文化传统的基础而求变"，强调对象所生活的社会文化背景和文化特征。而作为教学主客体的教师和学生，生活在同一文化地域内，生活习惯、思维方式都受到当地社会习俗、文化心理等因素的影响和制约，这就决定了我在具体的教学过程中，不能绕开地域文化。因此我在语文教学上，就以岭南的地域文化与具有粤派特色的"粤教版高中语文教材"（之后为部编"高中语文教材"）为抓手，积极开展相应的课题研究与课程教学实验。

从 2008 年 9 月开始，笔者专注《紧扣新教材，践行新作文》课题研究，该课题成果于 2010 年 6 月获得广东省科研成果二等奖；2010 年，笔者继续主持《粤教版背景下的文化教学与文化作文研究》，该课题是隶属于中国教育学会《文化作文与文化教学研究》课题的子课题，该子课题于 2013 年 8 月顺利结题。2012 年，笔者撰写的课题研究报告《阅读与写作教学的区域文化指向》，2014 年，笔者撰写的《写作，不妨关注一下地域文化》，都被语文核心期刊——《语文月刊》全文刊登。2014年，笔者继续申报了《岭南文化"三进课堂"教学研究》，被广东省教育研究院正式批准立项。2015 年，笔者的专著《地域文化与中学语文教学》，由语文出版社正式出版，之后，《文化教学的边界》《文化教学的深度》《后广东时代作文备考的文化指向》等有代表性的论文相继在核心期刊发表。2016 年，《岭南文化"三进课堂"教学研究》结题。2017 年、2018 年、2019 年我连续多年将"文化课题"研究成果作为市级继续教育课程，进行全市推广，影响热烈巨大……所有这些对教材的研究与建设性的拓展，不仅让自身的教学理念更加明确，教学风格更加彰显，同时也因为地域文化的参与，让语文课堂带有更多的创新性，带有更多的可以预知的趣味性，大大激活了学生学习语文的兴趣。

二、概念界定——文化教学的边界

中学语文文化教学的本质是"以文化人"，而"文化"本身难以界定，它的现实指向与精神指向一直众说纷纭。而面对具体且独特的中学语文文化教学,"文化"的触角伸展到何方?我们该如何厘清"文化"?这里显然涉及一个"边界"问题,为此,我想结合我在台湾上的那节《崂山道士》,来具体谈谈文化教学的边界问题。

我们先来简述一下《聊斋志异》里《崂山道士》的基本内容:富家子弟王七一心学道,于是到崂山拜师学艺。他坚持了一个月,因不堪忍受整日上山打柴的辛苦而想中途放弃。正当他决定离开的时候,他发现师父有众多道术,于是他留下继续学道。然而苦撑一个月后,王七还是坚持不下去,临下山前恳请师父传授一个小道术,以不虚此行。师父念及王七不能吃苦,实属无奈,于是告一口诀,传授王七"穿墙术",并且告诫"归宜洁持,否则不验"。王七"学成"归来,炫耀于妻,结果撞得鼻青脸肿,于是王七大骂其师父。台湾各高中所选教材版本不尽相同,有的版本还加上小说结尾蒲松龄的点评:有些"不当需求"的人,总会赢得一些外来的"假意迎合",结果这种人"不撞南墙不回头",落得个让人耻笑的下场。

面对这样一篇课文,作为大陆教师,笔者着意思考与践行的,就是如何对文本中文化边界的有效把握,进而有效地进行文化教学。

从宏观层面来解读中学语文教学的文化边界,当立足于中华传统文化经典、立足于圣哲先贤所代表的璀璨文化星河。文化是现代的,更是传统的。传统的经典文化正是我们上下五千年的民族瑰宝。进行文化教学,教者应融注丰盈的传统文化意识,奠定丰实的经典文化情怀。面对鲜活的阅读文本,教者应该自觉地审视文本中可能凸显的文化基因,并尽可能地站在传统文化的制高点去破译文意的走向与文本的主题。《崂山道士》中的师父为什么告诫弟子"归宜洁持,否则不验"呢?因为道家最为推崇的就是《道德经》,《道德经》相传为老子(李耳)所著,被誉为"万经之王",讲求"修身、治国、用兵、养生"之道,而首推"修身",而传统文化中"修身"的本质即为"洁","不存杂念私心,讲究内在干净无尘"。道士师父深得道学奥义,自然对王七谆谆告诫,只是王七不解道教真意,略知皮毛甚或一窍不通,所以最终落得个自取其辱的下场,不足为怪。若从这个层面去解读文意及文旨,自然令文本的解读豁然开朗，且别开生面。

从中观层面来解读中学语文教学的文化边界，当立足于作家及其作品中的"人"作文化层面的研究与探讨。文化是由"人"创造的，"人"的文化格局决定了"文"的文化意味。从某种意义上说，文化教学的"知人论世"更多地体现为"知人论文化"，对作者及其作品中"人"的文化开掘，文化的教学目标容易锁定，文化教学的范围及广度容易操控驾驭，是文化教学的常态思维边界。比如写《崂山道士》的蒲松龄，19岁参加童子试，一生献身科举，在一个封建宗法的社会里，输得一塌糊涂，"集腋成裘，妄续幽冥之录；浮白载笔，仅成孤愤之书"，在他身上，有传统儒学滋养，所以善于歌颂真善美，鞭笞假丑恶；有道家学派的精神空间，现实的不得志，所以寄托于作品中的花仙狐鬼，寄托于虚幻的美好与自由。这就不难理解《崂山道士》中的道士师父，为什么有"上天入地，点石成金，穿墙过屋"等法术了，这是一种精神的绝对自由，是一种"无我、无形、无空间"的穿透。而作品中"人"愈"神通广大"，也暗示着作者愈痛苦，只能蜗居一隅"孤愤"不已。《崂山道士》更像一篇寓言，作者就像那个倒霉的王七，想得到一些逍遥术却最终被现实撞得鼻青脸肿，这样的文化意味的品评，也是别有洞天了！

从微观层面来解读中学语文教学的文化边界，应该兼及地域文化。不同地域儿童成长的生活背景是不一样的，往往带有鲜明的地域文化色彩。作为教学主体的教师和学生，生活在同一文化地域内，生活习惯、思维方式都受到当地社会习俗、文化心理等因素的影响和制约，这就决定了在具体的教学过程中，其实是很难绕开地域文化的，尤其是语文教学。我上课的台湾卫道中学，是一所基督教的教会中学，学校校长是由牧师担任的，校园的很多建筑，包括校园的环境布置都带有很强烈基督教色彩。我上《崂山道士》，自然也很具有宗教色彩，而无论是道教、基督教，到倡导"清修、苦修"的宗教律令，作品中的王七因为不能"苦修"最终归于失败，这跟基督教的修行是一样的，正好可以作这方面的课外拓展。因为无论是做学生，还是做基督徒，"清苦修为""有所修为"是共同的价值追求。如此，这节课又有了新的看点。

上述笔者围绕《崂山道士》，从宏观到中观再到微观的探索性思考，也恰好回应了文化教学需要掌控的边界问题，边界问题一旦厘定，文化课堂教学的思路便充满了源头活水。最终这节课受到与会的学者、专家与同仁的高度赞赏。笔者亦据此进行深入研究，认为可以从如下几个层面来进行尝试教学：

其一，凭借经典古诗文，来教化人。中华文化源远流长，经典的古诗文文本可谓汗牛充栋，星光熠熠。从《诗经》到《乐府》，从诸子百家到唐诗宋词，从元曲到明清小说，从"建安风骨"到"唐宋八大家"，从《资治通鉴》到各代正史……而入选中学部编教材的经典古诗文，虽然从篇幅上相较以往有了大幅度的增加，但也只是中华辞海文宗之中的凤毛麟角，教师拓展、发散的余地非常宽大。这些经典的古诗文，积淀了丰富的文化内蕴，其中就包蕴着中华民族优秀的传统美德、价值观念和人生智慧。比如读《诗经·氓》，读《论语》，读《逍遥游》，读《洛神赋》，读《阿房宫赋》，读《陈情表》等，可以教导孩子守信、仁爱、通达、爱国、守孝，海量的古诗文真是取之不尽、用之不竭的"化人"泉眼，是我们进行文化教学的最为难得的资源。

其二，凭借文化名人情怀，来感化人。中国古代的文化名人，群星璀璨。他们身上折射出来的人文情怀，无疑是中华民族最为宝贵的精神财富，也是我们进行文化教学的重要渠道。就拿诸子百家来说，首先是儒家，包括孔子、孟子、荀子三个代表人物，他们的思想精义是：仁、义、礼、智、信；其次是道家，主要是老子、庄子，他们的思想奥义是：道德、无为、逍遥；再次是墨家，代表人物是墨子，其思想主要为：兼爱、非攻、举贤、节俭；最后是法家韩非、李斯等人，他们的思想主要是君主集权、以法治国等。这些文化名人，因为其精神的光芒而烛照后世。在文化教学的过程中，以他们的精神感化孩子，让孩子在无形之中吸纳并自觉体认这些人文精神，无疑是非常重要的一环。

其三，凭借地域文化，来熏陶人。地域文化是孩子成长的母体环境，在文化教学过程中，积极引入地域文化的文本，引领孩子在耳闻目见的地方文化因子中，得到文化的熏陶，是非常有效的教学方式。比如河北、山西、河南，可以大胆引进中原文化，山东的语文课堂，可以大胆引进齐鲁文化，两湖地区可以引入楚文化，苏浙地区可以引入吴越文化，两广地区可以引入岭南文化。这些地域文化，同属于中华文化，里面流变丰富的人文积淀，本区域的价值取向、道德规范和社会道德都统属其中，而且，这些大格局的地域文化还可细分，比如岭南文化下属广府文化、客家文化等，甚至每所学校都有其独特的校园文化……这些地域文化的因子，时时刻刻影响着孩子的成长，是最能熏陶他们的文化母体，教师如果能够在这些方面有所作为，必将提升孩子对文化教学的兴趣，进而产生事半功倍的文化教学效果。

当然，文化教学的方式方法还有很多，我们在教育教学中还可以尝试诸如"传统文化进校园"主题活动，通过演讲、读书、讲座、摄影、访谈、征文、VCR 等形式增强"文化教学"的氛围，还可以观看"百家讲坛""文化电影""视频"等方式增强教学的内容与形式，总之，教师可以在喜闻乐见、符合孩子身心特点的前提下积极创设大环境，让文化教学真正走入孩子的内心，以达到"以文化人"的教育目的。

三、挖掘内涵——文化教学的深度

中学的文化教学立足点应是"人文积淀"，关注点应是"人文情怀"，发展点应是"文化的理解与传承"，并以此来推展语文学科教学中的"核心素养"。需要提醒的是，中国学生核心素养"文化基础"中的"人文底蕴"与"科学精神"，两者并不是简单地并列平行发展的，本课题首先关注的恰恰是"科学精神"中的"批判性思维"方法，因为这有助于"人文底蕴"的习得与内化，进而提升文化教学的深度。也就是说，在文化教学过程中，要善于借助"批判性思维"来挖掘内涵，进而提升文化教学的深度。

"批判性思维"一词从词源上说，是"建立在某些标准上的恰当判断"。最早可以追溯到苏格拉底的"助产术"。理查德·保罗在《批判性思维工具》里提出："批判性思维是建立在良好判断的基础上，使用恰当的评估标准对事物的真实价值进行判断和思考。"中山的楼卫琴教授一直致力于中学的批判性思维的研究，她认为批判性思维是一种基于对自己思维的自我监控而作出判断的能力。这种能力，立足于质疑，通过质疑优化思维方式，由"可感"的判断来"获得理性"，强调的是"个体、自我"的思维主体位置。这种"获得理性"论述，更明朗直接，也更接地气。将"批判性思维"引入文化教学，无疑有助于文化教学走向纵深。

这是因为，批判性思维首先要求有理性的"史观"，基于"是谁，在什么时候，在什么地点，做了什么，怎么样"的五个"W"，是进行科学理性判断的基础与前提，而这些"史观"意识，正是我们在进行文化教学时，正确把握和理解文化进而分析评判一种文化的思维准则。文化不是凭空产生的，往往具有历史的延续性，而从历史的层面来理解"文化"，这样的文化教学更能内化为学生的文化习得，产生真正的文化教学效果。

我在广东中山市上的一堂课《天地一容闳》，是中山市教育教学研究室与中山市档案局联合编写的一套地方文化读本中的一篇，这篇文章首先是具有历史性的，它系统地介绍了容闳波澜壮阔的一生：幼年不甘平凡，走进学堂；少年不循父志，漂洋过海；他学成后不图安逸，毅然回国；回国后战胜消沉，放弃买办；他从政不图功名，放弃爵位；他办厂不是目的，志在洋学；洋学失败后不再幻想，立志维新；当维新没有希望，转而支持孙文；当孙文革命成功，他却客死他乡。就是这样一个历史的"配角"，却是中国近代前期唯一一个全程参与过所有重大历史事件的传奇人物。作为一个语文老师，要讲好这篇具有史料性质的文章，确实有一定的难度。

因为这是"文化读本"的课文，从地域文化的角度来审读文本，应该不是一件难事。因为中山市隶属于近代的香山县，而近代香山及其周边的区域内，前后出现了容闳、康有为、梁启超、孙中山等岭南名人，这些文化名人从某种意义上说，成就了近代以来岭南的人文精神，岭南文化中的"敢为人先""敢拼敢闯""兼容接纳"等文化内核，在他们身上都有非常集中的体现。现在的问题是，如何让这些优秀人文精神与学生的精神心理形成同构，如何让他们从内在的理性判断入手，深刻且透彻地接纳这些优质的文化品质？而当下唯一的切入点，就是这个历史的配角"容闳"。

帮助学生以"史学"的角度来把握容闳并不难，难就难在"质疑"，在"质疑"中批判，在"批判思维"中"理性地热爱"，文化教学是否深入本心，应该牢牢抓住这一重心。这也是文化教学中，"批判性思维"产生的核心作用。为此，我先从罗博德《大人物》中的一段话入手：摩西的伟大之处在于：他的理想与抱负远远超越了他所取得的成就，最后他竟认为自己失败了——所有伟大的导师都认为自己是失败的——他们所设定的目标远远超越了他们所能达到的地方。让学生质疑思考，容闳像摩西吗？学生基于文本的史实，迅速得出容闳其实是个非常失败的人，因为他满腔热血报国，却恐怖相迎；他投身太平天国，对方却享乐无为；他热衷幼童洋学，却功败垂成；他转向维新革命，却屡遭通缉；他迎接革命成功，却客死他乡。

现在的问题就出来了，既然容闳在他的有生之年如此失败，像李零在《孔子与丧家狗》中论述的那样：话说当年孔子抱负不展，离开鲁国，带着弟子周游列国，几次遇到生命危险，在陈国的匡地，因为他长得像阳虎而被当地老百姓误以为是阳虎而受到围攻，被拘禁了整整五天。在宋国又差点被宋大夫杀了，处境非常危险……"丧家狗"非但没有丝毫的贬义，倒还有点寂寞英雄的味道，用来比照孔子的一生，也没有什么不妥。这段对孔子的论述，似乎也同样适用于容闳，可是为什么，孔子却被后人尊称为"圣人先师"，享有至高无上的地位？而容闳，也被后人尊称中国近代化之第一人、中国留学生之父、中国早期启蒙的先驱、伟大的爱国者，这里面的悖论，到底该怎样理解？

学生通过讨论，归纳起来形成了两个层面的批判，一是这些对容闳的评价有无事实上的道理？二是这些对容闳的尊称是不是"道德绑架"，往浅处说是不是"名不副实"？围绕第一种批判，学生在讨论中这样认为：容闳虽然不把参与洋务运动作为自己的初衷，但是他的确因为赴美购买了100余种机器设备而使得中国工业化起步，这是近代中国开先河的事件，其影响力是深远的，不可磨灭的；容闳虽然在派遣幼童赴美留学一事中功败垂成，但是这是中国第一次派遣幼童迈出国门求学，且这批留学生后来对中国也产生了非常深刻的影响；容闳虽然在维新革命中屡遭通缉，但是他锐意革新的精神、其热切的爱国救国的信念，被后继者引以为范，且深受孙中山先生敬仰与器重。从这些客观的"史料"来看，因为容闳日月可鉴的"赤子情怀"，他的"敢为人先"的精神，应该受到各方面人士的尊敬。正如传统文化中，孔子说："士不可以不弘毅，任重而道远。"庄子言："至人无己，神人无功，圣人无名。"墨子云："仁人之所以为事者，心兴天下之利，除去天下之害，以此为事者也。"文天祥写道："人生自古谁无死，留取丹心照汗青。"孙中山的名言："以吾人数十年必死之生命，立国家亿万年不死之根基，其价值之重可知"……精神的力量，让容闳走向一个个高点！这里面，也印证了罗博德的观点，只是伟人们所设定的目标远远超越了他们所能达到的地方，对于他们自己来说，可能很多方面失败了，可是对于后人，对于当时的国家来说，早已经是人中龙凤了！

围绕第二种批判，学生们基于文本及相关知识，对"道德绑架"有如下认识：容闳回国后是认清了清政府的恐怖转而去帮助"太平天国"，发现太平天国贪图享受后又转而投靠清政府，进行"洋务运动"。这个过程中有大是大非的问题，因为他后来又投入反清的政治运动中。再有，容闳在《西学东渐记》曾这样说，1894年到1895年，中日之间因朝鲜问题爆发了战争，我的计划是什么样的呢？首要就是到伦敦去协商借款1500万美元，买军舰；招募5000人的外国部队，沿着太平洋海岸从背部攻击日本，形成一个牵制的力量。这个步骤落实的时候，第二个步骤同时并举，就是清朝政府应准许并委任专人，把台湾岛抵押给西方某一强国，指的是美国，以借款4亿美元，用来组建国家的陆海军。这里面，以"台湾"作抵押贷款，是非常错误的想法。尽管上述所有关于容闳的内容，因为当时国内国际的实际情况，风云际会，任何人其实都不可能非常明晰自己的方向，但是从后人的角度来说，无论如何，也至少给他的人格留下污点。这里说评价他是"道德绑架"，也不至于。

批判的"依据"可靠，学生通过"整合"自己的素材，来获得理性的判断，因而我们发现，容闳自我目标的失败并不意味着他经历的事件毫无价值，相反，因为始终保持着救国爱国的情怀，他最终走在中国近代革命的最前沿，他的"敢为人先"，因为康有为、梁启超、孙文的集中表现，逐渐成为岭南的人文品格的象征。他不是一个完人，也不是一个在做事上很成功的人，但就是这样一个人，他的赤子情怀，他的精神品格，却像烛火一样照亮历史的天空，他的人文精神，也像璀璨的星星，因为不完美而更加走进人心，更让人膜拜！

应该说，这节课是成功的，从历史学、文学、地理学的范畴来展开，围绕"地域文化"中的"人文精神"，借助"批判性思维"这一有力工具，牢牢抓住"有趣"的"质疑"，在立足事实、立足文本的思维判断基础上，进行一步步的"批判性"思考，正是这种思考，让这节课的文化教学从"文本理解"深入到"悖论理解"，进而深入到"文化理解"，增强了文化教学的深度，而这种深度，是任何感性判断所不能比拟的，因为问题直指具体的、感性的对象，学生获得的恰恰是感性背后理性的判断，而越是理性，越是深刻；越是深刻，就越有教学的深度与效度！所以，在文化教学中自觉运用批判性思维对内容进行挖掘，课堂就越高效！

四、关注写作——聚焦传统文化

众所周知，中华优秀传统文化是习近平总书记十八大以来治国理念的重要来源，他多次强调中华传统文化的历史影响和重要意义，同时表示应赋予其新的时代内涵。我们现在倡导的"立德树人"以及中学核心素养的"人文底蕴"，都兼及了传统文化。

既然中华传统文化这么重要，那么什么是传统文化呢？具体来说，中华传统文化包括古文、古诗、词语、乐曲、赋、民族音乐、民族戏剧、曲艺、国画、书法、对联、灯谜、酒令、歇后语、民俗、节日以及传统历法在内的中国古代自然科学以及生活在中国各地区、各少数民族的传统文化，它是我们生活中息息相关的，融入我们生活的，我们已经或正在享受的东西。说它博大精深，我们不妨以"琴棋书画"为例，它包括"笛子、二胡、古筝、鼓、古琴、琵琶"等；比如十大名曲《高山流水》《广陵散》《平沙落雁》《梅花三弄》等；比如中国象棋、中国围棋，对弈、棋子、棋盘等；比如山水画、写意画等，非一小文能穷尽。

既然传统文化如此繁杂，那么我们在作文写作中如何应对呢？笔者通过这些年的关注与研究，觉得三个方面非常重要。

1. 应广积传统文化素材

素材是作文内容的血肉，学生在积累文化素材的过程中，必然会由表及里，增强对素材内容、思想的了解与把握，进而增强传统文化的写作意识。比如，最能代表中国文化的"长城、春节、龙、中国汉字、唐诗、宋词、京剧、凤、中国书法、十二生肖、中国结、印刷术、端午节、道家思想、毛笔、筷子、中秋节、茶、丝绸之路、对联、中国象棋、水饺、旗袍、瓷器和陶瓷"等，学生在积累的过程中，常常会自然追问，为什么这些最能代表中国传统文化？它们有什么来历？为什么能得到国人的体认与传承？通过对这些问题答案的追寻，其实就无形中提升了文化底蕴的认知，具有相得益彰之效。

笔者曾命制过这样一道作文题，作文材料这样说：

随着互联网的普及，人们逐渐离开了纸质文本，甚至有人预言人类将过渡到读图时代。可是在一次关于汉字的专家论坛会上，历史学家说，汉字是最古老的文字之一，它具有永恒的价值；书法家说，字如其人，中国的方块字变化无穷，具有独特的审美意味；人类学家说，汉字是中国的文化载体，了解中国人先要了解汉字；最后，文学家深情地说，方块字滋养着中国人的情感，浸染着东方人的性情，很多由汉字构成的著作，甚至篇章、句子、词语，读着读着就会让人拍案，令人往返。通过阅读上述材料，可以选择一个角度、一个侧面立意，写一篇不少于800字的作文。不得抄袭。

有同学这样写：

方块字的魅力渗透了东方人的飘逸性情，这一点可在书法艺术上体现出来。王羲之那"飘若浮云，矫若惊龙"的笔法把方块字的神韵用艺术的形式显现，那潇洒的笔触令汉字的每一笔都让人感受到东方独特的审美意趣，古老泛黄的墨迹使汉字益发具有魅力。无论时代怎样变迁，不变的是中国汉字几千年的传承，在历史的长河中，汉字不曾褪色，岁月也磨损不了它一丝一毫的辉煌，它内在的意蕴已被深深地融入中华文化的血脉中去。

汉字的魅力更辉映着民族之魂和铮铮傲骨，为纪念抗日战争胜利五十周年，韩美林挥毫写下"抽刀难入鞘"五个大字。这五个浓黑的大字背后是民族的浩然正气，每个字都如一座大山般巍然而立，唤醒了我们的民族和国家意识。我们说它是民族自尊、自强发出的强音，汉字正以它深刻的意蕴向中华民族，向世界无声地传扬它傲然的气概。韩美林让汉字的魅力把民族精神熔铸入每个人的心中，进而让汉字迸发出让人震撼的力量。

这两个段落，学生分别从"飘逸性情"和"铮铮傲骨"两个层面来理解"汉字"，援例典型，分别列举的是王羲之与韩美林的例子。不同的时代，不同境遇，不同的心态，几个汉字，就能窥见"审美意趣"和"民族气概"。可见，学生在积累"汉字"这一文化素材时，是由表及里，见"字"如见人，体现了中华"汉字"的独特魅力，这样的素材积累，无疑会完胜"传统文化"的作文！

2. 应充分把握中国传统文化体现出来的精神内蕴

这是最难也是最有价值的，因为无论是"立德树人"还是"人文底蕴"，无论是"社会主义核心价值观"还是"文化传承"。其实说到底，是精神的同构与共鸣，这也是作文在立意时最能见高下的部分。如果学生能对中国传统文化的主流思想做个大致的梳理，自然就会让自己无论在写文还是在做人上，真正建立起传统文化的精神与气魄，也才能真正达到传承传统文化的最终目的。

2016 年，广东佛山市曾命制了这样一道作文题，作文题这样说：

阅读下面两句名言，自选角度写一篇文章。孔子说，道不同，不相为谋。帕麦斯顿说，没有永远的朋友，只有永远的利益。

这道作文题，其实就是在考查考生对文化精神的体认能力，因为毫无疑问，孔子是中国的儒学大师，帕麦斯顿是西方的政客，考生如果没有较深的文化习得能力，是很难驾驭这道作文题的。好在有这样的优秀作文，我们不妨选取《择友以道》的一段来读：

> 孔子是东方的大儒，帕麦斯顿是英国的首脑。前者是中国儒家思想的奠基人，提倡"仁义礼智信"；后者是英国少数财团的代言人，追求的是利益的最大化。与人相交，看重"道"还是看重"利"，答案不言自明。所以，在中国，"见利忘义"的曹无伤遭人怒杀；"见风使舵"的秦桧遭人唾骂，"卖国求荣"的汪精卫遗臭万年；所以作为资本家的周朴园，他的发家史也是工人的血泪史，作为曾经的帝国主义英国，其殖民地遍及世界几大洲。就好像《红楼梦》里的四大家族，以各种"利益"建立起来的表面繁荣，有朝一日"树倒猢狲散"，落得个"白茫茫大地真干净"，令人不胜唏嘘！司马迁说，"天下熙熙，皆为利来，天下攘攘，皆为利往"。在物质社会尤其发达的今天，择友以道，当为世人所铭记！

这个段落，就体现了学生非常精准的传统文化的思想表达能力。段落先从两个名人的身份及其倡导的思想价值观出发，言简意赅地指出他们之间巨大的分野，然后立足于"择友以道"的思想追求，援引了曹无伤、秦桧、汪精卫、周朴园、四大家族、司马迁等传统文化中的历史名人及文化经典中的典型人物，加以雄辩的佐证。整个段落，由文化思想发轫，恣意铺陈，琳琅满目但又切中肯綮，成为体现"文化意蕴"、烛照文化精神的典范之作！

3. 应在把握文化内蕴精神的基础上，批判性地继承发展

写作表达的是精神诉求，对传统文化的把握，不能仅仅停留在素材及思想的"习得"上，还应结合时代的要求，与时俱进地批判继承，在继承中发展创新。具体在作文中，应该针对传统文化现象，通过自身的体验及感受，调动自身的理性判断，在整合中发表自己独特的、中肯的看法，这些看法应该充满客观性、预见性和建设性。如此，我们才能真

正担负起有效传承文化的重任。比如这样一道作文题：

> 某驴友在网上发了几张偶然发现的一个古村落的照片，村子周边风景清幽，古建筑虽显颓态但仍隐隐透出当年的繁华。不少网友急切打听村子的位置，该驴友却不肯透露，说怕来来往往的人太多，干扰了当地人的生活；更怕村子出名后因为过度开发而破坏了它本来的面目。跟帖的网友议论纷纷。有人说，这样的古村落应该让更多的人了解它的价值；有人说，如果缺乏必要的开发性保护，这些古建筑过不了多久就会消失；也有人说，只有经得起时间的打磨而保留下来的才有意义，任何刻意的措施都不是办法。以上材料引发你怎样的联想、感悟或思辨？

毫无疑问，"古村落""古建筑"因为承载了太多的"人文关怀"，自然统属于传统文化的一部分，对于这样的消失殆尽的传统文化现象，作为当今的青年学生，该持何种意见，如果仅仅满足于"判断识别"阶段，肯定远远不够。当然还需要提出自己的富有批判性的见解，从而真正起到建设性的作用，有助于传统文化的发展。

无论是怎样的古村，都有其自身的文化传统及其特征。当游客来袭之时，游客们身上的文化特点很可能对村落原有文化造成文化的侵略。想起雪山脚下的丽江古城，灯红酒绿的酒吧街竟成主流，游客们的喧闹打破了苍山洱海的静谧，苍茫圣洁的雪山染上了尘世的喧嚣。然而，我们并不能认为旅游开发就一无是处，旅游开发能在一定程度上防止衰落的继续，但适应古村落旅游方式是倡导人们有目的的浸染文化。旅游远不是为了一张纪念照，一句"到此一游"，而应是一次心灵与文化的对话。旅游业的开发，应少一点功利，多一点实质性的保护，更要配以文化的重视与坚守，这不仅是文化单位的责任，也是游客的责任。愿终有一天，旅人的目的地不再是旅游景点，而是自然与文化，在一片林或一座山之后，发现一片豁然开朗、古朴清幽的文化世界。

这个作文片段，小作者立足于古村落(传递传统文化的所在)的文化传统及其特征，围绕"游客""文化单位"进行了批判性的思考。认为游客应该更多地关注古村落的文化本身而非商业的、浮躁的赏景；认为文化单位应该坚守古村落的文化属性，进行必要的、实质性的、非功利性的开发。如此，古村落的文化延续与传承，才能真正走进人的内心，无论对古村落、游客还是原著居民，都是一大善举！这样的批判性思维的表达，也正是文化继承与发展的精神之光！

五、教学反思——文化课堂的担当

怎样才能让课堂(包括其他学科)更具"文化属性"呢？笔者认为应从三个角度入手：

1. 教师要具备相应的文化素养和文化意识

教师要在教学内容上体现"文化属性"，"给学生一滴水，老师应该有一桶水"。广义的文化是指一切物质与精神的总和；狭义的文化包括日常"衣食住行"在内的校园文化、本土文化、区域文化和东西方文化。就学科而言，都有与本学科密切相关的科学文化知识、文化源流和文化走向。就中国的教师而言，教学内容是最容易与悠久的古国文化结合起来的，是最能体现一个教师的教学底蕴、个人气质与学养的。如果一位教师能够站在文化的高度，去思考、整合自身的教学内容，那么，无形之中自然会提升教学的高度、深度与广度，让学生在文化视角下审视知识的习得，则必然会增强学生对学科知识学习的认同感，进而对中国文化产生自豪感，产生更积极的育人效果。

教师要具备相应的文化素养，且系统深入地研究本学科的文化特质，将学习的视野扩大到与之相关的文化现象上来。比如一位语文教师，在教学生习得汉字的教学内容时，不妨从书法的角度，讲一讲作为一种中国最有代表性的方块字，不仅有音韵平仄美，还有"隶楷行草"的结构美，更有"象形会意"的意境美。比如一位数学教师，在讲勾股定理的教学内容时，可以站在中国灿烂文化古国的角度，讲述中国最早发现这一定理的历史渊源，还可以结合"圆周率"的历史掌故，给学生展示灿烂文化的风韵与神采。如果是一位音乐教师，可以在教学生唱流行歌曲的同时，讲一讲中国的国粹京剧、岭南的粤剧，尝试着讲一讲京剧大师、粤剧名伶的人生故事，增强学生对音乐与人格的认识，进而增强对本土文化的认同感，形成文化传承的责任感……课堂形式的开放多元，课堂内容的文化熏陶，共同指向课堂文化的生成，则相得益彰，熠熠生辉。

教师具备相应的文化意识，则是构建课堂教学内容"文化属性"的"源头活水"。既然"文化"是无处不在的，而"文化属性"又具有明显抬升课堂文化底蕴的效果，那么，在教学内容的整合上，一个充满个性化与卓越课堂文化教学的教师，肯定会增强自身的文化意识，在教学内容上能够"预见"到"文化点"，进而进行更为生动的文化提升，以独具特色的文化课堂来打造更为出色的课堂文化。比如笔者在执教贾平凹的《秦腔》这篇课文时，自然"预见"到本土的"粤剧"；比如笔者在执教《走进经济》这一单元内容时，结合广东在经济大发展的同时，是否取消"粤语"这一有关本区域文化的话题来展开辩论；如果是一位地理老师，也可融注"一方土地一方文化"的理念来展开教学；如果是一位历史老师，当然可以直接切入悠久灿烂的历史文化来进行文化教学……教师尽力让自身教学内容富有"文化属性"，首先体现的是教学的个性化，其次体现的是教师驾驭教材的卓越水平。如此长期坚持，则文化教学必然独具魅力！

2. 教师要善于积极探索"文化属性"的教学模式

教师如果能在教学内容上积极探寻"文化属性"的教学模式，则会"风云际会，双向共生"，产生文化课堂与课堂文化的大风景、大气魄。众所周知，教学模式一旦形成，则必然具有一定的体认性、稳定性，而"文化味"的教学模式一旦形成，教师的个人魅力与教材文本的魅力会同时显现出内蕴美的芬芳，从而实现个性课堂向卓越课堂的转变。深圳特级教师陈少堂先生的代表课《荷花淀》，就是从文化的角度，来深入研究、探讨文本的文化内蕴美的，当时产生了极大的轰动效应；后来还听过陈老师讲《人民英雄永垂不朽》等课例，觉得其"语文味"更多地关注了"文化属性"，具有其独特的个人魅力！

"文化属性"教学模式的探索，有两种模式值得推荐。一是在课前或者课后进行与教学内容相关联的文化拓展，如搜集孩子们喜闻乐见的本土文化或地方文化。比如笔者围绕粤教版新教材，系统性地将教材选修4编辑成文化课堂教学模式：首先，我们根据文化的分类，结合教材的基本篇目，进行文化编辑，比如：《想北平》，主讲京都文化；《碗花糕》主讲饮食文化；《命名记》主讲中西文化；《这思考的窑洞》主讲建筑文化；《汉家寨》主讲历史文化；《听听那冷雨》主讲中华文化；《道士塔》主讲宗教文化；《秦腔》主讲地域文化，等等。其次，根据主讲内容进行课前或课后的定向伸展，比如，由《五猖会》到民俗文化，再到岭南的"逛花市""飘色游街""万人宴"等；由《碗花糕》到饮食文化，再到岭南的粤菜；由《这思考的窑洞》到建筑文化，再到岭南的"骑楼""碉楼""祠堂"等建筑特色……如此一来，充分调动了学生的生活体验甚至生命体验，课堂效果也非常好。

另一种教学模式即在教学过程中将教学重难点赋予"文化属性"，或者直接以文化的视角去突破教学内容的重难点。比如高中教材中的现代散文《五猖会》，一般教学的重点是放在"封建家长制对孩子身心的戕害"上，如果从文化的视角去解读《五猖会》，则会从民俗文化——五猖会本身入手，去解读这种文化顽强的生命力，是封建礼教阻碍不了的。如此一来，整个课堂更富有个性化，更富有底蕴和高度。再比如鲁迅的文章《祝福》，大多数优质课都是从祥林嫂的遭遇来揭示封建礼教的害人本质的，但是如果从"祝福"这一特定的民俗文化背景出发，在祥林嫂的三次"祝福"过程中，在和这一民俗文化的纠葛挣扎中，得出落后的"文化"也能杀人这一观点，就让人耳目一新！如果我们长期进行有模式的"文化属性"教学，必定让卓越的课堂文化更加卓越！

3. 教师要善于整合文化资源并长期坚持

好的文化教学，对一位老师的教材资源整合能力、身边教学资源的搜集处理能力，都提出了更高的要求，并且，这种要求不是短期的，是常相伴随的，只有奠定在学科前沿、教学理念前沿的基础上，用行动一以贯之地执行，文化才能在时间的淘洗中显现出夺人的光芒，我们的课堂文化才能因为时间的佐证而真正富有生命力。所以，教师善于整合文化资源并长期坚持，是非常必要的。

教师要善于整合文化资源，是说除了对教材进行文化角度的整合之外，还应该积极搜集、整理身边的其他文化资源。比如学生身边校园文化、班级文化以及他们生活所在地的地方文化；比如在广东佛山三中，笔者围绕知名校友"梁启超"和校树"红棉树"等校园文化因子，结合人物传记教学，创造性地开设了"精英传记与文化传承"优质课，受到广泛好评；比如著名特级教师李镇西，结合独特的班级文化，在语文教学中巧妙利用文化节日、文化仪式，启发教导学生继承和发扬"感恩、孝敬、有礼"等传统文化美德，产生很大的社会反响；再比如前些年有名的"宏志班的故事"……善于整合身边的文化资源，无疑会增强文化课堂的文化含量！

教师要善于长期坚持实践。先进的理念、别开生面的课堂、教学内容的"文化属性"，如果不能经过时间的考验，不能称之为"文化"，最多只能作为一种"尝试"；文化课堂的形成，不是一蹴而就的，而是秉持先进的理念、前沿的课堂教学方式、有效的教学内容，进行具有一定时间长度的贯彻，最终才具有强大生命力，这种存在也是个性化的、卓越的，也是具有最佳育人功能的！

六、个人实践——文化教学结硕果

围绕"以文化人、文化语文"这一教学理念，近 10 年来笔者收获颇多。2010 年 4 月，在广东省教研室举办的"广东省普通高中新课程语文选修课课堂教学观摩研讨活动"中，我所执教的极富地域特色的《秦腔》，结合广府文化的"粤剧"进行教学，荣获广东省教研室阅读教学一等奖；2011 年 12 月 23 日，在广东省教研室举办的"广东省语文教育学术研讨暨课堂写作教学优秀课展示观摩活动"中，我所展示的《走进经济》作文教学，结合"市场经济对地域文化产生的冲击"来展开，荣获优秀课例一等奖。这两项奖励，标志着本人在"文化语文"的教学实验中，针对阅读教学和写作教学，很荣幸地成为全省双料冠军。2010 年，由本人录制的《认识自我》单元教学光盘，主题即是认识一个"广东人"的"我"，也随粤教版高中语文必修 1 同步发行。2013 年 3 月，在"第三届全国中学语文名师成长课堂展示研讨会"中，我所讲授的高中阅读课《等待散场》，由"天鹅湖"讲到"高雅文化"与"纯净爱情"，受到与会专家和教师的好评。2015 年，本人还开展了佛山市名师在线辅导活动等。近 10 年，围绕"以文化人、文化语文"这一教学理念，我在省、市、区、县上示范课、辅导课、研究课，开设讲座共百余次，发表相应文章百余篇，主持相应课题 3 项，广获好评。

好的课堂一定会产生好的教学效果。2010 年，所带学生朱梦恩，语文高考成绩 136 分，为湛江市高考语文状元；2012 年，所教学生郭楚琪，高考语文成绩 130 分，为佛山禅城区高考语文单科状元……2014 年 7 月，笔者开创的"岭南文化与广东语文教学"课程成为广州市中小学教师继续教育的选修课程……2014 年 10 月，笔者入选佛山市中小学特级、正高级教师培训名单；2015 年 7 月，笔者被评为广东省中小学新一轮"百千万人才培养工程"名教师培养对象……2016 年 12 月笔者被评为广东省中学语文正高级教师……这些关于个人业绩的获得及认可，我觉得均得益于"以文化人、文化语文"的教学魅力！

迷津得渡　迷津渡人

广东北江中学　刘水连

题记：教学无止境。不完美的教学经历是可贵的教学财富。人生路上，人在行走中成熟；教学生涯里，教师在经历中成长。

迷津得渡

有人说，语文就是语文，不等于思品，不等于伦理，不等于美育，不等于逻辑。换个角度说，语文的性质不能是工具性和人文性的简单相加。

有人说，语文，是励志、交锋，感悟、体验，畅谈、浅吟；是抑扬顿挫、荡气回肠、余音绕梁……

有人说，抓住了语言，就抓住了语文教学的根本；抓住了读就抓住了语文教学的要领。

有人说，不论别人怎么批评我用词不准确，我都坚持这样一种认识，语文是一门行为科学，语文教师的天职就是播种行为，让学生心、口、手、眼多动，在多动中养成习惯，在习惯中收获成就。

还有人说，语文教学是枝繁叶茂的参天大树。它根植于民族语言文化的丰田沃野，以学生语文知识、能力、习惯的长足发展为巨大树冠。语文教师要让每个学生拥抱这棵参天大树。

于是我知道了：叶圣陶的语文教学思想，包括以人为本、不教之教的教学理念；以培养阅读能力和习惯为主，同时兼顾文化即人文内容的传播及写作范本提出的阅读教学观；以生活为源泉的写作教学观。

陶行知认为，生活方法就是教育方法，即教学做合一。"教的方法根据学的方法；学的方法根据做的方法。""教与学都以做为中心。"

张志公认为，语文教学的主要目的，是要教学生掌握语文工具；他十分重视对传统语文教育经验的整理和总结，也十分重视语文教育的现代化和科学化。他提出了在小学阶段实施"分进合击"的方案，还提出建立"辞章学"的构想。

霍懋征总结出"以讲引路，讲读结合"的"讲读法"；后又大力倡导"读讲法"，以读为先导，以讲为辅助，努力加大小学生的阅读量。她以课文为范例，教以规律，促使学生举一反三。她强调素质教育的核心是促进人的全面发展，促进学生个性的充分发展，要努力开发每个学生的创造潜能。她认为，教师要努力营造一个民主、宽松、和谐的课堂教学氛围，教学过程中要以学生为主体，充分调动学生的主动性、积极性和创造性，让他们爱学、会学、乐学。教师在教学中起主导作用，努力引导学生发现问题、思考问题、尝试解决问题，逐步培养学生的创造能力和创新意识。

但反思自己，从教20余年来，从游离于教学参考、名家设计之间到流连于时尚，从徘徊于工具性与人文性之间到执著于三维目标，从彷徨于应试教育、素质教育之间到追求核心素养、关键能力，从挣扎在自主、合作、探究之间到尝试建立学生成长共同体。上课的时候，我自信力少了，被他信力所左右了。

不曾想参加广东省"百千万人才培养工程"的第二年培训，使我有了很大收获，让我明白了教学观念对教学效益的重大影响，并开始了思想凝练。或许，前一年的培训，让我在教学方法上有了较大改进，让学生成了学习的主动投入者，但在如何指导学生学习上显得毫无章法。借着培训要求与任务，我开始了思考如何提高学生学习的本领。后来，在教学思想凝练的汇报中，学习了诸位同学的成果，尤其是听了专家的点评，我开始思考语文教学各板块的共性，各知识点掌握的要领以及阅读、写作教学的根本所在，并力图找到打通这一切的东西。借助对语文学科工具性和人文性的统一、字词句段篇在表达上的一致性的体悟，我明白了语文教学中积累、阅读、感悟与表达四者之间的关系，明白了表达才是语文学习的根本所在。语言是思维的物质外壳，古人讲文以载道。对这"文以载道"中的"文"，我结合文言实词"文"的意思，将它理解为字词句段篇了，而非仅文章了。于是，我豁然开朗，只要是"文"，不管是文章，还是字词句段篇，都包括以下三个方面：一是"文"本身，二是"文"所载道，三是"文"与"道"之间的联系，包括它们是如何组合在一起的，组合得怎样。借助古人智慧，我将"文"定义为"器"，将"文"背后的思想、情志等定义为"道"，而将它们之间的联系桥梁定义为"技"。我们对语文的学习自然由"器"始，而"器"里必有"技"，知"技"可以举一反三，即知新的"器"，而通过识"器"必然会悟"道"，或者，通过"器"的打造必然也会立"道"。于是乎，我提出"器知技，技立器，器养道：技、器、道三位一体语文教学思想。并用这思想对各板块教学、各知识点进行了反思、总结与提炼，形成了自己的个性化教学体系。

迷津之渡

作为一名语文老师，大部分人的习惯就是拿到一篇课文，先去看教学参考书，再看看有哪些针对性的经典案例、教学设计，再看看那些名师的讲解，待一切都弄完之后，再把这些内容进行糅合而谓之曰"取其精华"，再和课文文本、学生对话。这看似一个比较"完美"的过程，但却是一个比较奇怪的流程，显然是有问题的。真正的语文教师，知识量储备可能不是最重要的，教法可能也不是最主要的，最重要的是要有一个属于自己的独立"思想"，只有有了属于自己独特的教学"符号"，才能有之后的教学精华。

综观影响中国20世纪语文教育大家们的语文教学思想，我们不由得思考这样一个"形而上"的问题：今天，我们究竟需要什么样的语文教学？

语文是最重要的交际工具，又是民族文化的重要组成部分，工具性和人文性的统一是语文课程的基本特点，人文精神熏陶的起点应该是以语言文字及其表现形成的理解和感悟。在新课程背景下，应进一步加强语文工具性作用的认识研究。我们不应当把新课程理解为就是加大人文性，弱化工具性。语文教学是围绕文本阅读进行的，语文教学的核心任务是有效提高学生的听说读写能力。所以我们在教学实践中必须加强语言文字教学，使语文教学回归到它的工具性、基础性上来，从课文内容分析模式回归到以语言教学为主的模式。

语文教学思想有时代性，也有针对性，基于以上语文教学现状，笔者认为，我们要强化语文学科教学的工具性教学，以突出学科性质，甚至要提倡将工具性作为语文教学的关键点、重点和着力点，所谓着力点，就是要通过工具性的有效落实来实现人文性的濡养。毕竟没有语言文字的理解、感悟和把握便没有对人文性的体验与思考，而真正有了对语言文字的领会，才会为人文性的落实提供前提与保障，甚至可以说，对语言文字本身的学习、探究本身就是对人文性的很好落实。因为汉语言文字是表意的，是有悠久历史的，是承载中华几千年文明积淀的，是具有鲜明民族性的。

笔者不揣谫陋，以为，天地万物皆有道（此为规律之意）。语文最大的"道"便是工具性与人文性的一体，而这一体的载体则是字、词、句、段、篇等。字、词、句、段、篇等，我称之为"器"；而对应的造字法、构词法、组句法、修辞法、成段法、谋篇法等，我称之为"术"，这也是语文之所以能成为工具的关键所在；字、词、句、段、篇等所内蕴的意义、思想、感情、文化精神、民族心理等，我称之为"道"，这也是语文之所以具有人文性的关键所在。如此，语文教师就可以通过分析"器"而得"术"明"道"，又可以通过"术"来立"器"蕴"道"育"道"。这对于注重抽象思维、爱好表达而又具备一定逻辑分析能力的高中生来说，具有实施的可行性，也可增强其学习兴趣，还有利于培养其能力。

于是，笔者提出技、器、道三位一体语文教学。

1. 什么是技、器、道三位一体语文教学

在语文中，要表达的思想情感、见解、理由、以及要达到的目的，是用不同的表达形式以及不同的文体来表现的。不同的作者为什么会选择这种表现形式和文体而不选择其他的表现形式和文体，这和作者的个

性、习惯、思想、意识、境界、修养等有关。如果我们把这个完整的过程分为四个部分：第一部分是要表达的思想、情感、见解、理由，以及要达到的目的，即要表达什么。第二部分是使用何种语言形式以及何种文体，即用什么表达。第三部分是怎样表达的，是沟通第一部分和第二部分之间关系的中介或桥梁。第四部分是读出了什么或表达出了什么，即作者的个性、习惯、思想、意识、境界、修养等。

仔细观察和思考这四部分：第一部分，要表达的思想、情感、见解、理由，以及要达到的目的，这些是本质的，属于"道"。这部分教师可以讲解，但是，更重要的是需要学生的生活体验，积极地分析、思考与参与。第二部分，表达的形式以及表达的文体，这部分是可变的、灵活的，包括字、词、句、修辞、文体等，属于"器"的部分，是需要教师直接进行讲解和教学的，是需要学生进行大量的训练来完成的。第三部分，怎样表达的，包括造字法、构词法、句式、修辞、表达技巧等，属于"技"的部分，是从"器"中来，又能因以成"器"的。第四部分，作者的个性、习惯、思维、思想、境界、素质、修养等，是另一种意义上的"道"。这部分是教师难以进行直接教学的，也是传统语文教学的薄弱和不足部分，更是教学中的难题。这部分的教学，要把学生当做一个个独立的主体，让他们进行积极的分析、思考、体验、参与，而且课后要阅读大量的作品，在经历了素材的收集、学习、认同、吸收、转化的过程后，才有可能得到升华和提高，最后形成自己的个性、习惯、思维，达到一定的思想境界，进而提升个人的素质修养，之后可用恰当的"技"，通过合适的"器"表达在作品里。

语文教师要让学生注意到语言文字之上的精神的、情感的、人性的、规律性的东西，也即是"道"。这样，他才能带领学生在浩瀚的作品、众多的表达形式、不同的文体之中，抓住本质性、规律性东西，做到以"道"御"术"。真做到了这样，教师就达到了"讲"是为了用不着"讲"，"教"是为了达到用不着"教"的教学境界。学生就可以做到举一反三，发挥自己主观的能动性，进行积极的分析、思考、体验，然后悟"道"、得"道"，最后形成自己的个性、习惯、思维，达到一定的思想境界，提升个人的素质修养。

从处理教材上看，"道"是文章的思想灵魂，是义理；"器"是文章本身，"技"则是文章的表现形式、表达技巧，是辞章，是手法。从这个意义上说，所谓"技"才是语文教学的核心，熟悉并掌握这个"技"是语文教学的第一任务，这一点 2011 年版《义务教育课程标准》作了明确的规定。

从"道"和实体形式的关系看，"道"就是教材反映的系统化的语文规律、语文价值，"器"就是不同体裁下的文章形态、语言形式，而"技"则是逻辑脉络、艺术手法等。这样的"道""器""技"关系才是符合语文教育规律的关系。王荣生先生有关"定篇""例文""样本""用件"的研究，可用来分析单元教材编写，用来揭示单元总要求下各篇课文分别承担的不同读写教学价值。这里的"道"就是本单元要让学生掌握的语文读写能力；"器"既指单元中的每篇课文，也指每篇课文体现的不同形式及功能；"技"则是指每篇课文的表现手法、技巧。这样的研究就不会只停留在简单的哲学概念上，也能将教学实践引向更加专业的方向。

2. 为什么提出这一思想

（1）教学中常见文而无视其余。教材无理论指导有目共睹，课堂在高一、高二是一篇篇文章，一道道题；在高三则是一个个知识点，一篇篇阅读，一道道题。可以说，高一、高二基本没有"道"与"器"，或者说，完全掩盖了"道"与"器"，而在仅有的"器"与"技"中，两者也是割裂的；而高三则虽有"器"，可"道"不彰，需要教师在零碎的"器"中去提示，而"器"也是常作为常识存在，没有与"道"高度结合。

（2）教学中只见应试而不见用。在语文训练中，学生成了做题机器，不断地刷题、刷题，而忽视了语文的审美性，削弱了语文的情感性，无视语文和语文教学是科学也是艺术的特性。

（3）教学中"道"的偏离与偏颇。课堂有概念的灌输和理性的说教，但没有了或缺少学生的心灵对话；有"目标的明确化，过程的模式化，训练的序列化，评估的标准化"，有纯理性的、逻辑的语文知识链，没有以语言素质的养成和语文能力的培养发展为中心，没有以对语言的审美感知力、理解力和创造力为主旨的培养目标……

（4）存在对文（文章，"器"的一种）的功能发掘的功利性。教学中以文为例本身是对的，但在高考指挥棒下，它全变成了一道道应试题，而很多的题可以毫不讳言地说仅是文字游戏。学生在文的学习中缺乏生动有趣的语文实践活动、审美愉悦体验、生命的升华；学生陷入了"分数""考试""升学"的功利圈中。这种功利性的发掘完全割裂了"道""器""技"三者的统一关系。

迷津渡人

技、器、道三位一体语文教学如何实施呢？笔者认为，要树立一种观念，正确处理两个关系，真正把握"道""器""技"三端，落实四种教学途径。

1. 树立一种观念

俗话说，十年树木，百年树人。这句话是说小树成为木料需要很长的时间，而培养一个人才则需要更多的时间，是个长久之计，并且十分不容易，在培养人才的过程中不能急功近利。

古人云："玉不琢，不成器。人不学，不知义。"此句意为"玉不打磨雕刻，不会成为精美的器物；人若是不学习，就不懂得礼仪，不能成才。"这里，古人把树人比做理玉，而理玉其实就是治器。治器自然需要特定过程，治不同的器也会需要不同的时间量。另外，治同样的器也会因不同的质地、材料而需要不同的时间量，不同品质的器也会需要不同的时间量。所以很多工匠的报酬是以时间为单位来计算的，而不以器的数量来折算。

或许，有人会说，我们教学生不是在治器，此话不错，但学生学习当可以看成治器，比如学会写好一个字、个句子、一篇文章，其中的"字""句""文章"就是"器"，而"写"则是"治"。这"治器"是需要时间的，不同学生需要的时间也是不一样的。

教育是一门科学，更是一门艺术，其灵魂是自由和解放。学生需要闲适，教师需要闲适，教育也需要闲适。语文教学需要一颗"艺术"的心态，不仅是愉悦的、平和的，更重要的是有一颗发现之心，用心去寻找，去发现，以一种美的态度来审视这个世界，而这一切离不开"需要更多的时间"。

2. 正确处理两个关系

（1）正确处理语文学科的工具性与人文性之关系

笔者认为，就当下的语文教学而论，因工具性呈显性，什么字词句段篇，听说读写，无一不必然显现工具性，因而人们常容易见到语文教学对工具性的落实，而没有或者很少看到工具性背后的人文性的有效落实。当然，与之相反的现象同样也普遍，因为新课标强调情感、态度、价值观而使语文失去了"语文味"，更值得我们反思的是现实中也不乏割裂两者而重点从单一方面来实施教学的现象，不乏仅有工具性要求的各种语文活动，如反复抄写字词，也不乏灌输式的、说教式的思想教育，这些都是没有正确处理两者关系的表现。是否可以这样处理，一是在语文活动的设计上下功夫，突出其人文性，比如，要学生积累字词，不妨给学生设置一个具体的场景或对象，由学生写下相应的适用的词语、语句或者文章。二是在语文活动的评价上做出改变，一反过去那种以对工具性的负面评价为主来评判内容或思想的表达效果的做法，改为以人文性作为语文活动评价的中心，以对工具性的正向评价来助推人文性的落实。也就是将"要表达出什么思想内容，哪一句或哪个地儿表达得不好，该如何表达"的评价模式变为"某一句或某地儿表达得好，表达出了什么情感、精神"。

应该说，正确处理语文学科的工具性、人文性关系的策略还很多。不过，笔者在这里倡导的是以"技"为介质，通过析"器"得"技"，而后以"技"立"器"，以"器"来蕴"道"，所谓技、器、道三位一体的教学。其中，"器"是工具性的直接体现，"道"是人文性的反映，"技"则是教学的切入点、训练点，是工具、桥梁。

（2）正确处理应试能力的培养与语文素养的提升之关系

就目前的高考结果而言，分数与语文素养并不成正比关系。由于新课标的实施，现在的语文课堂拓展成分明显增加，但课外的语文活动则大多学校较少开展。那么，如何拓宽语文教学的深度呢？

一是文本解读要"深"。文本是教材的重要组成部分，是编者依据教育学、心理学和学生身心发展的规律潜心编制的，是众人智慧的结晶，体现课程标准的要求，它承载着人类文化的精髓，体现了时代精神、现代意识，具有典范性，它的教学价值是丰富多彩的。吃透文本，才能真正地用足教材、用好教材，最终让学生从文本中汲取营养。

怎样才能吃透文本呢？要细细品味文本中的语言因素（"器"），抓住关键词句，寻找文本解读的最佳切入点（"技"），研读字词句章（"器"），品析、讨论、领悟、内化，弄清文本的主旨及作者的写作意图（"道"）。将文本、作者、背景等要素融通，使阅读者可以在更加深广的层面上读懂作者与文本，并在此基础上和作者进行一场精神的对话。

走近文本是教学准备的基础，作为教师，为了更好地把握教材，要以不同的角色身份走近文本。

以"作者身份"走近文本，思考："我"想借文本传递什么信息？主要抒发什么样的情感？其最初的本义是什么？

以"学生身份"走近文本，用"儿童的眼睛看世界""儿童的眼睛看教材"并思考：哪里最有趣味？哪里最有疑惑？

以"教师身份"走近文本，思考：作者所寓是否适合向学生揭示？应引导孩子们理解到什么程度？

在"编者身份"走近文本，思考：文本在入教材时，除却原来的意义价值，还赋予了文本什么样的负担（任务）？

努力做到作者、编者、教者三位一体，真正吃透教材，努力做到"技"、"器"、"道"三位一体，真正在教语文，用语文教，如此才算达到了语文教学的目的。

二是重抓深度学习。深度学习是一种以促进学生批判性思维和创新精神发展为目的的学习。按照布卢姆认知领域学习目标分类所对应的"记忆、理解、应用、分析、评价及创造"这六个层次，浅层学习的认知水平只停留在"记忆、理解"这两个层次，主要是知识的简单描述、记忆或复制；而深度学习的认知水平则对应"应用、分析、评价、创造"这四个较高级的认知层次，注重知识的应用和问题的解决。笔者认为深度学习是一种基于理解的学习，是指学习者以高阶思维的发展和实际问题的解决为目标，以整合的知识为内容，积极主动地、批判性地学习新的知识和思想，并将它们融入原有的认知结构中，且能将已有的知识迁移到新的情境中的一种学习。深度学习注重知识学习的批判理解；强调学习内容的有机整合；看中学习过程的建构反思；重视学习的迁移运用和问题解决。

在阅读教学中，深度学习可达到学生将阅读同生活和人生更加紧密地结合起来，使阅读成为启发思考、培育思想、认识自然与社会以及人生的有效途径；学生在深度解读内容（"器"）的基础上感受到作者的精美构思，领悟到文本内容与形式的搭配之妙（涉及"技"），获得阅读鉴赏的审美愉悦（"道"）。

在作文教学中，可推动深度模仿教学策略。模仿是提高学生写作能力的有效途径之一，模仿有简单模仿和深度模仿之分。对于知能水平较高的高中学生而言，简单模仿显示出种种弊端，如扼制了学生创新能力；缺乏深广的知识理论基础；忽视了对写作过程的关注；没有思维层面的深入解析等。为了切实有效地提高高中学生的写作能力，"深度模仿"不失为一种可行的高中作文教学策略。深度模仿（"技"）以深广的读写知识为理论依据，以言语作品（"器"）为对象，以建构思维操作模型（"器"）为主要任务，最终完成自己的创作或写作（"器"），表达自己的情感、思考等（"道"）。深度模仿主要从写作的三个方面建构思维操作模型：仿立意、仿路径、仿造句。其目标是使学生能够将阅读（主要是"技"）、生活（蕴含着"道"）、习作（体现为"器"）三者融通，使生活成为习作之源，阅读则为习作之本，习作则是阅读之果、生活之花。

3. 真正把握"道""器""技"三端：以一纲统领三目，三目凭依于"技"

以"道"为纲，以"器"为目，以"技"为依；以一纲统领三目，做到"器"以识"技"，"器"以练"技"，"器"以创"技"；"器"以明"道"，

"器"以识道，"器"以得"道"。

（1）"器"以"识技"，以明"道"

不同的体（"器"），自然有不同与其他体的技巧、技法（"技"），也应当承载不同的"道"。如古诗文教学，从整体上说，其目标就是语言（准确地讲就是"文言"或"古代汉语"）、文学和文化三者的有机统一。具体说来，古诗文的教学目标应当包括下面四个方面：背诵与积累，培养学生理解古代汉语的能力，培养学生阅读和鉴赏古代文学作品的能力，培养学生理解和评价中国古代文化著作的能力。而作为高中生则注重发掘和探究古诗文所包含的文化意蕴。《普通高中语文课程标准》在"必修课程"中要求："学习中国古代优秀作品，体会其中蕴涵的中华民族精神，为形成一定的传统文化底蕴奠定基础。学习从历史的角度理解古代作品的内容价值，从中汲取民族智慧；用现代观念审视作品，评价其积极意义和历史局限。"其在"阅读与鉴赏的评价"中提出：文言文阅读的评价"还要考查学生能否了解文化背景，感受中华文化精神，用历史眼光和现代观念审视作品的内容和思想倾向"。此外，《普通高中语文课程标准》还要求在高中阶段开设"文化论著研读"的"选修课程"，其中自然就包含了古今中外的优秀文化论著。

这些标准中的"文化意蕴""中华民族精神""民族智慧""思想倾向"等无不是"道"，教学中就必须明确并践行此"道"。

（2）"器"以练"技"，以识"道"

即通过特定的"器"开展针对特定"技"的有效练习，帮助学生真正掌握汉字、词语、句子、修辞和篇章，培养语文能力，形成语文素养，为终身学习奠基。就是在教学中通过师生活动，凭借特定的技巧、技法（"技"），将文本（"器"）中具体的"道"，不论是情感的、心灵的、思想的、精神的，不管是情、理、智，还是趣，或者其他，变成学生清晰的、可感可触、知其然而又知其所以然的人生滋养。

（3）"器"以创"技"，以得"道"

即将文中所识的"道"与生活、时代、社会相联系，通过恰当的语文活动（"技"的载体）转化为学生的作品（"器"），从而滋养学生的心灵，培养学生的道德情操（"道"）。就是让学生在多样的语文表达练习尤其是习作("器")中不断完善、创新，最终形成自己的语文学习尤其是创作特色。

4. 落实四大实践途径

(1) 以"情"为纽带，实施情感教学

一是建立情感基础。语文教师的修养是实施语文教学的必要条件，包括渊博的知识，深厚的美学修养，高明的教学艺术，高尚的人格。而教师强烈的生命意识，对每一个生命的挚爱则是语文教学的前提。尊重学生的思想情感，信任学生的理解，珍爱他们的每一个"发现"，对"落后"学生的适度宽容与期望……民主和谐的师生关系，息息相通的心灵呼应，悲喜与共的情感共振，是信息传递与反馈的润滑油，催化剂。

二是寻找移情途径。凭借情感的牵引，或将主体引入观赏对象，设身处地，移情于语言中的人、事、景、物，达到物我同化、人文同怀的效果，或将生活引入学生的语言和情感世界，以获得审美喜悦。其主要途径有：

①内移。调动学生的情感积累，把他们已有的生活体验引入到语文课堂教学中来。

②外移。把学得的语文知识、体验延伸到生活中，去发现、理解、应用。

③互移。通过课文与课文的新旧联系，学生与学生的协同合作，教师与学生的换位思考，生活中事物之间的异同比较，丰富情感体验和语感。

三是抓住情感载体("器")，善于开掘教材中蕴藏着的情感载体。方正灵动的汉字，抑扬顿挫的四声，富于变化的结构，灵活多变的句式，各类人物的刻画，不同场面的描绘，各种气氛的渲染，多样化逻辑的阐述……都是传递情感的载体；应善于发现并利用生活中的一切情感活水，美的、丑的、崇高、优美、悲剧、喜剧……流动的开放的取之不尽用之不竭的生活是调动他们的情思体验(道)，激发他们学语文的兴趣，丰富其语文积贮的源头活水；善于抓住课堂上的情感火花，课堂教学是一个师生情感流动的过程，它是变化的，起伏的，曲折的，也是美的生成图，情感与思维的火花最易在情境中激发，在动态中激发，在撞击中激发，而动态中激发的情感，更具有张力渗透，也更能激发学生的内驱力。

（2）基于学生生活和学生差异发展理念的普通高中语文粤教版教材（必修）与记叙文写作教学的整合

①充分发挥学生的主体作用，基于学生发展的差异，由学生自己慧眼识珠，去发现课文（"器"）与记叙文写作训练的结合点，确定训练内容、方式并亲自实践（指写作，作品为"器"，内蕴"道"），自主点评，培养学生自主探究的能力。

②要求每一位学生从每一篇课文（"器"）中至少挖掘并训练一个读写整合点（体现为"技"）；如果实在无法挖掘则可以与课文同样话题（如亲情、消费观等）的课外文章中选择。这样，可保证练笔的不间断，打破一般情况下每学生每学期6篇或8篇作文（"器"）的训练量的局限，以练笔的数量求得质量的提高，同时，培养学生坚持不懈的毅力，成就学生勤思考、爱动笔、注重学以致用的良好习惯（"道"）。

③实现课文教学与写作训练的同步，打破此前绝大多数学校存在的必修课文教学与记叙文训练基本割裂的现状。这有利于学生精研课文，既消除当下学生普遍存在的"学课文无用"的思想，又更好地发挥课文的教学功能。

④一篇课文训练一个或两个具体的点，使写有范本，使读有动力，力保写作训练的实在实效，同时，学生对读写整合的挖掘有助于提高学生的鉴赏水平，提升学生语言的整合能力。

⑤扩大学生的阅读量，努力调动学生的生活积累，实现学生阅读、积累、感悟、整合、表达的相互融通，使语文教学的工具性和人文性达到和谐统一。

（3）自主合作探究式文段练笔

新课程实施后，作文教学，作为对语文教学进行反思的重要突破口，相关的论述和实验探索很多，但是，总体上说，真正的探究性写作少，操作模式缺乏，体现新课标理念的解决问题的"综合治理"方案几乎没有。本人依据现代教育、创新教育、建构主义、主体教育和探究性学习等先进的教育教学理论，针对以上情况，设计并开展了"自主合作探究式文段练笔及互批对语文(写作)成绩的影响实验研究"，力图通过"以写促读""以批导写""以比促效"三个途径，培养学生阅读、思考和爱表达的习惯，丰富学生的积累，提高学生语言表达水平进而提高学生的研究能力和创作水平。在具体操作中，根据实际不断调整行动方式和策略，通过课题理论学习，教学过程的检查，组织教学评价等活动，检验研究成果，探讨新的研究重点和方向；在反思和总结中，探讨课程理念在教材、学生、教师之间如何有机整合；采用问卷调查、访谈调查等形式调查分析、找出规律。

笔者认为，自主合作探究式文段练笔是一种化整为零，各个击破学生写作难点的教学和训练方式，能够提高作文效率，是一种操作性很强的、值得大力推广的作文教学方式。

(4)渗透中华优秀传统文化教育

我国的传统文化流传年代久远，其中包含着民族历史与道德传承，是社会建设的基础，是文化发展的内在驱动力。高中学生思维成熟，正是传统文化吸收和理解的最佳时期，但同时高中阶段正处于升学的关键时期，大多数学校在应试教育的影响下，语文这项基础性学科的教学过于追求形式化，导致许多学生在学习语文时目标出现偏差，忽视语文中的文化内涵，仅对所学知识是否能助其得到高分数产生兴趣。

为保证教学效果，提高学生的文化素养，真正为学生的发展奠基，为学生的核心素养培养服务，在教学中渗透中华优秀传统文化必须讲究策略。

众所周知，中华优秀传统文化内涵极为丰富，外延广泛无边。因此，直接针对它进行教学不能算是语文教学的根本任务，更是偏离学科性质。在教学中只能渗透，而渗透则必须做到润物无声，不露痕迹，否则容易反客为主，耕了他人之地，荒芜了备考这块田。

那么如何做到呢？

所幸，语文教学本身有关于语言文字的教学，而语言文字则是承载中华优秀传统文化的载体。明白了这一点，则问题豁然贯通。

我们的文字、词语、句式、修辞、文章等作为语文教学的内容或对象，其中无不存在着我们的优秀传统文化因素，而这一切都是高考语文必考的考点。如此，在教学过程中，我们只要挖掘以上考点或知识点、能力点中内蕴的中华优秀传统文化因素，做到既帮助考生备考，又对考生进行中华优秀传统文化的教育与熏陶，则自然会把备考、中华优秀传统文化教育、核心素养很好地融合起来了。

下面可以举例为之。

其一，于文字教学而言，六书则是"技"，字本身则是"器"，字义则是"道"。高中语文一般不进行识字教学，但对于学生作文中常见的错别字则不可漠然视之。此时，我们可充分利用形声字的特点——由形旁和声旁构成，声旁表音，形旁表意。教师完全可以教会学生利用字典对汉字字形和字义进行较为准确的识记。如此，即由"技"掌握"器"，由"器"得到了"道"。

其二，于词语教学而言，构词法为"技"，词本身是"器"，而词义则是"道"。高中语文教学中直接以词语为对象的教学安排极少，但在作文教学中的审题里则离不开对关键词语的准确理解。

对于高三学生来说，通过作文讲评，引领学生对关键词的文化内涵进行解读，是否可以提升作文的层次，是否可以让学生在作文中寄寓更深层次、更富文化因素的"道"呢？

其三，于成语教学而言，成语本身是源自古代，其中蕴含的文化信息当是相当浓郁的，充分利用好成语进行教学是直接传承文化的良好途径。

其四，于句式而言，文言句式当然是对古文化的直接反映。

其五，于语法教学而言，尽管高中对词法一般不进行专题教学，即便如此，如果我们能有所作为，对学生较好把握语法同时又有文化体认是有好处的。可以把一些学者的相关研究印发给学生，以帮助学生打开视野，增强文化认同，学会文化比较。这些研究材料有《从汉语语法角度阐释中西文化差异》《汉语语法基本单位的文化特征》《汉语语法中的文化积淀》等。

其六，于修辞教学而言，语言贮存了人类全部的生活准则和行为模式，是民族文化的载体。修辞学属于语言学范畴，它研究语言的具体运用，修辞观浸透着一个民族的文化内涵和文化精神。在汉文化影响和制约下，中国修辞观浸染着浓厚的汉民族文化情结和价值观念，在教学中要善用素材，联系文化，让学生学有所获。

其七，于古文教学而言，它是进行传统文化渗透的重要阵地。传统文化渗透的策略很多，教师应根据不同文本及教学内容加以选择和设计，让学生在学习中体会汉语言文化独特的魅力，促进学生语文素养和人格精神的全面提升。具体的渗透方法有：

一是溯源汉字，破译文本。汉字是中华文化的全息码。汉字记载着中国数千年的中华文化的命脉。对汉字本身的溯源与寻绎，就是对中华民族独特文化的再现与演绎。在教学文言字词与细读文言文本时，我们不妨多些文化视角，聚焦汉字，追根溯源，剖析联想，让汉字成为破译文本的密码。

二是辨析近义项，提高学生对汉字的识记能力。例如同样是"看"，却有"顾""睹""望""睨"等不同词语和不同解释。对学生进行引导和启发，以吸引学生的学习兴趣。

三是注重文言文学习的总结和联系。在文言文教学中，教师还应该使学生在学习完文言文之后注意总结和联系。总结的内容主要包括学生学习完此篇文言文的感受，对作者所表达的情感的理解，对文言文学习方法的总结和回顾，而联系的主要内容就是学生应该将新学习的文言文知识与之前学习的文言文知识进行科学的联系，了解作者的文风、笔风，了解作者的创作背景等，进而有助于学生对文言文的文化底蕴有一个较为深刻的了解，使学生成为我国文言文文化的传播者，促进文言文文化的传承。

四是诵读文言文，感受古人精神气质。文言之美，需要通过诵读来感受它的优美。"书读百遍，其义自见。"入选中学语文课本的文言文多为思想内容纯正的作品，它们有的文辞优美，有的意蕴丰厚，有的表达了古人对于理想的执著追求。浸润其中，会使人在无形中受到熏陶、感染。通过诵读，能够让学生感受文言文中传递的古人的精神气质。

其八，于古诗复习备考而言，最好的策略是帮助学生真正读懂一定数量的诗作。而读诗要先明诗家语，这诗家语本身就是文化。教学中完全有必要紧扣"诗家语"来对古诗进行一番整理；要让学生的积累因一首诗而能迁移到多首诗或一类诗。此外，比较阅读也是一种渗透优秀传统文化教育的重要途径。同一题材，同一对象，不同的作者所表达的思想感情是有区别的，这与诗人所处的时代，其本人的经历等密切相关，而不同时代所蕴含的文化必然打上了时代的烙印，学界普遍认可的，盛唐之音与晚唐气象之差别不就是一种文化么？

多元融合　悟理树人

台山市第一中学　吴洪文

一、我的教学思想诠释

"多元融合"是以 STSE 教育、建构主义、多元智能理论、元认知理论为理论基础，用丰富多元的课程资源支撑，结合平实亲切的教学风格，融合多元评价方式、多元教学形式、多元课程内容的教学手段。"悟"是理解、明白，"理"是物质运动发展的规律、为人处世的道理。"悟理树人"是让学生在经历和体验中悟得物质运动发展规律，培养科学态度及价值观，提升素养，培养终身发展所需要的能力，如图 1 所示。

图 1　我的教学思想

时代要求我们培养愿学习、会学习的人，这要求在教学上关注每一个学生，创造条件让每一个学生享受学习的快乐。我在教学中坚持：给学生一些权利，让他自己去选择；给学生一些机会，让他自己去体验；给学生一点困难，让他自己去解决；给学生一个问题，让他自己找答案；给学生一种条件，让他自己去锻炼；给学生一片空间，让他自己向前走。杭州师大张华教授指出，要让学生经历真实的探究、创造、协作与问题解决过程，发展学生的核心素养。我们的课堂就是要创设自主发展的空间，让学生去经历，去体验，在"悟"的过程中提升核心素养。

二、我的教学思想理论支撑

在计算机网络技术时代，社会对创造型人才、个性化人才有急迫的需求，由于创新被视为人类文明进步的阶梯，创新精神和创新能力已成为经济社会发展的决定性因素，因此，世界各国纷纷制定"国家创新体系"，要求学校培养出充满个性和创新能力的新型人才。在这一时代精神的鼓舞和推动下，教育理念的变革、教学模式的创新，都要求改变过去单纯地积累传授知识、记忆巩固知识、模仿强化技能的模仿式教学模式，代之以给学生充分的自由，让学生发挥个性潜能、自主创新、主动建构知识的教学模式。

1. STSE 教育

STSE 是科学（Science）、技术（Technology）、社会（Society）、环境（Environment）的英文缩写。STSE 教育思想是对 STS 的延伸。STSE 教育强调理解科学、技术、社会和环境的关系；重视科学、技术在社会生产、人们生活中的应用；重视科学的价值取向，要求人们在从事任何科学发现、技术发明创造时，都要考虑社会效果，并能为科技发展带来的不良后果承担社会责任。它的教育宗旨是培养有素质的公民，STSE 教育情境广泛，它强调科学、技术、社会、环境之间的关联，丰富的情境有助于培养学生的问题意识以及探究的欲望，激活学生的思维，促进学生乐于学习。

STSE 教学是提供一种环境或背景，使学生对于此背景中的问题产生兴趣，接下来让学生对于问题加以探讨，进一步设法解决问题。在讨论过程中，由于学生的知识与背景不同，产生的问题与想出的解决方式不同，因此要创设学生自主学习的空间让学生有主动学习探究知识的机会。

2. 建构主义

情境化教学深深根植于进步教育、建构主义理论和实践，以及基于问题、基于项目的学习。情境化教学给学生一个真实的世界，情境课程将课程内容与生活紧密联系起来，学生将学习过程中的符号认知和对生活的感悟相联系起来。这是一个将一些并不相同但是相关的方法结合起来的体系。这种方式有它独有的优势，具体表现为在此情境下，由于学习内容和学习者的经验相关因而学生乐于学习，情境化教学提倡学习者的个人经验从集体中进行构建。

建构主义代表布鲁纳(J. S. Bruner)认为，教育的主要目的是为学生提供一个现实世界的模式，学生可以借此解决生活中的一切问题。他强调学习是学生一个主动的过程，应该作出更多的努力使学生对学习产生兴趣，主动地参加到学习中去，并且从个人方面体验到有能力来对待他的外部世界。

建构主义强调创建与学习有关的真实世界的情境，这种情境应具有多种视角的特征，使学习者在相关情境中解决现实问题，并为他们提供社会性交流活动。学习者要想完成对所学知识的意义建构，最好的办法是到现实世界的真实环境中去感受、去体验，而不是仅仅聆听别人关于这种经验的介绍和讲解。因此，教学应使学习在与现实情境相类似的情境中发生，以解决学生在现实生活中遇到的问题为目标。

约翰·杜威(John Dewey)认为人们在社会中参加真实的生活，才是身心成长和改造经验的正当途径。所以教师要把教授知识的课堂变成儿童活动的乐园，引导儿童积极自愿地投入活动，从活动中不知不觉地养成品德和获得知识，实现生活、生长和经验的改造，他主张"从做中学"，认为儿童不从活动而由听课和读书所获得的知识是不牢靠的。

3. 元认知理论

美国心理学家 Flavell 于 1976 年在《认知发展》一书中提出"元认知",并阐述其概念为"对认知的认知(对认知的反思)即对自身的认知过程和结果的意识与控制"。元认知包含三个成分:元认知知识、元认知体验、元认知监控。

(1)元认知知识:个体通过多次认知活动经验积累起来的关于认知的一般性知识。元认知知识为一切调节活动提供经验背景,是元认知活动得以进行的基础。

(2)元认知体验:个体在认知活动中所产生的认知或情感方面的体验。元认知体验起着充当元认知知识与调节活动的桥梁的作用。

(3)元认知监控:个体不断地对认知活动进行积极的监控并调节的一个自发过程,这个自发监控过程是元认知活动的核心。以物理问题解决过程中的自我监控为例,这个监控过程包括以下四个基本环节:

制订计划——读懂题意,明确研究对象以及目标,回顾所学知识以及相应的方法策略,制订解题思路、计划,做好准备。

执行控制——监控认知活动过程中,监测活动进展以及检查自己是否出错,评估认知效果。

检查结果——根据认知活动的效果来判断、检验并评价自己的思路计划是否可行。

采取补救——进行适当调整,即根据监控过程所获得的有效信息,可以是认知活动初期、中期或后期任意阶段,对认知活动进行适当的矫正或采取适当的补救措施(纠错除碍、调整思路等)。

三者相辅相成、相互制约且依赖。元认知体验一方面可以激活处于长时记忆中的元认知知识,另一方面为元认知监控提供信息,是使得调节顺利进行的不可或缺因素。被激活的元认知知识同时可以帮助理解元认知体验,还可以马上用于指导元认知监控技能的使用,每一次调节过程结束后,又会获得新的元认知体验,可以补充、修正、删除元认知知识,循环反复进行元认知调节活动。三者间的关系,如图 2 所示。

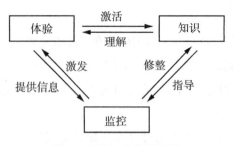

图 2　元认知成分关系图

4. 多元智能理论

20 世纪 80 年代哈佛大学认知心理学家加德纳提出了多元智能理论，认为我们每个人都拥有八种主要智能：语言智能、逻辑—数理智能、空间智能、运动智能、音乐智能、人际交往智能、内省智能、自然观察智能。他提出了"智能本位评价"的理念，扩展了学生学习评估的基础；他主张"情境化"评估，改正了以前教育评估的功能和方法。加德纳的多元智能理论是对传统的"一元智能"观的强有力挑战，给人耳目一新之感。

多元智能理论在教学中应用时，教师需要做出以下变化：

（1）要改变以往的学生观

在人才观上，多元智能理论认为几乎每个人都是聪明的，但聪明的范畴和性质呈现出差异。"天生我才必有用。"学生的差异性不应该成为教育上的负担，相反，是一种宝贵的资源。我们要改变以往的学生观，用赏识和发现的目光去看待学生，改变以往用一把尺子衡量学生的标准，要重新认识到每位学生都是一个天才，只要我们正确引导和挖掘他们，每个学生都能成才。

（2）重新定位教学观

在教学方法上，多元智能理论强调应该根据每个学生的智能优势和智能弱势选择最适合学生个体的方法，按照孔子的观点就是要考虑个体差异，因材施教。

（3）教师要改变自己的教学目标

在教育目标上，多元智能理论并不主张将所有人都培养成全才，而是认为应该根据学生的不同情况来确定每个学生最适合的发展道路。通俗来讲，多元智能理论不是让学生千军万马过独木桥，也不是简单地要求给学生多架几座桥，而是主张给每位学生都铺一座桥，让"各得其所"成为现实。这也就是我校所提倡的"让每个学生都来有所学，学有所得，得有所长"。教育的价值除了为社会培养有用之才，更在于发展和解放人本身。

（4）观念的变化带来教学行为的变化

我们教师备课、上课不能再像以往那样仅仅为了完成教学大纲的要求，而是更多地从关注学生、开发学生潜能、促进学生全面发展的角度去考虑问题。要改进教学的形式和环节，努力培养学生的多种智能。在教学形式上重视小组合作学习和讨论，以利于学生智能的培养。在教学环节上重视最后的反思环节，培养学生的内省智能。力争使课堂教学丰富多彩，课堂互动形式多样，使学生的主体地位更加明显。

三、我的教学实施路径

教学中，我以多元融合方式提升学生终身发展所需的能力，效果显著。

（一）整合多元素材，丰富资源储备

课程资源的收集整理对教学有很大的促进作用，丰富的教学资源为教师在教学中多元融合提供了条件，也为学生创设了更好的发展空间。

1. 开发生活素材实验

物理实验是学生体验过程、激发兴趣的重要手段，以 STSE 思想进行物理教学小实验的开发，对物理教学有很大的促进作用。新一轮课改非常强调学生的科学探究过程，这需要非常多的器材和时间，利用一些简单的日常用品，组织学生在课外探究，既能解决器材问题，也使教学进度得到保证。

"自由落体运动"一节中，可以让学生用纸片、硬币探究"是不是重的物体一定下落得快"这一问题。学习"失重与超重"时，为了让学生对失重与超重的内容进一步理解，我让学生自己动手研究"用塑料瓶装水让其下落和上抛，瓶上小孔有水喷出吗"这一问题。实验器材虽然容易找到，但这是一动态过程，直接观察有困难。我就提示学生用手机"慢动作"功能将动态过程记录下来，然后定格观察。开发取材于生活的实验，将大大丰富物理教学资源，为提升教学效益提供充足的储备。

2. 收集整理优秀教学案例

教学案例也是重要的教学资源，对好的案例的整理和点评，是提升教学效果的有效途径。2011 年我主持开展的省级课题"高中物理规律教学方法与案例研究"，课题研究成果已经在省内推广，效果良好。在课题研究过程中，参与老师的理论水平提高了，同时教学资源也丰富了，课题组收集的案例有效指导了江门高中物理规律课的教学。作为课题的研究成果，24 万字的论著《高中物理规律教学方法策略与案例研究》已于 2016 年 3 月出版。省级课题"高中物理 STSE 教育的方法策略与案例研究"，对 STSE 元素在物理教学中的融合有了更深入、更广泛的探究。

3. 充分利用教材资源

教材是一种重要的教学资源，有许多有利于提升学科素养的素材。如人教版的栏目："做一做""STS""科学漫步""科学史话"，粤教版"活页资料""讨论交流"等，还有配套的教师用书，给我们提供了很好的教学资源。教材还有不少趣味小实验，这些小实验的特点是所用的材料十分简易，随手可取。实验的过程也不复杂，既可以在课堂上让学生自己做一做，也可以让学生在课前课后去进行，可有效缓解器材的不足，充实教学资源储备。

4. 改编利用高考真题

物理学是一门基础学科，是自然科学的重要组成部分，为工业生产和许多技术的进步、开发和应用提供了重要的理论依据。因而，物理学的发展和巨大成就对人类活动的许多领域产生了重大而深远的影响。毫不夸张地说，物理学为所有领域提供了可用的理论、实验手段和研究方法，但实际应用时往往比较复杂，高考题将一些复杂的技术应用简化为高中生可以理解的物理情境，为物理课堂提供了非常有用的素材。

案例1

（教学片段）

同学们学习了描述运动的图像，下面来考查一直大家利用图像获取信息和处理问题的能力如何。

高速公路上的测速拍照仪器的工作原理如下：

图3是在高速公路上用超声波测速仪测量车速的示意图，测速仪发出并接收超声波信号，根据发出和接收到的信号间的时间差，测出被测物体的速度。

图3　高速公路上用超声波测速仪测量车速示意图

图4就是测速仪匀速扫描采集的信号图像，其中 p_1、p_2 是测速仪发出的超声波信号，n_1、n_2 是 p_1、p_2 由汽车反射回来的信号。

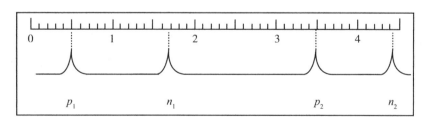

图4　测速仪匀速扫描采集的信号图像

问题1：图4中的横坐标表示什么物理量？

问题2：如果 p_1、p_2 之间的时间间隔 $\Delta t = 1.0\,s$，则 n_1、n_2 的时间间

隔是多少？

问题 3：n_1、n_2 的时间间隔为什么不同于 p_1、p_2 之间的时间间隔？

问题 4：设超声波在空气中传播的速度是 $v = 340m/s$，若汽车是匀速行驶的，则根据图 4 可知，汽车在接收到 p_1、p_2 两个信号之间的时间内前进的距离是多少？汽车的速度是多少？

（2001 年上海的高考题）

测速仪是生活中常见的仪器，常作为交通处罚的依据，感觉比较神秘，学生对此很感兴趣，对教学内容肯定比较专心，教学效果会比较好。利用此题，除了培养学生通过图像获取信息的能力，也实现了培养学生学习物理兴趣、感受物理学在技术上的应用等情感目标。

物理原理在技术上的应用对培养学生的创新思维、解决实际问题的能力有着重大的促进作用，笔者在这方面进行过多年的努力，学生在"科技创新大赛"中表现出色，培养了一批工程师人才，教学效果显著。

（二）多元融合，科学育人

要培养出充满个性有创新能力的新型人才，教育理念要变革，教学模式要创新，进行多元融合，给学生充分的自由，创设自主发展的空间，让学生发挥个性潜能、自主创新、主动建构知识。

1. 运用多元评价手段，创设成功体验空间

（1）亲切评价实现情感目标

教学要注重师生亲切的双向交流活动，创设亲切愉悦的空间。根据教学内容和学情不同，教师应以多种途径评价学生，采用亲切的评价方式，让学生在不同的方面体验成功，以情感目标的实现来推动知识技能目标的实现，使教学达到最佳效果。

教师上课要亲切，语言亲切自然，课堂气氛就会和谐，教学效益自然会更高；评价要亲切，善于发现亮点，让学生多体验成功；考查要亲切，循序渐进，不故设陷阱为难学生，让学生在解决真实问题中增加对物理学的亲切感；指导要亲切，在学生讨论或参与交流过程中，对出现的错误用亲切的语言点评，以鼓励为主，尽量回避批评，耐心引导，帮

助学生清除障碍。教学内容要亲切，从生活中来，在生活中用，让学生感受物理就在身边，物理学很亲切。

（2）分层评价体验多元成功

我从教 24 年，经历了多个高一到高三的循环，其间负责高中物理竞赛辅导小组 10 年。学生群体在不断变化中，从学习物理最优秀的竞赛辅导小组群体，到只准备参加学业水平考试的文科普通班学生，我都以多元的评价方式巩固学生学习物理的兴趣，让学生在物理课堂中科学素养得到提升。

①依据学情因材施教。针对不同群体学生的知识水平和心理状况的差异，我采取科学的策略和方法进行教学与评价，确保学生有发展的空间。高一阶段以 STSE 素材设计各种小实验让学生多参与、多体验，教学内容中融入 STSE 元素，让学生感觉物理的亲切，降低初、高中的台阶。我主持开展相关的课题研究工作，研究成果对初中和高一物理教学均产生积极影响，减轻了高一学生对物理科的恐惧感；高二阶段以物理学史等 STSE 素材让学生了解、体会物理学的研究方法，同时多鼓励和引导学生用所学的知识解决实际问题，从中体验成功，稳固学习兴趣；高三阶段尝试以思维导图的方式引导学生将中学物理知识形成体系，给学生自主的学习空间，精讲精练，不搞题海战术。

②为特长生提供发展空间。对尖子生，我利用各种机会开展活动，引导学生自主学习。除中学内容外，我还指导学生自学大学部分内容，认真钻研各种竞赛教程、历年竞赛题，通过各种活动，培养了一批学科尖子。在 10 年的竞赛辅导中，我获省优秀指导教师 1 次，获地市级优秀指导教师 8 次。

苏霍姆林斯基指出：教师要有"自己的学生"。所谓"自己的学生"就是对你所教的学科充满兴趣，将来致力于在此学科发展学生。"亲其师而信其道。"亲切的教学风格使我每一届都有五六个"自己的学生"，这些学生对物理学及相关技术充满热情，喜欢钻研和制作。我给他们的学习内容融入更多 STSE 元素，提供适当的平台，让他们充分发挥和展示自己的才能，培养创新能力。"我的学生"2010 级陈德文获省科技创新大赛三等奖，2013 级李可明、张淑芬及 2016 级陈惠娴获江门市科技创新大赛二、三等奖。

2. 教学方式多元，拓宽发展空间

(1)课堂科学留白，推动自主学习

物理教学要做到平实，有扎实的专业功底，不能故作高深，故弄玄虚，而是深入浅出，娓娓道来。对课堂上出现的问题有预案，胸有成竹，不会一惊一乍。教育学生要平实，呈现科学发现的过程，重视思维方法，不急功近利，做到平静淡定，不急不躁。

物理教学要平实，不花哨，教师需要在课堂中科学留白、合理停顿，给学生思考和实践的时间和空间，让学生通过不断的想象与创新形成自己的物理思维方式和独立解决物理问题的能力。教师在时间空间上留白，在预设和即时教学中留白，在作业和评价中留白，在课内更可以在课外留白。不论是哪种方法，教师都是根据学生身心特点，从实效出发，激发学生的求知欲望，培养学生的自学能力，以学生的发展为目的。让"空白"充实课堂，让"留白"促进学生的终身发展。

(2)布置多元作业，提升多元智能

在布置作业的环节，根据学生的不同发展水平，布置必做题和选做题，让不同的学生在物理课后有不同的收获和不同的发展。适当布置 STSE 素材的课后研究作业。科学的作业能留给学生更多的空间，让学生有余力和有兴趣去探索发现更深层次的物理思想和方法。

(3)融合课堂内外，延伸物理课堂

作为年级教学的直接组织者，我组织老师进行课堂教学改革，特别关注三维目标的实施和研究性学习的有效开展。我将可持续发展的理念渗透到日常的教学中，增强学生环保意识。我平时教学注重融入 STSE 教育，学生科技创新意识强，在 2018 年台山一中"科技节"中，任教的两个班学生科技作品数量、质量为全校之冠。我指导的 2010 级、2013 级、2016 级学生在青少年科技创新大赛中成果丰硕，有 7 人次获省和江门市奖励。

(4)融合多门学科，形成多元课程

通过在我国台湾地区、美国康州的研修活动，我结合自身的体会，

探索多元课程的建构，通过主题学习项目把每个学科知识深入融合，让学生通过各种学科和跨学科的学习探索周围的世界，形成跨学科的实践创新能力。我发表在《广东教育》综合版的文章《多元课程　适性发展》就是这种探索的成果。

3. 渗透多元目标，提升核心素养

STSE 教育强调要培养具有科学素养，能参与科技决策并有可持续发展理念的新型公民。相对于传统科学教育的狭隘，STSE 教育具有鲜明的社会责任感，在科学知识的传授、科学技能培养的同时，更注重社会价值观的树立以及可持续发展的环境意识的培养。在物理教学中开展 STSE 教学，就是教师引导学生从物理的视角去观察自然界、社会的各种问题，注重学生在现实生活的背景中学习物理学，倡导学生在解决实际问题的过程中深入理解物理学的核心概念，能运用物理学的原理和方法参与实际问题的讨论并做出相关的决策。在关涉社会、环境问题的教学中，教师要适时、合理地开展 STSE 教学，让学生了解物理对科学、文化、经济和社会的发展起着至关重要的推动作用，提高学生的科学素养，增强创新意识和实践能力，渗透社会意识、环境意识、发展意识的教育等。

有了 STSE 素材提供的问题情境，还要运用灵活多样的手段，以多元的方式进行渗透融合。在物理教学中，应用 STSE 素材，多元渗透融合，就能让学生在"做题"中学会"做人"，实现十九大报告提出的"落实立德树人根本任务"的目标。

（1）融合生涯规划教育，培养有目标会学习的人

利用学科与职业规划相关的内容，我在课堂教学中适当进行学科知识与职业规划内容的相互渗透，有效利用身边的资源，合理有效地进行职业教育。如学习"传感器"内容时，我介绍自动化控制专业、电气工程师需要的能力、素质；在学习"几何光学"内容时，我渗透验光师的职业介绍；学习"原子核"内容时，我利用台山核电公司的优势，请专家进行与核电相关职业的介绍和指导，同时组织感兴趣的学生参观核电公司，并进行核电安全及能源等问题的探讨，这对学生的职业观和人生

观培养有很大的帮助。在高考填报志愿时，向我咨询相关专业的学生就有十多位，其中两位学生就读中山大学中法核电工程师的专业，这两位同学都发展得很好，有一位学生正在攻读博士学位。

（2）渗透品德教育，培养有良好公民素养的人

目前很多科任老师只负责教书，品德教育工作主要由班主任承担，特别是理科教师，认为理科知识技能无法融合育人目标。其实在课堂教学中，只要合理利用教学素材，都能渗透品德教育，落实育人目标。

案例 2

高空坠物极易对行人造成伤害。若一个 50g 的鸡蛋从一居民楼的 25 层坠下，与地面的撞击时间约为 2ms，则该鸡蛋对地面产生的冲击力约为多少。（改编自 2018 年高考全国 II 卷理综第 15 题）

"高空坠物很危险！"，每一幢高楼都会有这样的宣传，但很多学生不清楚高空坠物究竟有多大的破坏力，为什么一定要禁止？教师通过对这一物理过程的分析计算，估算出鸡蛋产生的冲击力将达到 1000 N，会造成很大的伤害！比起苍白的说教方式，物理学更强调对现象进行科学的实证分析。习题教学过程中，我们还可以对计算结果进行实验验证，如让鸡蛋从五楼落下，观察其造成的破坏。这一教学过程既使学生掌握了相关的知识与技能，也从物理原理的层面认识高空坠物的危害，对其破坏力有了深入的理解，从而更自觉地杜绝这种行为的发生。这一源自生活实际的 STSE 素材习题教学过程，对提升学生的公民素养有较好的效果。

（3）融入 STSE 教学，培养有社会责任感的人

物理课程内容与生产生活、现代社会及科技发展联系紧密，选择社会的热点问题，将学科知识融入生活，能引导学生关注社会，关注科技所引起的社会问题，使学生在解决实际问题中增强社会参与意识和社会责任感。

案例 3

以"病人家属状告手机生产商"的新闻来引出电磁污染的科技与环境话题，布置学生搜集相关材料，为控方与辩方科技专家提供辩论素材。

这不同于常规的习题训练，强调收集证据、解释交流，在实际问题情境中让学生解决问题，有助于提升其核心素养。在解决问题过程中，学生将自己融入这一社会事件处理中，关注到物理学的技术应用带来的社会问题，培养了学生的社会参与意识和社会责任感。英国理科教材《社会中的科学与技术》在"核电站"专题中，以社区会议的形式讨论核废料的处理等问题，学生扮演核电专家及核电站附近的居民，尝试从社会的角度思考和分析问题，在讨论交流中认识、理解 STSE 的关系，形成应有的社会参与意识和社会责任感。

(4)融入核心价值，培养有责任担当意识的人

在习题教学中利用社会上发生的各种事件，特别是学生感兴趣的热点新闻事件，能有效渗透责任担当意识教育，育人效果良好。

案例 4

《超重失重》一课选用了"中国第一高楼——上海中心大厦"的新闻报道：日本三菱电机公司将为中国第一高楼——上海中心大厦设计制造 3 台超高速电梯，运营速度达到每秒 18 米！已经超越由日本日立电梯公司制造秒速 16.83 米的台北 101 大厦高速电梯，成为全球最快的电梯。一位同学在地下二层登上电梯，电梯运行过程中记录到如下数据：电梯启动约 25 秒后达到最高速度，维持 10 秒左右后逐渐减速，只需 55 秒就到达了 119 楼观景台。由此我展开一系列关于电梯中超重和失重问题的讨论与计算分析，提升学生在真实情境中运用知识解决实际问题的能力。最后提到：大家留意到，为我们国家最高的建筑配置高速电梯的是日本公司，原来的高速电梯记录也是日本公司。我希望看到中国制造，希望同学们能扛起中国制造的大旗，中国制造的未来靠你们！

这一融入社会责任担当意识的核心价值教育环节收到了令人惊喜的效果：一年多后，班上的林文海同学在高二学年结束时，在给笔者的留言(图5)中写道："我希望以后能有所成就，建设家乡。在高一上学期的一次课中，课后你留下的一句'日本的电梯已发展到这种程度，以后中国就靠你们了'对我影响非常大。"我们的教学不只是知识的传授，还有核心价值的渗透，物理习题教学要通过 STSE 素材背景，突出物理学科独特的育人功能与价值导向，引导学生形成正确的人生观，培养有责

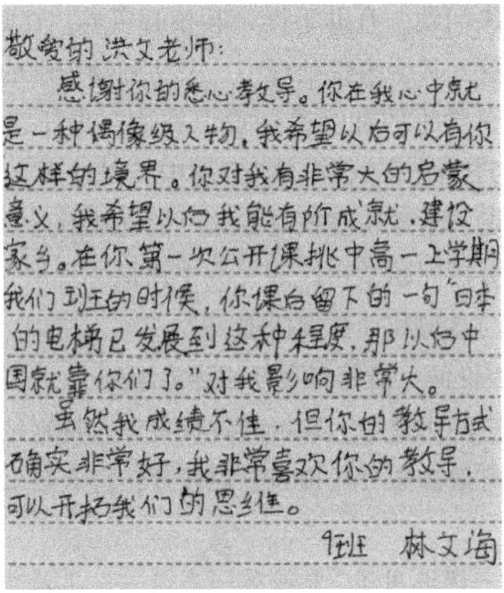
敬爱的洪文老师：

感谢你的悉心教导。你在我心中就是一种偶像级人物，我希望以后可以有你这样的境界。你对我有非常大的启蒙意义，我希望以后我能有所成就，建设家乡。在你第一次公开课排中高一上学期我们班的时候，你课后留下的一句"日本的电梯已发展到这种程度，那以后中国就靠你们了。"对我影响非常大。

虽然我成绩不佳，但你的教导方式确实非常好，我非常喜欢你的教导，可以开拓我们的思维。

9班 林文海

图 5　学生留言

任担当的人。

(5)利用国家大工程，培养有民族自信的人

物理学是工程技术的基础，有很多物理习题以工程技术为背景，使学生感受物理学在实际中的应用。当前物理科高考试题情境的设计，非常注意结合当代中国的重大科技成果，展示我国科学技术日新月异的进步。比如，2017 年全国 I 卷第 17 题，以国家大科学工程"人造太阳"为背景，考查学生对轻核聚变反应规律和质能方程的理解和运用。我在教学中结合试题的 STSE 素材背景，介绍当今社会面临的能源问题，学生对此非常感兴趣，很专注地听。下课后，有几个学生马上通过课室的电脑查询相关介绍，进一步关注国家大科学工程的进展。

(6)浸润优秀传统文化，培养有文化自信的人

中华民族历史悠久，有厚重的传统文化积淀，其中不乏与物理学相关的内容。习题教学中我将物理原理与优秀传统文化相融合，增强学生的文化自信。如人教版物理选修 3-1，结合尖端放电现象我介绍了武当山"雷火炼殿"现象，学生在惊叹现象神奇的同时感受祖先的智慧。又

如我将气体状态变化与民间治疗技艺"拔火罐"相关联，圆周运动与民间杂技"飞车走壁"相关联，绝热压缩与"景颇族点火器"相关联等，均取得不错的教学效果。

（7）从科学本质认识自然，培养有正确世界观的人

物理是一门自然科学，通过 STSE 素材的思辨分析类习题教学，能帮助学生建构关于自然界的物理图景，培养学生科学思维习惯，形成科学态度与价值观，有着独特的育人价值。

案例 5

中国台湾《联合报》2010 年 7 月 27 日报道一栋"倒霉"的房子被撞的消息：26 日凌晨，一辆满载水泥的大货车行经宜兰县二号线滨海公路接九号线的 90 度弯路时，车身甩尾，上百包水泥抛进路边的房子中。面对一片狼藉的家，房子的主人林基全说"习惯了"，因为这只是林家30 年来 200 多次被撞中较为普通的一次，最惨的一次，柱子被撞倒、平房半倒，只好重建为三层楼。林家频繁遭遇车祸，最高纪录曾一天 3撞，为什么这栋房子"运气"这么差，是巧合还是有某些规律在起作用，请阐述你的观点，并用相关规律证明。

这是学习"离心现象"时的习题设置，我通过这一习题的教学，引导学生从物理学的角度分析自然现象发生的原因，克服超自然的唯心观影响，帮助学生从物理学视角认识自然、理解自然，形成科学的世界观。

教师是培养人的职业，育人首要培养的是学生良好的品德修养，要通过多种形式的教学活动增强学生社会责任感，形成科学的态度和价值观。育人方式多元，途径多种，生产生活中有许多育人素材，只要善于利用渗透、融合的手段，物理 STSE 习题教学就能实现多方面的育人目标，为落实立德树人的根本任务提供有力保障。

（8）渗透物理方法，培养能解决实际问题的人

新课程改革要求课堂教学从知识立意转向素养立意，习题教学从"做题"转向"做事"，培养做事能力。重视将物理与科技、生活联系，这是物理教学中"STSE 教育"思想的立足点，在形成"科学态度和责任"这一物理学科核心素养方面取得了很好的效果。

四、成长经历与教学思想凝练

个人经历对教学风格形成有很大关系，也对教学思想的凝练有着重大的影响。学校是育人的专业场所，育人以品德为先。我非常幸运，踏上讲台之初，有伍国裕、王明略、伍妙华等优秀的老师作为自己的引路人，他们在业务上给我很大的帮助，还以高尚的人格魅力影响着我。工作以来我始终坚持"学高为师，身正为范"的准则，以身作则，用自己的言行举止影响学生。我公平公正的处事方式、平实亲切的作风赢得了学生和同事的尊敬，在首届"台中最美教师"评选中得票第一。

(一)广泛涉猎　打下基础

少年时期的我对自然界充满好奇。小学教师的父亲给我订阅了《少年科学画报》，使我对科学产生浓厚兴趣。我曾经自己动手制作船模，没有材料就自己想办法搞，虽然都不是很成功，但过程是非常有意义的。少年时期的经历对我教学理念的形成产生了相当大的影响，我重过程，认为过程比结果更重要。

阅读也让我开阔眼界，也养成了我阅读的好习惯。大学时，我阅读文学作品，也阅读自然科学杂志，对兵器知识也有很大兴趣。阅读陶冶我的性情，积累了大量 STSE 素材。阅读也让我对"知识就是力量"抱有极大的认同，我的课堂教学要让学生感觉到知识很有用，于是，我努力想各种办法实现这一点。在自己的摸索和理论指导下，在师父的引领下，我觉得 STSE 教育是一条让我实现目标的道路。

我没有幼儿园经历，没到六岁就上小学，一直是班上年纪最小的学生，加上性格内向，才艺缺乏，自信心一直都不足，我平实的教学风格与此也有关。爱心和责任心使我具有很好的亲和力，在后来的教学工作中，"平实亲切"就成了我的风格。但课堂过于平实就成了平淡，STSE教育的运用就成了我搞活课堂的杀手锏。

(二)新老结合　站稳讲台

从华南师范大学毕业，平实的作风让我在选择工作岗位时没有太多的考虑，直接回到家乡台山，在台山一中开始我的教学工作。台山一中"新老挂钩"制度让我受益匪浅，我有幸得到多位台山物理教学名师的直接挂钩指导。我的第一位师父是科组长伍国裕老师，老组长严谨认真的作风、激情的上课风格一直影响着我。第二位师父是指导学生参加物理竞赛获省第一、二名的伍妙华老师，她教学风格睿智严谨，讲解深入浅出，深受学生欢迎。整个物理科组团结融洽，团队的氛围对我上课亲切的风格有很大影响。在老组长带领下，物理组老师都很重视实验，实验室的两位老师技术能力强，我们提出的方案、设想，他们能想方设法达成，制作了不少精巧的教具。在科组老师的帮助下，我设计了不少用生活用品做的实验，使我平实的课堂更贴近学生的生活，更生动有趣。

(三)积极研课　迅速成长

新教师站稳讲台后的几年是专业发展的关键期，在这一时期，台山物理教学的各位名师给予我很多帮助和机会。科组老师的信任让我很早就有了展示自己的平台，利用公开课研课成了这几年我的工作常态。研课的过程使我更加清晰地认识到"从生活到物理，从物理到社会"的教学理念的重要性，要使学生觉得物理有用、有趣，就要运用 STSE 教育理论(当时提出的是 STS 教育)。为准备公开课，我从各种途径收集STSE 教学资源，并邮购了《社会中的科学和技术》《科学技术社会辞典·物理卷》《高中综合课程讲座》等参考资料。通过研课我打造了一些精品课，如"自由落体运动""理想气体状态方程"等。1999 年我代表江门市参加省物理青年教师说课比赛，以"电磁感应定律"一课获高中组省二等奖。

研课获得的成就感促使我更多地思考关于 STSE 教育的问题，要使STSE 教育更好地在物理课堂上实施运用，相关教学资源的获得是一个制约实施的瓶颈。2005 年我参加省骨干教师培训，在陶力沛老师的指导下开展"通过'STSE'教育开发物理教学资源"的课题研究，收获颇丰，这些更坚定了我在物理课堂上实施 STSE 教育的信念。

(四)研修交流　二次飞跃

在先进的教学理念指引下，我将 STSE 教育在课堂上淋漓尽致地运用，取得了很好的教学效果。在"霍尔效应"一课中，我收集了许多生活中与霍尔效应有关的应用——自行车码表、电动闸门控制器、磁感应强度测量仪等，学生惊叹一个不起眼的物理现象居然有这么多应用，物理真神奇，听课老师也对这些丰富的 STSE 素材赞叹不已。

要提高教学能力，及时的教学反思是必需的。我一直坚持课后的反思，反思教学目标是否达到，反思学生学习状态和学习效果，反思一节课的教学思路，反思课堂练习的选择是否恰当，反思课堂设问是否科学。为了解教学情况，我与学生积极交流了解他们对课堂的感觉。我对反思到的问题及时调整，使教学效果不断提升。有反思才有进步，我正朝更高的目标不断努力！

◎ 参考文献

[1]姜钢. 构建"一体四层四翼"的高考评价体系[N]. 中国教育报，2016-10-11(3).

[2]于涵. 新时代的高考定位与内容改革实施路径[J]. 中国考试，2019(1).

[3]金晶. 多样化学习方式的高中物理习题设置及设计研究[D]. 山东师范大学，2012：40.

[4]青岛外国教材研究所. 社会中的科学和技术[M]. 青岛：青岛出版社，1995：100.

[5]杨向东. 指向学科核心素养的考试命题[J]. 全球教育展望，2018(10).

[6]郭晓丹. 高中物理教科书中的课后习题设计研究及编写建议[J]. 物理教师，2016(9)：29-31.

[7]赵凯华，张维善. 新概念高中物理读本(第3册)[M]. 北京：人民教育出版社，2009.

[8]万玉凤，柯进. 引导学生从"做题"到"做人做事"[N]. 中国教育报，2018-6-9(1).

理蕴人文　以情诱思

——让物理教学更有情味

河源市东源县教育局教研中心　向敏龙

教育的本质，就是一个塑造灵魂、育人新生的过程。新一轮课改背景下，核心素养导向的教学要求教师不仅要具有积极的生命情态：有情有爱、充满生命活力，对社会肩担道义，对工作爱岗敬业，对生活乐观向上，对困难愈挫愈勇，对他人团结合作，对自我勤奋进取，还要具有强烈的育人情怀。新时代赋予了教师新使命，作为教师应成为"学生的四个引路人"：①要做学生锤炼品格的引路人；②做学生学习知识的引路人；③做学生创新思维的引路人；④做学生奉献祖国的引路人。

教书育人是教师的天职，作为教师，最大的影响便是在青春的脸上写下欢笑，在年轻的心灵播下希望。自从伽利略、牛顿等物理先辈将物理学推进到他们那个时代——人类对自然界认识的最前沿开始，物理学的发展也逐步完善，牛顿再将微积分引入到物理学，物理学便已经超越了其他学科，成为理解自然界最合理的科学，也为社会作出了无与伦比的贡献。特别是近年来，在基础研究和广泛应用中，我们清晰地看到物理学已超越了人类的直觉思维方式，进而成为在逻辑和创新方面的尖端科学。从伽利略、牛顿到今天的物理学，这个过程是漫长的，其升华过程是曲折的，是一步步稳定地发展起来的。至此，物理已不仅是一门自然科学，它已经升华到指导探索自然界，乃至解决人生道路中遇到的问题，造福社会全方位的"文化"。这是因为物理学的思想深入到每个物理学家的灵魂，指导他(她)在任何工作和思维中采取何种立场和方式。

这种指导是潜移默化的，你可能都感觉不到它的存在，但会自觉或不自觉地遵循物理的法则来思考，甚至那些学过物理（认真学过和思考过，而不是敷衍了事）的学生，哪怕是中学生也会接受物理文化的影响。他们可能在随后的一生中不再接触物理教学，不再记得学过的物理公式，也许连 $F=ma$ 都不再记得，但这种思维方式是永生保持和受益的。

一、"理蕴人文、以情诱思"教学思想阐述

物理学发展中形成的物理文化，蕴含了丰富的人文科学。因此，物理不仅是知识而且是一种思维方式，是一种人文思想。物理人文不仅指导着科学家如何探索大自然的规律，将之总结成"理论"，以及如何继续深入乃至如何应用它为人类造福，也指导人们如何正确地思维和正确地选择解决问题的方法，如何克服困难向前进。所以，物理学不仅是实验科学，其已经升华到指导我们思维和工作的一种文化了。凡是学过物理的人都潜移默化地运用物理思想去理解周围的事物。中学物理教学不仅仅是培养将来从事物理研究或物理教学的精英，而是培养对国家、对社会作贡献的人才。

物理人文的真谛在于：一是求真；二是溯本求源，什么事都要搞清来龙去脉。物理学史有着丰富的人文内涵，物理学家的科学精神、献身精神对每个学生的人文素养影响是深远的。在学习过程中，学生如果理解了一个规律、原理的起源和发展，这个规律、原理就会显示出其内在的人文性，充满了"人情"味。物理学的发展史，本身就是一部科学家们为追求真理而前赴后继、不屈不挠的奋斗史。学生对它知道得多一些、宽一些，将会有更大的勇气以科学家在创造伟大业绩中所表现的人格力量为榜样，确立为科学而奋斗、为真理而献身的崇高品德。

从物理学科角度讲，物理教学不应局限于狭隘的学科本位中，过分地注重物理的知识与内容、任务和要求，这样将不利于培养视野开阔、才思敏捷并具有丰富文化素养和哲学气质的人才。① 物理学科知识深层

---

① 余文森. 指向核心素养的教学关注[M]. 上海：上海教育出版社，2017.

结构是蕴含在物理学科知识内容和意义之中或背后的精神、价值、方法论、生活意义(文化意义)。深层结构的存在方式是隐性的、渗透的、分散的、潜藏的,但它是学生核心素养形成和发展的根本。所以,物理学科的教学不仅仅是为了获得物理知识、技能和能力,而同时应指向人的精神、思想情感、思维方式、生活方式和价值观的生成与提升,教师要为科学素养和人文素养而教,让学生成为有文化意义、思维意义、价值意义的人!

《新课程标准 2017 版》把物理教学中蕴含的展现科学的人文价值内容列入教学目标,这是对教育本质认识的质的飞跃。新课改特别强调了科学精神和人文底蕴的培育。情境教学对培养学生的物理核心素养具有关键作用。

美国教育学家克罗韦尔指出:"教育面临的最大挑战,不是技术,不是资源,不是责任感,而是……去发现新的思维方法。"物理教育是学生科学素养教育的摇篮。在核心素养的指引下,物理学科的核心素养包含了"物理观念、科学思维、实验探究、科学态度与责任感"等四个方面。四个素养是互相影响,互为促进的。"科学思维"是核心素养中的核心,它主要指物理中重要的思维方法,包括建模的思想、创造性思维、批判性思维、推理论证、分析综合、抽象概括等思维与方法。在核心素养的导向下,教育目标应定位在学生的终身发展的行为习惯和关键能力的养成上。中学阶段是培养学生核心素养的关键时期。物理教学中科学思维能力的培养是思维能力培养的主渠道之一,无论是物理概念的建立或物理定律的发现,还是基础理论的创立和突破都离不开科学思维能力。

"情"是教育的"魂",学生的思维特别是创新思维能力的培养离不开新颖情境的创设。一方面把物理学科内容与自然生活情境相融合,以"情"为纽带、以"思"为核心、以"学生活动"为途径、以"生活现象"为源泉构建情境教学。另一方面是"情"能启"智",通过"情感与认知"结合,让教师的"爱"与学生的"情"相交融,依循学生情感的跃动,把握学生情感生成、发展的脉络,利用学生的情感激发他们的潜能,让学生成长为具有道德情感、审美情趣的人才。

科学素养追求真，人文素养讲究的是求善求美，是人心灵的呼唤。因此，笔者提出"理蕴人文、以情诱思"的教学思想，着力将学生的物理学科素养和人文素养的教育有效融合，并充实于日常的物理课堂教育中，扬弃枯燥的纯知识教学，让学生受到科学与人文两种文化的双重熏陶，从中细品慢嚼，有所思，有所悟，在其中乐，乐在其中。

二、理论分析——情境创设到诱导思维

(一)理论支撑

1. 情境学习理论

情境学习理论认为学习是一个社会性的、实践性的参与过程；知识的特征有情境性、协商性；学习的特征有情境性、社会性；学习者自身的意识与角色都是在学习者和学习情境的互动、学习者与学习者之间的互动过程生成的。

2. 建构主义学习理论

建构主义是一种关于知识和学习的理论，强调学习者的主动性，认为学习是学习者基于原有的知识经验生成意义、建构理解的过程，而这一过程常常是在社会文化互动中完成的。教学情境中要尊重学生的主体性，学生只有在成为教学情境中的主角以后，才会积极主动地参与教学过程。教学是激发学生建构知识的过程。知识是学习者自我建构的结果，是一个老师激发学生建构知识的过程。教学就是教师要创设或者利用各种情境，帮助学生利用先前的知识与已有的经验在当前情境中进行学习和认知。教师是学生学习的引导者、辅助者、资料的提供者。

3. 教育名家理论

著名作家龙应台认为："只有将知识进入人的认知本体，渗透其生活与行为中后才能称为素养。"

教育家杜威说过："离开了人和人的发展，一切美妙的教育计划都无异于海市蜃楼。"教育家第惠斯多说："教学的艺术不在于传播的本领，而在于激励、唤醒和鼓舞。"哲学家苏格拉底认为，教育就是引导、就是助产，让个体最大限度地"沉浸"入"现实场景"，是理性思维培养的必然选择。

北师大肖川教授认为："从学科角度讲，要为素养而教（用学科教人），学科及其教学是为学生素养服务的，而不是为学科而教，把教学局限于狭隘的学科本位中，过分地注重本学科的知识与内容、任务和要求，这样将十分不利于培养视野开阔、才思敏捷并具有丰富文化素养和哲学气质的人才。"

（二）理论分析

新课标把阅读能力、思考能力和表达能力看成学生的三大核心能力，把正确的价值观、科学的思维方式和优秀的品格看成学生的三大核心素养。任何学科的教学都不是仅仅为了获得学科的若干知识、技能和能力，而是要同时指向人的精神、思想情感、思维方式、生活方式和价值观的生成与提升。学科教学要有文化意义、思维意义、价值意义，即人的意义！核心素养的培育需要良好的教育。[①] 遗憾的是，在我们物理教学中，经常可以看到有些学生物理知识掌握得很熟练很牢固，解题能力也很强，但是你跟他相处，马上就会感受到他身上缺了什么东西，这东西就是素养！学科教学要努力把学生培养成为知识丰富、思维深刻、人性善良、品格正直、心灵自由的人。

1. 思维诱导——科学思维方式的培养

在学科核心素养导向下，科学思维是核心素养的关键点。因为思维方式是一个人脑力劳动（认识活动）的武器（媒介）。它是由思维方向、

---

① 余文森. 指向核心素养的教学关注［M］. 上海：上海教育出版社，2017.

思维品质、思维方法和思维能力等构成的综合体。① 科学的思维方式决定一个人脑力劳动的水平和质量。学校教育教学不能只在知识点和能力点、知识和能力的细节上做文章，而是要在引导和启迪学生学会正确的思维上下功夫。从认识论的角度分析，可以把思维方式看做人的认识定势和认识运行模式的总和；从个体的角度分析，思维方式是个体思维层次（深度）、结构（类型）、方向（思路）的综合表现，是一个人认知素质的核心。

科学思维的养成内隐于物理知识的教学之中，是学生物理核心素养的重要成分。生命是一种开放性、生成性的存在，人的思维也应该具有开放性、生成性的特点。这是人的能力不断发展的内在机制。思维一旦模式化、格式化，就不可能有创新，能力发展也就停止了。学校和教师要将学生科学思维方式的培养提升到奠基学生能力基础、关乎学生人生长远发展的高度来认识。培养学生的思维，要从以下两个维度着力：第一，从客观性、科学性的角度讲，要注重科学精神和客观性思维能力的培养，即培养学生学会用事实、实证、逻辑、推理和论证进行思维的能力。第二是从主观性、主体性的角度讲，要注重学生批判精神和质疑能力的培养，即培养学生独立、独特、个性、新颖的思维和想象能力。

2. 物理学中的常用思维方法

科学思维的养成内隐于物理知识的教学之中，是学生物理核心素养的关键成分。"科学思维"是从物理学视角对客观事物的本质属性、内在规律及其相互关系的认识方式；是基于经验事实建构物理模型的抽象概括过程；是分析综合、推理论证等方法在科学领域的具体应用；是基于事实证据和科学推理对不同观点和结论提出质疑和批判，进行检验和修正，进而提出创造性见解的能力和品格。科学思维主要包括模型建构、科学推理、科学论证、质疑创新等要素。

物理学家钱学森说："模型就是我们对问题现象的分析，利用我们

---

① 林钦，陈峰. 关于核心素养导向的中学物理教学的思考[J]. 课程·教材·教法，2015(12)：90-94.

考究得来的机理，吸收一切主要因素，略去次要因素所创造的一幅图画。"物理模型的构建是一种重要的科学思维方法，通过对物理现象或过程的分析，找出反映物理现象(或物理过程)内在本质及内在规律，从而达到认识问题的目的。它是指将复杂的研究对象或物理过程，通过运用理想化、抽象化、简化、类比等手段，突出事物的本质特征和规律，形成样板式的概念、实物体系，即物理模型。

生活中如何让学生在面对新问题、新事物时能坦然处之，快速抓住问题本质，在物理教学中注重培养和提高学生的建模能力是帮助学生快速处理复杂问题的一条有效途径。

例如：高考选拔中的理综试题的特点是题多且阅读量大，解答物理试题要求学生第一反应即物理建模方向要正确，才能较快进入解题过程。在物理习题教学中，可通过模型的建构来丰富、完善学生头脑中的物理模型，有效提升学生的建模能力。因为每一个具体的物理问题所描述的物理现象或过程，都对应着物理模型。一个恰当的模型就是一把解题的金钥匙，建立一个合适的模型就等于揭开了掩盖问题现象或过程的本质特征的面纱。

解题时建模一般步骤为：

(1)根据问题表述全部物理情境；

(2)抓住主要矛盾，将情境与头脑中的模型进行关联；

(3)将具体问题转化为物理模型。

第一个过程即为准确理解题意的过程；第二个过程为物理抽象的过程，在此步骤中，需要提取题中有用信息，除去干扰信息，将问题理想化，抓住事物的本质，与脑海中积累的物理模型进行关联；第三个过程是对模型进行梳理和完善的过程，在此过程中需要找出抽象的模型与学生记忆中已知模型的相同点与不同点，如果相同，则套用已知模型规律，如不同，则需要思考为何不同，原来的物理模型需要作何完善。

例：(广东高考理综试题)用密封性好、充满气体的塑料袋包裹易碎品，如图1所示，充气袋四周被挤压时，假设袋内气体与外界无热交换，则袋内气体(　　)。

A. 体积减小，内能增大　　　　B. 体积减小，压强减小

193

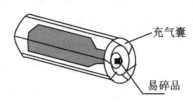

图 1　塑料袋包裹

C. 对外界做负功，内能增大　　D. 对外界做正功，压强减小

本题考查考生对热力学第一定律的理解，以日常生活现象为例，考查学生运用物理知识解决问题的能力。解题时，可引导学生从题中"密封性好、四周被挤压、无热交换"等几个关键句，建立"绝热气体压缩模型"，同时引导学生找出与物理模型相应的物理规律，充气袋四周被挤压，体积肯定减小，所以外界对气体做功，气体内能增大，这样就可很快选出答案 AC。本题难度不大，高考区分度主要看解题的速度。在解容易题时，应引导学生尽快找到储存在头脑中相应的物理模型，做到解题又快又准，为解答后续的题目节省宝贵的时间。

高中物理常用到的思维方法还有：①图像思维法，就是利用图像本身的数学特征所反映的物理意义解决物理问题，或者由物理量之间的函数关系与物理规律画出物理图像，并灵活应用图像来解决物理问题。②等效思维法，就是在保持效果或关系不变的前提下，对复杂的研究对象、背景条件、物理过程进行有目的的分解、重组变换或替代，使它们转换为我们所熟知的、更简单的理想化模型，从而达到简化问题的目的。③临界思维法，指物体从一种运动状态转变为另一种运动状态的转折状态，它既具有前一种运动状态的特点，又具有后一种运动状态的特点。④极限思维法，有极端思维法、微元法两种。⑤守恒思维法，根据守恒定律，可以避开状态变化的复杂过程，使问题大大简化。⑥逆向思维法，逆着事件发生的顺序或者由果到因进行思考，寻求解决问题的方法。⑦类比思维法，对有相同或相似特征的不同物体、物理现象、物理过程、物理条件和物理方法，通过联系、区分于发展的思维视角对它们的属性、特征、运动规律等进行分析和总结，最后得出结论的思维方法。⑧整体法与隔离思维法，是力学和运动学中最重要的思维方法。

3. 物理情境是开启思维密码的钥匙

在物理教学中，情境创设的核心意义是激发学生的问题意识和促进探究的进行，使思维处在爬坡状态。这是因为，人要形成新的认识，即知识能够进入人的头脑中成为人认知结构的一部分，首先是要能引起人原有认识的失衡(通俗地说，就是"好奇""生惑")，然后才会有自我调节并生成新的认知结构(即进行思考、探究然后形成新理解)的过程。根据物理学科特点及情境刺激物对学生感官或思维活动所引起的不同作用，其大致分为生活情境、实验情境、想象情境及推理情境。情境要主动建构，其内在含义就是引发认识的不平衡并帮助生成新的认识。①

(1)生活情境

当物理和学生的现实生活密切结合时，物理才是活的、富有生命力的。在课堂教学中教师创设生活情境能使学生在熟悉的情境中自由、轻松地学习物理知识。学生们用脑去思维、用眼去观察、用耳去倾听、用嘴去表达、用手去操作、用身体去经历、用心灵去感悟，他们在最佳的状态中学习，从而体验到物理离不开生活，物理知识源于生活而最终服务于生活。这意味着，物理教学中的情境创设是一种基于特定学习目标和学习内容的需要，以学生的经验为着力点，以物理初始条件的创设和生活素材的选取为主要环节的信息加工过程。它不仅为学生提供一个主动参与物理活动的经验平台，同时也架设了一座联系"物理"与"生活"的桥梁。学习物理可以帮助我们更好地解决生活中的实际问题。

自然生活即以物体原型为主的情境。把大自然中的山川田野、星空天体及生活科技、人工智能等自然生活现象融入课堂，形成课堂教学新情境。自然生活因其本身的具体化，学生看得到，摸得着，易于感受，易于理解。凭借自然生活，可以发展学生的观察能力、思维能力，从而加深对事物的认识。例如：在讲授光的折射现象时，在一个透明的塑料盒里放一些水，水中竖直放置一块画有一条小鱼的泡沫塑料板，用一条

---

① 李吉林. 李吉林与情境教育[M]. 北京：人民教育出版社，2007.

细铁丝当鱼叉，看谁能一下叉中鱼。

当然，在教学实践中，把情境创设等同于情境的生活化，一味追求物理与生活的联系，可能会导致学生的生活被人为地拓展和提升，甚至被成人化，从而阻碍情境内在物理信息的功能发挥。由于情境中的生活背景与学生的知识经验不能进行有效的"对接"，这必然给学生人为设置了一种信息障碍，进而影响和制约学生对情境内在物理条件的观察、质疑和思考。

情境创设的目的在于促进学生意义建构的主动发生。由于学生已有的生活经验和物理知识是其物理现实的基本构成，因此，在情境创设中，教师选取一些与学生生活经验有关的题材，其教育意义是明显的。然而，这种生活情境只是众多不同种类的情境中的一种，关注学生的现实生活并不意味着情境的生活化。事实上，随着学生身心的不断发展及学习物理内容的抽象性不断增加，教师创设的情境可能更多是立足于物理本身以及物理与其他学科之间的联系。

（2）实验情境

物理是以生活事实为基础并以科学实验为主要手段的科学课程，不论是物理概念的形成或建构，还是物理规律的导出，几乎都离不开科学实验。教材中的实验探究过程，既是前人科学探究过程的模拟再现，也是学生获取知识并提升科学素养的学习过程。尤其是其中的实验设计原理与方法，不仅是前人科学家的科学思维与智慧的结晶，而且是学生产生科学实验设计思维的良好载体。

实验情境是在相似原理的基础上产生的。以实体创设情境具体而真实，固然有它的优越性，但也不可避免地有它的局限性，客观上不可能具备那么多的实体；主观上亦不需要凡事以实体出现。教师可根据教学的实际需要，抓住事物的主要特征，运用一定的手段进行复现，达到形象地反映事物的特点就行。学生进入实验情境就可通过眼前形象和实际感受，根据实验原理动手动脑，展开联想与想象，在丰富且逼真的情境中提升科学思维能力。

（3）想象情境及推理情境

想象情境是通过学生的想象活动，在已经获得经验的基础上，将表象重新加以组合的情境。它虽不像实体情境那样可以看得见，摸得着，但它的意象却比实体情境更广远，更富有感情色彩。学生的情绪往往在想象情境中得到高涨，想象力也随之提升。当然想象情境往往要借助实体情境、语表情境或模拟情境，作为想象的契机。

推理情境总是伴随着形象进入分析推导事物的有序状态中的，通常以核心问题串形式出现。探究物理规律时，常常运用到推理情境。推理情境帮助学生从具体到抽象，从个别到一般去深入认识事物的本质。

4. 从情境到思维的诱导

有效诱发学生思维，诱导学生主动思考问题、发现问题、解决问题，创设情境非常重要。但在物理教学实践中，人们对情境创设却存在误解，如把"情境创设"等同于"情境设置"，认为情境创设就是情境的生活化、情境的趣味化等。凡此种种现象，不仅脱离了情境的本质特征，而且也影响了情境作用的有效发挥。

（1）情境创设是创造性行为

一种较为普遍的认识是把情境创设等同于情境设置。这种认识所带来的危害可能是对情境功能与价值指向的淡化。"创设"与"设置"是近义词，但是，两者的差异也是十分明显的：前者预设了对教师创造性行为的要求，而后者却不包含此义。"创设"意味着教师的创造和精心设计，其目的在于激发学生的问题意识和探究意识。而"设置"可能意味着教师提供的只是一种现成的、未经过加工的情境，其中并不含有激发学生问题意识和探究意识的价值预设。①

（2）情境的趣味性

在物理教学中，根据学生的身心发展特点，教师创设一些具有挑战性和趣味性的情境是十分必要的。比如，现行教材中就出现了大量的主题情境图。然而，"趣味化"与"趣味性"的一字之差，却折射出情境创设者对"情境"本质的两种截然不同的认识。进一步说，情境的趣味化意味着对情境所具有的趣味性过于关注，因此，不可避免地带有"去"

---

① 李吉林. 李吉林与情境教育［M］. 北京：人民教育出版社，2007.

物理的行为倾向。情境的趣味化虽然导致的可能是淡化物理特征，但是，它也含有合理的一面，即表现出对学生学习情感的关注。事实上，把情境创设等同于情境的趣味化，这种现象的产生大多是由于教师对情境的趣味性与物理特征之间关系的把握失衡所致。

因此，根据学生的学习目标与学习内容的特定需要，教师把握好情境的趣味性与其内在物理特征的基本关系，这对情境功能的有效发挥是十分重要的。

（3）把握好情境创设的切入点

《物理课程标准》明确指出："让学生在生动具体的情境中学习物理；让学生在现实情境中探索物理规律。"①可见，在物理教学中创设情境已成为课程改革的一大亮点。然而在教学实践中，常常会出现盲目追求热闹，狭隘地创设教学情境的现象：有的生活味浓了，物理味淡了；有的直观演示多了，物理思考少了……那种自认为是生活化、趣味化的强化创设，是为情境创设而创设，只会使情境成了课堂的一种摆设和点缀，使教学陷入片面化、低效化的误区。

那么，我们怎样才能有效地创设物理教学中的情境呢？"境"是一种物质的存在，"情"是一种精神的烘托，只有有"情"之境才能使物质因素有了情感色彩。因此，当"情"与"境"相互交融，"情境"也就形成了。物理教学中的情境应该将"物质"和"精神"融为一体，形成融洽、和谐、温馨的教学氛围，激发学生的学习兴趣和热情，进而以趣激思，以疑获知，引导学生探求物理知识的奥妙。

①情境创设要选择情节，激发内驱。评价物理情境是否得当、有效，既要看能否激发学生学习的兴趣，还要看能否促进学生的物理思维，诱发学生积极主动地参与学习，并激发学生内在的物理学习需求。

什么样的情节内容会使学生感兴趣、爱思考呢？这需要根据不同年龄段的学生来确定。初中的学生更多地关注"有趣、好玩、新奇"的事物，像魔术表演性的生活实验、物理学史故事的情境都是他们感兴趣的对象，所以低年级教学中的情境创设教师可以突出故事性，将问题镶嵌

---

① 普通高中物理课程标准（2017版）［M］. 北京：人民教育出版社，2017.

在故事情境中。而中、高年级的学生开始对"有用"的物理更感兴趣，所以教师应该尽可能选择一些现实生活中的事例，以现实生活中真实故事的形式呈现，追求一种"在情境中生成物理，寓物理问题于真实的情境中的教学境界"。

②情境创设要设置冲突，面临挑战。有趣的情节能激发学生的兴趣，但这种兴趣往往是浅层次的，是一种短暂的新鲜和好奇。心理学研究表明：每个人都有填补认知空缺、解决认知失衡的本能，所以教师创设情境要利用这一点，促使学生在物理学习中产生不和谐的心理状态和急需解决问题的心理需求，诱发学生对物理问题作出主动反应。创设情境，设置合理的认知冲突会激发学生产生深层次的兴趣——探究的欲望。

(4)情境创设要指向明确，切入主题

新课程提倡在物理教学中创设生活情境引导学生自觉建模，但生活中信息量大，如果教师提问指向不明，就会使学生多元误读，生成一些毫无意义的东西。教师从学生的实际情况与课堂可操作性出发，把学生从对情境的单纯体验转移到对物理问题的探索上来，既激发了学生提出问题的兴趣，也培养了学生提出问题的能力。

要从学科教学向学科智慧转变，培养创新型人才，就需要让学生在新颖的情境下，去思考解决问题。课堂上不仅要创设智慧型情境让学生学会"独立思考、探索实践"，更要在创设情境时处理好宽泛性与定向性、探索性与高效性之间的关系，能够在物理课堂上"泼墨如银，惜墨如金"，使教学不仅是有效的，还是高效的，让学生在解决问题中提升个人的科学素养和情感素养！

三、教学实施策略——聚焦真实情境、让物理教学更有"情"味

学生核心素养的培育是建构在掌握核心知识过程中的，学生关键能力的形成是在新情境新任务中完成的。新课程理念强调，价值引领、思

维启迪、品格塑造是学校和教师的三大核心任务。① 物理教学不仅应让学生掌握基础知识，发展关键能力，也应在多彩的课堂情境中培养学生勤于思考、乐于探究的学习习惯并提升其人文素养。物理概念规律的内涵和科学意义属于物理学科的表层结构，物理学科的深层结构是蕴含在学科知识内容和意义之中或背后的精神、价值、方法论、生活意义、文化意义。深层结构是学生核心素养形成和发展的根本，它的存在方式是隐性的、渗透的、分散的、暗线的。② 所以，物理的教学不仅应让学生获得知识、技能和能力，同时也要挖掘其育人功能，探讨指向人的思想情感、思维方式和价值观的生成与提升，让学生成为有思维深度、文化品位兼具哲学气质的人！

（一）在"活用教材、以情诱思"中，让教材更有情味

物理教材不仅是学生掌握物理知识的重要载体，也是培养学生科学素养和人文素养的重要载体。教科书面向全体学生，而学生的差异是很大的，教科书知识本身和课堂教学中学生学习的知识是有根本区别的。如果我们不能在教学中对教材进行再创造，那就只能束缚在"重结果"的圈子里，也就谈不上培养学生的创造性思维。

1. 活用教材，倡导原生态的教学

教材中呈现的知识大多是从现实生活中抽离出来并加以概括的，其陈述的某一过程和学生经历的某一过程往往并不是一回事。教学中的很多过程是需要交互活动才能进行下去的。学生是课堂的主体，教师应从"关注教材"到"关注知识"的转变，把原生态的核心性的学习还给学生。传统的以"讲教材"和对应的"讲练考"为特征的教学模式，存在着忽略建构原生态的思维情境，忽视了学生的思维训练。

课堂中，教师若以原生态的问题为起点，改变灌输型的教学方式，物理课将会变得亲切、有趣，学生也更能主动地学习。比如从原生态的

---

① 余文森. 指向核心素养的教学关注[M]. 上海：上海教育出版社，2017.
② 余文森. 指向核心素养的教学关注[M]. 上海：上海教育出版社，2017.

现象出发，教师把丰富多彩、神奇美妙的物理世界以情境的方式展现在学生面前，激发学生的好奇心和求知欲，引导学生以探索研究的心态进行学习。例如，在物理必修 1 自由落体运动的构建中，教师应结合学生实际回归原始问题的设置——从讨论生活中的落体运动入手，到自由落体运动再到匀变速运动，突出思维起点的构建。

2. 以情诱思，倡导有高阶思维的深度教学

教科书只是单向传递信息，学生的思维是在教学交互交流过程中激发的，面对不同的学生需要创设不同的情境，需要将孤立、静止的学科知识内容整合并运用于学生的现实生活世界。

一方面教师借助知识的表层结构开启思维的起点，同时挖掘知识的深层结构，通过创设逻辑问题情境，引导学生超越表层的知识学习，体会理解知识的逻辑内涵和外延意义，将表层学习提升为深层意义的获得，使学生学会思维、学会做人。另一方面，教师要发挥主导作用扮演好导演的角色，创设情境给学生以惊喜，诱导学生勤于思考乐于探究，在获得知识的同时身心愉悦，爱上物理和物理老师！

（二）在"丰富实验、重构情境"中，让实验充满情味

哲学家苏格拉底认为，教育就是引导，就是助产，让个体最大限度地"沉浸"入"现实场景"是理性思维培养的必然选择。学科知识是形成学科素养的载体，学科活动是形成学科素养的渠道。实验教学中教师若能充分利用教材上的演示实验和课后的小实验，或补充一些条件允许的课外小实验，学生会更喜欢思考更喜欢物理。

1. 重构或重演实验情境

教材实验中的奇思妙想，它可能是科学家数日或数月乃至数年的思维产物，更多的是课程研究专家对前人实验设计的改造并使得实验原理与方法达到了至善至美。要求学生在有限的课堂学习时间里想到能与教材实验设计相媲美的实验方案，确实有天方夜谭之嫌。作为促进学生科学素养形成的物理课程教学，培养学生的科学实验中的设计思维，不仅

关乎课程的教育效益，更关乎科学创新人才的培养乃至国家与民族的振兴。在课堂学习过程中，学生对科学探究实验的设计尽管不如教材，甚至幼稚，但它仍然是学生对实验设计的一种经历，一种体验。而这种经历与体验中的反思或教训正是催发他们形成智慧性思维的酵母，随着训练的增多，学生对科学实验的设计思维能力自然会得到一定的提升。

物理科学思维是人类思维智慧的宝贵结晶，它是物理课程的精髓，不仅能引导人们探索自然并改造自然，更是人们从事现代化技术创造发明的有力武器。它可以使知识变活，更可以给知识赋予强大的力量。因而，从实验的角度，教师注重对学生科学思维的培养，是物理课程教学贯彻创新教育的具体表现。

2. 挖掘生活情境，拓展课外实践，让物理更有温度

杨振宁教授认为："现象是物理学的根源。"中学物理知识与生活现象紧密联系。因此，教师选取与学生生活经验有关的题材来创设情境，其教育意义是非常有效的。如汽车的安全行驶距离、万有引力中的潮汐现象、家用电器的应用等与生活联系非常密切。教学中构建生活情境，让学生形成将物理知识与日常生活、自然现象相结合的意识，养成对生活亲近、热爱、和谐相处的情感是非常必要的。

3. 融合演示实验与分组实验，畅通核心素养培养通道

物理实验探究既是一项学习内容、一种学习方法，也是生成学科品质与能力的重要环节，更是培养学生核心素养的有效途径。在平常教学中教师如何灵活地融合演示实验与分组实验，也是一门创造性学问。比如在广东省首届青年教师物理教学创新大赛上，我指导的课例《向心力》对此进行了这样处理：

一是将教材中的"感受向心力"的演示仪进行了直观演示，用一个乒乓球拉起一瓶矿泉水，分别让空心的和注入沙子的乒乓球做圆周运动，绳子的拉力提供向心力，让学生比较两种情况的异同，得出向心力与什么有关；二是"向心力的大小"的结论也改为了用向心力演示仪进行分组定量探究。整堂课下来，学生兴趣高涨，效果非常好，该课例也

获得了省一等奖。

在中考、高考选拔中，学生的动手实验能力比较难体现出来，高三实验复习也是通过大量的实验试题训练来完成的，这也导致了很多学生对物理不感兴趣。所以，教师要抓住中学生学习物理的思维特点，丰富实验情境，这对提高物理教学效果和培养学生的学习兴趣、科学与人文素养是非常重要的。

（三）在"追源设景、完善习题"中，让习题充满情味

高中物理教学离不开物理习题教学，新课标强调了习题的思想性及人文性。习题教学既是培养学生科学思维，特别是建模思维和推理分析能力的重要载体，又是承担传递爱国主义及正能量的学习抓手。

1. 改革试题，体现人文情怀

新一轮课程改革，注重教材的人文关怀，弘扬中华优秀传统文化，增强民族自信心和凝聚力。近年来在中高考中出现了大量富有人文气息的好题目，特别是在学业水平考试当中体现得很充分，这对促进学生人文素养的提高有重要的作用。如：借助"巍巍青山两岸走、轻舟已过万重山、大江东去、夕阳西下"等名句，请学生判断参考系的选取、分析相对运动。这些试题巧妙地借助学生耳熟能详的诗句，将一幅美丽的画卷呈现出来，让学生感受美的熏陶、体会运动之美。

2. 追源设境、完善习题

高考试题一般比较新颖，而很多常规习题往往忽略了从原始生活问题到物理问题的构建过程，缺少关注原始问题与物理问题的联系和过度。原始问题是对自然界及社会生活、生产中客观存在、能够反映科学概念、规律本质且未被加工的科学现象和事实的描述。而课本习题则是把科学现象和事实经过一定程度抽象后加工出来的练习作业。① 每一个

---

① 林钦，陈峰. 关于核心素养导向的中学物理教学的思考[J]. 课程·教材·教法，2015(12)：90-94.

具体的物理问题所描述的物理现象或过程，都对应着物理模型。因此，教师在很多习题中应还原补充一些科学现象和事实的描述（原始问题）来完善习题，诱导学生学会建立合适的模型去揭开掩盖问题现象或过程本质特征的面纱，从而提升"习题训练"过程。

高中物理习题教学不能仅仅是为了得到答案，而是要全面提高学生的问题解决能力。试题的情境、设问的角度及方式要科学、可信、新颖、灵活，适度关注原始问题，注重模型思维的运用，使习题教学回归物理本真，让学生从题海中跳出来，从做题向做事转变，在解决实际问题中培养学生的核心素养。

（四）在"优化设计、以情追问"中，让课堂充满情味

树立相互尊重的人文情感氛围，教师平等地去看待学生、关爱学生，鼓励学生开放思想、敢于质疑，让课堂充满温情；教师把学生放进人文情境中去，采用"诱导探究"的教学方法，让学生主动地获取知识、应用知识、解决问题……在这种新课堂氛围下，学生的人文素养将得以健康发展。

1. 优化情境、诱导探究

优化情境让学生在课堂上既感到严肃活泼，又有和睦、友好的氛围。教师要让知识进入学生的头脑中，成为学生认知结构中的一部分，首先是要能引起学生原有认识的失衡，产生疑惑好奇，然后才会有自我调节并生成新的认知结构（即进行思考、探究然后形成新理解）的过程。① 在物理教学中，我们要根据学生的特点和基础，选择不同的教学情境，激发学生的问题意识和促进探究的进行，使学生思维处在爬坡状态。优化情境的目的，在于促进学生主动建构，不断地引发学生认识的不平衡并帮助其生成新的认识。"优化"意味着教师的创造和精心设计，其目的在于激发学生的问题意识和探究意识，让学生经历探索知识的学习过程：观察—探究—猜想—证明，使学生在知识的主动建构中，体验

---

① 李吉林. 李吉林与情境教育 [M]. 北京：人民教育出版社，2007.

知识的"再创造"过程。

2. 情境相融、以情追问

学生思维的培养离不开"灵动的课堂",课堂中不仅要创设情境,更应有人文情怀。情境学习理论强调学习是一个社会性的、实践性的参与过程;知识的特征:情境性、协商性;学习的特征:情境性、社会性;知识的意义:学习者自身意识与角色都是在学习者和学习情境的互动、学习者与学习者之间的互动过程中生成的。① 所以,我们应从物理教学方法改革着手创设人文课堂。

情境相融、充满温度的教学设计应把握好三个方面:一是教师的教要注重渗透情境教学(最好别具一格:或有吸引力或具喜剧性等),教学情境的创设要突出学习过程,突出创新精神、实践意识、方法、能力的培养,突出从生活走进物理、从物理走向社会的理念,要善于依据学生的状态辅助不同的情境教学;二是学生的学要注重学科思维与学生思维的有机结合,层层递进,借助多媒体与传统教学手段恰到好处地融合以开展教学设计;三是教学内容要创造性处理,教师注重知识的构建过程,关注核心问题的设计,有意识地培养学生的问题意识。

"理蕴人文、以情诱思。"教学思想的融入与提炼是一个师生相长的过程。核心素养背景下,不能只是单向地认为教师在培育学生的核心素养,而另一方面,学生也在用他们的行为表现、反馈信号不断拷问、锤炼、深化和砥砺老师自身的核心素养。科学素养与人文素养的培育是一次次融化与弥漫的过程,它不止于教会学生理解物理概念和规律,更在于每一个物理教师用情"化"在自己的教学方式方法、生命成长过程中。

---

① 李吉林. 李吉林与情境教育[M]. 北京:人民教育出版社,2007.

人人可教　皆可成才
——"六学七步反刍"教学模式助力学生数字化学习与创新

韶关市田家炳中学　朱静萍

　　"人人可教，皆可成才"是我执着的信念！在我心里，每个孩子都是天才！多一份赏识，就多一份成功的希望！我和我工作室的老师们关注全体学生，借助全国中小学电脑制作活动这一平台，鼓励学生运用信息技术表达思想、表达创意，运用信息技术去传播积极健康的文化信息。我们将电脑制作活动与信息技术课堂教学深度融合，采取各种措施提升学生的信息素养，培养学生发展核心素养，逐渐形成"六学七步反刍"教学模式，努力使每一位学生都能学以致用，较好地掌握信息技术这种工具，并运用它去解决学习和生活中的问题，让信息技术成为学生终身学习的好助手！

一、思想的形成背景

　　当前的教育现状是信息技术教育越来越受到社会的关注，但由于受到诸多因素的影响，信息技术学科的发展仍存在许多阻力：首先，该学科不参加高考和统考，评价方式不够规范，导致社会普遍不重视这个学科；其次，受地域和家庭条件影响，学生学习基础有较大的差异，两极分化严重，加之普遍缺乏优良专业的师资队伍，教法单一随意；再次，教材与信息技术发展不同步，教学内容较陈旧枯燥，不少学生对信息技术的学习兴趣不高，信息技术课堂往往不是过于单调沉闷，就是过于热闹随意，同时还受课时短缺、软硬件设备限制等不利因素的影响，课堂教学效率低下，教学目标无法达成。

田家炳中学虽然是市重点中学，近十年因为两家省重点中学扩招，导致招生状况不佳，需要创设特色教育品牌支撑学校发展。田家炳中学开展电脑制作活动可追溯到 2003 年，已经历了由初生、成长到成熟的过程。根据省《关于提升 500 所普通高中办学水平的指导意见》要求，田家炳中学在德育、英语教学、乒乓球、舞蹈、电脑制作等方面创建学校办学特色，尤其是结合学校实际情况，把中小学电脑制作活动作为打造田家炳中学特色教育的一个品牌项目。经过多年努力，学校在这个项目上取得了比较大的建设成果。2009 年，学校成立了朱静萍工作室——粤北首个以教师姓名命名的工作室，以促进电脑制作活动在学校的发展。2010 年，学校在确立 2011—2015 年学校五年规划时，更是把"开展中小学电脑制作活动"定位为田家炳中学特色发展目标。此后，学校大力推广有利于促进学生创新精神、实践能力和提高学生综合素养的电脑制作活动，充分发挥"朱静萍工作室"的作用，形成了专业精干的电脑制作活动指导团队。

二、思想的理论依据

1. 建构主义学习理论

建构主义学习理论认为学习的过程是学习者主动建构知识的过程，"学习是建构内在心理表征的过程，学习者并不是把知识从外界搬到记忆中，而是以原有的经验为基础，通过与外界的相互作用来建构新的理解"。在"六学七步反刍"教学模式中，教师在教学中合理地渗透电脑制作活动内容，将参赛所需知识技能科学合理地与教材中的学习内容相结合，给学生明确的发展方向，让每位学生都成为电脑制作活动的参赛选手，让学生根据自己的特长爱好，自选主题，发挥创意，用所学或相关的信息技术知识与技能主动创作电脑作品；让学生在活动过程中掌握应用信息技术解决问题的思想和方法；让学生在学习过程中自主选择和自我设计，将所学的信息技术积极应用到学习、生活乃至信息技术革新等各项实践活动中去。通过课程内容的合理延伸或拓展，充分挖掘学生的潜力，主动建构新的知识，实现学生个性化发展，为学生打造终身学习的平台。

2. 人本主义的学习理论

人本主义的学习理论注重启发学习者的经验和创造潜能，引导其结合认知和经验，肯定自我，进而达到自我实现效果。在"六学七步反刍"教学模式中，教师将中小学电脑制作活动与信息技术教学深度融合，有助于激发学生潜能，引导学生充分运用所学信息技术知识与技能，结合学习与生活实践经验，自主选择参赛项目，发挥创意，表达思想，创作参赛作品。

3. 中国学生发展核心素养

中国学生发展核心素养，以科学性、时代性和民族性为基本原则，以培养"全面发展的人"为核心，分为文化基础、自主发展、社会参与三个方面。综合表现为人文底蕴、科学精神、学会学习、健康生活、责任担当、实践创新六大素养，具体细化为国家认同等 18 个基本要点。学生发展核心素养主要指学生应具备的，能够适应终身发展和社会发展需要的必备品格和关键能力。培养学生核心素养是落实立德树人根本任务的一项重要举措，也是适应世界教育改革发展趋势、提升我国教育国际竞争力的迫切需要。

4. 信息技术学科核心素养

信息技术学科核心素养由信息意识、计算思维、数字化学习与创新、信息社会责任四个核心要素组成。它是学生在接受信息技术教育过程中逐步形成的信息技术知识与技能、过程与方法、情感态度与价值观等方面的综合表现。

"人人可教，皆可成才"，我们努力使每一位学生热爱学习、热爱创作，并成为电脑制作活动的参赛选手，促使学生更好地理解信息社会特征，自觉遵循信息社会规范，在数字化学习与创新过程中形成对人与世界的多元理解，有责任心、有效地参与到社会共同体中，成为数字化时代的合格公民。这一教学思想不仅与建构主义、人本主义学习理论相一致，而且与中国学生发展核心素养相吻合，与信息技术课程标准相吻合，在信息技术教学中贯彻这一教学思想有利于提高课堂教学效果，有效落实课程三维目标，最终达成高中信息技术课程目标：全面提升全体学生的信息素养。

三、思想的落实措施

我们关注全体学生，以学生为中心和主体，以学生发展为本，全力促进学生的探索思维，激发学生的创新能力，以"全国中小学电脑制作活动"提高信息技术课堂教学有效性。教师通过观念导学、目标激学、榜样引学、创新拓学、合作互学、网络助学等教学措施，使中学信息技术课堂教学效果得以增强，"电脑作品评选活动"得以普及推广，学生的信息素养得到培养，学生的实践操作技能和创新能力得到提高。

1. 观念导学

"引起学生学习的意向"是我开展教学的第一步。我使学生了解"全国中小学电脑制作活动"，每个同学都可以参与，学生可以自选主题、自定内容、自选软件制作。我鼓励学生结合学习实践和生活实际，积极探索、勇于创新，培养发现问题、分析问题和解决问题的综合能力，并运用信息技术手段设计、创作电脑作品。

为改变学生不重视信息技术学科的观念，在开学第一节课，我就告诉学生：社会的变革，信息的发展，计算机将逐步成为全社会使用的工具，21世纪的文盲不是不识字，而是不会使用计算机，让学生从认识上领悟学习信息技术的迫切性。

2. 目标激学

目标激学指明学生所要达到的目标和所学的内容。

在开学第一节课，我就告诉学生"全国中小学电脑制作活动"对大家非常有益。学生好奇地问："全国获奖作品会是怎样的?"我趁机向他们展示了前几届全国电脑制作活动中我校学生具有代表性的获奖作品，简单介绍作品的作者情况和制作过程，并告诉他们："只要大家努力，经过一段时间的学习，你们制作的作品可能会更精美!"然后我把参赛要求、目的、意义告诉学生，鼓励每一位学生都积极参加"全国中小学电脑制作活动"，强调"志在参与"、"志在学习掌握更多的信息技术"，激发了学生学习的兴趣。

3. 榜样引学

在课堂教学过程中，教师、学生、教材和环境是影响课堂教学质量的最基本、最重要的因素。教师是"教"的主导、学生是"学"的主体。教学目标的确定、教学内容的选择、教学的组织安排、教学方法和手段的运用等都取决于教师的主导，学生的学习目的和动力靠教师来强化，学生的学习积极性靠教师来调动，学生的学习方法靠教师来指导。

竞赛给学生的第一感觉是很难。为使学生克服畏难情绪，每一节课教师都会在课堂上不断创设情境，引发学生的好奇心和求知欲。如：在学习 Photoshop 之前，我选择用 Photoshop 制作的、技术难度适中的笔者所在学校获省二等奖的电脑平面设计作品《博雅四绝》给学生展示。选择本校学生的作品展示，可以激发学生的荣誉感，同时让学生知道获奖作者就在自己身边，使学生明白"世上无难事，只怕有心人"。在展示过程中，我引导学生思考"他们的作品是如何创作出来的呢"？再把 Photoshop 软件推荐给学生，使学生在获奖同学和优秀作品的引导下积极投入学习。在学生已经具备了一定的基础知识后，我会把该作品的源文件让学生观察、分析，引导学生分解该作品的所用知识点及制作技巧，使学生充分掌握作品中的知识点和制作技巧，同时也增强了学生的自信。接下来我征求学生意见，如何使作品更完善？和学生一起探讨作品的优缺点，提出改进方案，给学生思考的余地、拓展的空间，使学生在创作中既有模仿，又有超越，保持"我也能做参赛作品，我能做得更好"的学习激情。

4. 创新拓学

信息技术教学是一个开放式的教学体系，我依据教材改革课堂结构，优化教学设计，以有效教学理念引领全新的教学思路，让学生创造思维与个性获得长足进步。

为了充分发挥学生的创新潜力，我采取了一系列的措施构建创新的教育环境。如在校内组织"电脑作品评选活动"比赛，在设计、制作阶段，教师激励学生在满足创作目标的基础上尽情地创意，展示自我，使学生展开想象的翅膀，对学生的创新成果进行奖励，并选拔优秀作品参加比赛并将优秀作品在校园网络上交流。这不仅为学生提供自主性、首创性和个性化表现的机会，还在校园中形成浓郁的崇尚创新、尊重创新人才的氛围。

5. 合作互学

"时间是教育王国的金钱，教育需要时间——教师用时间提供教学服务，学生用时间购买学习。"如何高效利用教学时间，在单位时间内使教学达到最佳的教学效果？合作互学是使教学时间得到高效率利用的良策！

众所周知，学生之间的信息意识、知识水平、操作能力参差不齐，差异很大。教师如何在教学中实施差异教学，培养学生良好的信息素养与实际操作能力，全面提高学生的整体水平？我认为在教学过程中采用分组教学法是一种行之有效的教学模式。

我着眼于学生与学生之间互动的普遍性，将合作性的团体结构纳入课堂教学之中，构建了以互动为基本特色的课堂教学结构，通过组织开展学生小组合作性活动来达成课堂教学的目标。

为此我成立学生制作小组，把选择同一参赛项目的同学分在一个小组内。小组的规模直接关系到协作学习的成功，通过实践我认为每组3~4人比较合适。根据我校学生情况，我一般采用异质分组法，学生互补性强，更能体现和发挥互相包容、互相帮助、互相合作的精神。每组推选一名理论水平较高、操作能力较强且有一定组织能力的组员担任组长，起联络、监督和指导作用。我恰当地安排上机座位（各组连续坐一块且组长坐中间），以有利于辅导组员，为互动提供条件，然后实施互动协作学习。我以作品创作活动为载体，以确定主题—总体规划—分析需求—选择媒体—策划创意—设计信息呈现方式—制作作品—交流评价为教学过程，让学生根据主题表达的要求，规划、设计与制作多媒体作品。制作小组成员互相学习创作技术、探讨作品主题、交流创作技巧、独立完成作品……学生智慧共享，减轻了指导老师的工作压力，也提高了学生自主、合作学习的能力。如 2008 年全省高中电脑动画比赛五个一等奖中，我校就有三个。获省一等奖第一名的电脑动画《我的课桌在哪里》的作者麦千慧、第二名《约定》的作者王德立及第四名《让希望之光重新燃起》的作者黄焕卿三位同学就是同一个电脑动画制作小组的，他们在实践中互相学习，互相帮助，各展所长，协作互补，共同进步，屡获佳绩。

6. 网络助学

信息化教育最根本的特征是教育信息资源的利用和信息技术特别是多媒体网络技术在教育教学中的应用，因此，网上资源与多媒体网络环境也是实施有效教学的重要条件。我围绕电脑作品创作的主题，引导学生在学习的过程中，不断收集、积累媒体素材，使每个学生都有自己的、分类齐全的、便于作品创作的多媒体素材库。同时我引导学生对获取的信息进行辩证分析，通过价值判断，剔除糟粕，然后，对有用信息进行深层挖掘，寻找其中隐含的价值和意义，去粗取精、去伪存真，满足作品创作需求。

基于网络的教学支撑平台，特别是基于 Web 的协作学习平台，为作品创作提供了交流、协作和项目（活动）管理工具。我将电脑作品评选活动的竞赛信息、上课通知等通过 BBS 公告告诉学生，学生将电脑作品发送到老师的电子邮箱接受老师批阅、获得指导，我通过 Email 和我创建的田家炳中学电脑制作 QQ 群、微信群与相关人员开展疑难讨论……各种交流活动使学生吸收智慧、激发灵感、解决疑难、拓展思维，进一步提高了教学质量。

四、思想的实现路径——"六学七步反刍"教学模式

经过长时间的实践，我带领我的团队探索出信息技术课堂教学与电脑制作活动深度融合的一系列教学策略、途径与方法，逐步构建出"六学七步反刍"教学模式。

"六学七步反刍"教学模式主要包含以下七个步骤：范例引入—技术分析—任务探究—学生演示—师生评析—反刍练习—作品赏析。"六学七步反刍"的思路来源于生物学，所谓"反刍"是某些动物把粗粗咀嚼后咽下去的食物返回嘴里细细咀嚼，然后再咽下，俗称为"倒嚼"，比喻对过去的事物反复地追忆、回味。"反刍教学法"是教师参照这类动物反刍原理，即"粗吞—细嚼—消化"原理，将所教内容设计成问题或任务，让学生按"粗吞—细嚼—消化"的步骤掌握应学的内容。教师根据教学内容引导学生粗吞，不断细嚼、消化，最终成为自己的知识，达到教学目标。

"六学七步反刍"教学模式建构图见图1。

第一步是"范例引入"，首先精选范例，引起学生学习的意向。要获得好的教学效果，教师首先需要激发学生的学习动机，当教学是在学生"想学"的心理基础上展开时，教学才能更有效，通过优秀的范例激趣，充分调动学生的学习积极性；然后通过"技术分析"，将范例的源文件进行解析，破除学生畏难情绪；再将任务细化为若干个小任务，安排学生进行"任务探究"，主动寻找解决问题的方法；在学生探究的基础上，进行"学生演示"，请先完成任务的学生分享经验；在观看同学演示操作的过程中，进行"师生评析"，观看演示的学生可质疑反思并提出自己的见解，教师有针对性地引导学生解决学习中的重难点问题；学生再根据自己的探究成果、同学分享的成功经验、教师的点拨，"反刍练习"所学知识技能，不断巩固内化所学，完成课堂学习任务；最后环节是展示学生的学习成果，进行"作品赏析"，学生在观看成果展示的过程中，再次反刍内化所学。通过"七步反刍"，学生较好地达成学习目标。

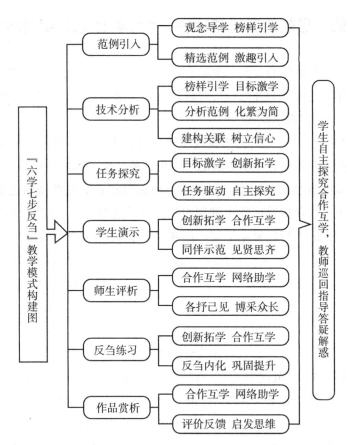

图1 "六学七步反刍"教学模式构建图

上图七个步骤在教学中依次展开，每一个步骤都是以教师为课堂的主导，学生为学习的主体。学生在多次反刍中从粗吞到细嚼再到消化，不断地在学习中获取知识，并反刍内化，转化为自己的学习感悟，能力得到提升，素养得到加强。

下面结合粤教版《多媒体技术》第四章第二节《图像处理》的课堂教学，对"六学七步反刍"教学模式的应用进行教学设计。

1. 范例引入

本节课中笔者选取的范例是高二年级曾景聪同学参加广东省中小学

电脑制作活动获省一等奖的电脑艺术设计作品《恋韶关》(图2)。这个以热爱家乡为主题的作品，主题鲜明，立意深厚，制作难度适中，不仅可以以这个范例引导学生学习 PS 软件，更能引导学生关注社会生活，热爱自己的家乡和亲人，做一个有爱的人。从学校学生的获奖作品中选取一些典型范例引入，学生会感到亲切，因为是身边同学的作品，所以能较好地激发学生的学习兴趣，起到"观念导学""榜样引学"的作用，调动学生"想学、乐学"的意识。

图 2　电脑艺术设计作品《恋韶关》

2. 技术分析

教师展示《恋韶关》作品的 PDF 源文件，让学生观察分析思考：该作品是怎样做出来的？教师与学生一起分析该作品的组成结构、创意及使用的技术，通过对作品的分析，化繁为简，破除学生的畏难情绪，让学生意识到获奖作品不过如此，他们自己也能完成，让学生跃跃欲试，起到"目标激学""榜样引学"的作用，为下一步学生的自主探究埋下伏笔，如图3所示。

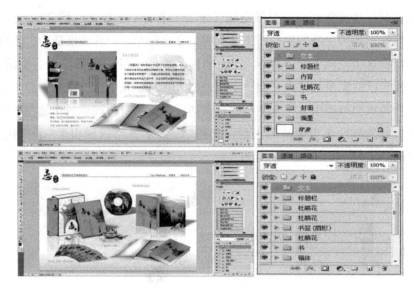

图 3 《恋韶关》作品的源文件

3. 任务探究

在完成以上技术分析后，教师将获奖作品的制作过程分成若干个小任务：背景制作、平面书籍装帧效果、立体书籍装帧效果、光盘制作、阴影效果、倒影效果等，把任务逐个布置给学生，适当地给学生尝试和探究的时间，鼓励学生另设作品主题开始任务探究，学生以小组为单位，分组讨论、合作互学、自主探究。在学生探究过程中，教师适时提问，同时也鼓励学生提出问题，引发学生进一步的思考，形成学生自己发现问题、自己解决问题的良好课堂氛围。通过教师第二步的"技术分析"，大部分学生在已有知识技能基础上，能顺利完成"任务探究"这一任务。在学生进行任务探究的过程中，教师通过巡回指导，了解和掌握学生探究过程中出现的问题，对学生在学习过程中普遍存在的难点问题做到心中有数。在后续教学过程中教师可以有针对性地予以重点讲解，从而顺利突破教学重点和难点。"目标激学""创新拓学"等措施在不知不觉中发挥着作用。

4. 学生演示

教师通过观察学生探究过程的表现，选取学生代表展示讲解自己的制作过程，通过学生代表的讲解展示，已完成任务的学生能学习到解决问题的不同方法，没有完成任务的学生对学习内容也可以加深认识，随后解决问题。"榜样引学""目标激学""合作互学"等措施促使学生自己教自己的学习模式在课堂教学中得以形成。

5. 师生评析

在学生演示过程中，先由其他学生点评，教师再适当点拨，补充学生没有讲到的内容，重点讲解在学生探究过程中遇到的共性问题，纠正理解错误的内容，以扩展学生知识，加深学生理解。在这一步中教师还可以与学生一起讨论如何使作品更完善，和学生一起探讨作品的优缺点，提出改进方案，给学生思考的余地、拓展的空间，使学生在创作中既有模仿，又有超越，保持"我也能做参赛作品，我能做得更好"的学习激情。

6. 反刍练习

通过之前的学生演示、师生评析，学生已经基本掌握了作品的制作方法，内化为自己的学习感悟，老师应给学生再次修改完善作品的时间，使基础好的学生和基础差的学生都有发挥潜能的时间和空间，使学生的实践能力和解决问题能力得到提高，很好地落实分层教学，达到"创新拓学"的目的。

7. 作品赏析

在完成学习任务的同时，学生也创作出了自己的作品。在下课前，通过网络收集学生作品，并利用学生生成的课堂资源，选取有代表性作品，通过学生评价、小组评价、教师评价等多元评价方式，及时反馈学生作品情况，让学生了解自己作品的优点和不足，以进一步提高学生的创作能力和艺术鉴赏力，达到"网络助学""创新拓学"的目的。

五、思想的意义与价值

田家炳中学从 2003 年开始组织学生参加各级中小学电脑制作活动，并不断进行各种教学改革实验，从 2006 年开始尝试将"电脑制作活动与信息技术课堂教学结合"，到 2009 年的"有机整合"，到 2012 年的"深度融合"，在十多年的教改实践中，逐步形成"六学七步反刍"教学模式，到 2016 年逐渐完善成"六学七步反刍"教学模式，取得了丰硕的成果，其应用成效通过实践得到了检验。

1. 促进教师专业化发展

因为肩负着把每一个学生都培养成电脑作品的创作高手，为更好地履行职责，教师需要不断学习，不断实践，不断研究，不断充电，不断提高自身的专业水平和综合素养。

2009 年我建立了粤北第一家以教师命名的工作室——朱静萍工作室，此后还承担了韶关市教师教育技术培训执行机构主任及韶关市中小学电脑制作活动基地负责人的重任。2013 年工作室升级为韶关市首批教师工作室，2017 年获评为广东省名教师工作室。秉承"骨干教师成长的摇篮，学生素质教育的基地"职责，工作室对教师专业化发展和实施素质教育起到较好的示范、带头、引领和辐射作用，为建构健康的信息文化，落实素质教育，推进教育信息化的发展做出了杰出的贡献，被誉为"韶关信息技术教育的一张名片"。

工作室所有教师每年人均继续教育学时均超过 120 学时以上，近五年，教师参与的学习培训学时超过一千学时；主持了两项省级课题和十项市级课题，两次获市级教研成果奖，参编粤教版教材。工作室在教学教研中共获奖 40 多项，撰写的 15 篇论文分别获省市一、二等奖；9 个课件获得市级以上奖项，《中学生上网小学堂》获全国暨省市一等奖；教学案例《用 PS 制作古典竹简画》获全国一等奖；教学设计 10 次获省市奖励；承担各类公开课 30 多节。在学科竞赛指导工作中，指导学生参加中华骨髓库海报动画大赛、电脑制作活动、信息学奥林匹克、电脑机器人等学科竞赛，获国家级奖 50 多项，获省级奖 400 多项，获市级奖 2000 多项。工作室 10 人次获省电脑制作活动组委会表彰，20 人次获市优秀指导教师称号，还有 8 人次被评为市信息学优秀辅导教师。

工作室近年共承担国家、省、市各类教师培训工作 60 多期，指导青年教师参加全国及省市各类比赛获奖 50 多项，开设教育教学专题讲座近百场，面授培训骨干教师三千多人次，网络培训学科教师近三万名。工作室曾两次获英特尔未来教育项目优秀培训者奖（全国），五次被评为广东省教师教育技术培训优秀网络督学，两次获广东省英特尔PBA 项目优秀督学导师等 30 多项荣誉称号。

2. 促进学生全面发展

在"人人可教，皆可成才"这一教学思想的引领下，我们不仅很好地促进信息技术课堂教学的有效开展，顺利达成教学目标（学生在每一年的考核中，合格率在99%以上，优秀率76%以上），而且取得了意想不到的教学效益：许多学生都能运用信息技术课与电脑作品评选活动中所学知识，触类旁通地自主解决问题：自编自导动画片、制作电子贺卡、动画 MTV、各学科研究性课题的课件、个人网页，制作学生会网页，校园文学社期刊，帮助其他科任老师制作上课课件、设计论文版式、为班级设计班徽、制作班会课的课件……在 2003 年第四届至 2019年第二十届全国电脑制作活动中，田家炳中学学生个个都参与，人人有作品。自 2007 年韶关市举办"校讯通"杯电脑制作评比活动以来，田家炳中学每一届参与活动的学生都超过一千人，参与人数逐年上升，有2606 件作品获市级以上奖项，团体总分连续 12 年在韶关市名列榜首，田家炳中学 12 次获韶关市优秀组织单位；2003 至 2019 年共获国家奖45 项，省奖 425 项（其中省一等奖 78 项），在广东省名列前茅，我校连续五年荣获广东省优秀组织单位，是欠发达地区唯一的一所学校。

我们的学生不仅在校借助信息技术快乐学习快乐成长，在离开学校后，信息技术也成为他们学习生活工作的好助手。他们在离开学校多年后，还恋恋不舍想回到中学校园参加电脑制作活动，认为"电脑制作是一个很有益的活动，它不仅仅是让我们完成一件作品，拿到一个奖励，更重要的是它锻炼了我们的能力与毅力，学到的不仅仅是本领，更多的是意志力，还有很多很多无法言语又重要的东西"。"电脑制作活动对我影响最深刻的是明白了只有努力就有收获。朱老师不停地给我们鼓励和支持，使得完全不会做动画的我，在高中阶段竟然完成了两部动画，这真的是非常大的收获。电脑制作活动不仅仅锻炼了我的毅力，也使我收获了一段与同学和老师非常深厚的感情。有了电脑制作活动的基础，大学里在同学们还在学习软件的时候我已经可以自由地创作了，并且经过 4 年专业的学习，和优秀的同学和海内外学子的交流以及老师们的帮助，我已经由一名门外汉变为了专业的动画人，参与制作的动画达 8 部多，独立动画短片屡次获奖，如：毕业设计《异乘记》获第十三届北京电影学院动画学院奖最佳新人奖提名；为联合国教科文组织制作的《Encore》作为中国北京国际大学生动画节开幕短片；《Stargazer》获中国国际青少年动漫与新媒体大赛二等奖。可以说，正是当初选择参加电脑制作活动才会有现在的收获。如今的我，已经参加工作了，在从事主题公园的美术设计工作。虽然高中时代与小伙伴们一起熬夜做动画的时光已经远去，但是那份坚持和执着仍然影响着我、鞭笞着我，告诉我不管做什么，只有肯坚持，下苦功，一定可以成功的。"这是某位同学毕业后写给我的信中的部分内容。

在"人人可教，皆可成才"这一教学思想的引领下，"六学七步反刍"教学模式形成并逐步完善，此模式以新课程标准为依据，运用先进的教育教学理论指导教育实践，以培养"全面发展的人"为核心，探寻教育规律，将课堂教学和学科竞赛深度融合，适应新课标下的教育新变革，生成了丰富的教育教学资源，其中大多数案例选自本校学生竞赛获奖作品，原创性高、亲和力强、适用性好，面向全体学生，深受师生的欢迎，教学效果显著，为学生的奇思妙想插上翅膀。"人人都参与，个个有作品"，较好地促进了学生核心素养和学科核心素养的形成，让学生在勤奋读书努力学习的间隙，也有了张扬个性的天地，为学生的后续发展奠定了扎实的基础，成就了一个个学生的美丽梦想，也成就了授课教师的美丽梦想——成为一个有作为的老师！让工作室的老师们在教书育人中享受成功的喜悦！

事理与境界

——对中学历史课程价值的一点思考

广东实验中学　　陈岸春

一、学科教学的价值定位——关于"我"与"我们"的思考

(一)对史学价值的思考

历史学是什么？史学的存在意义是什么？

人们常说的历史指的是人类社会史，任何人类历史的第一个前提无疑是有生命的个人的存在。如果把人类的历史比作是一部情节曲折、跌宕起伏的长剧，人就是剧中人物和剧作者。于是"历史的专门性研究，就是历史学，简称为史学，也可以称之为历史科学，它不仅包括历史本身，还应该包括在历史事实的基础上研究和总结历史发展的规律，以及总结研究历史的方法和理论"。

要说历史学科的价值在哪里？我想其实就是要搞清楚，为什么我们需要"历史"。

我们不妨大方地承认，史学似乎真的不实用，没办法直接创造经济效益或社会效益。但是"若不是从'实用'，而是从'史学对人类生活是否有意义'这一角度提问，那么还有另一些回答。史学是许许多多学问中的一种，它也跟各种学问一样，使我们聪明，给我们快乐。史学提供一种特有的训练，我们从一些看似枯燥艰涩的东西开始，逐渐去领会一

种学术境界，去掌握一种求真的技能，去积累一种贯通今古的智慧，去培养一种对人类命运的关怀。那理性和良知的训练，才是使人终身受益的东西，也是我们的校园为什么会成为'精神家园'的东西。"

历史对我们来讲就是这样的纽带，把过去现在和未来连接在一起，把一个个孤立的人连结在一起，它告诉我们：我们从哪里来，现在在哪里，为什么我们在这里，将来我们要去往何方。虽然它似乎看不见摸不着，但正因为它的存在，才让"我"成为"我"，"我们"成为"我们"。历史学科的价值就是要尽可能追求真实，不仅仅是对真相的追求，还有就是对过去做出尽可能合理有意义的叙述和解释，让历史的这种纽带作用真正发挥出来。

(二)对中学历史课程价值的思考

中学历史课程的价值，应该也在于帮助学生找到自我，找到自己情感的归宿、精神的家园，帮助一个群体形成共同的记忆。这个群体可能是一个班级一个学校，一个区域内的人群，一个国家，一个族群，进而是人类命运共同体。没有历史教育，就无法想象一个群体，一个社会能够形对过去的共同记忆，也很难想象一个群体，一个社会有足够的具备合格素质的成员存在。

中学历史教学与历史研究相比，二者既有联系，又有明显的区别。一方面，中学历史学科教学必须遵循历史研究的基本原则和重要方法，人、事、理同样是历史教学活动中不可或缺的内容。另一方面，由于历史学科教学的对象、任务与性质，中学历史教学更加倾向于"历史运用"。中学历史教育要解决的主要问题是：如何运用历史研究的方法和成果达到历史教育的目的？具体来说，就是在尊重历史的前提下，不以专业标准苛求学生，充分尊重学习主体的发展要求，选择最合适、最重要的内容进行研习。相对而言，高中历史课程关注的是"人"的发展而非学科的发展，关注的是现实与未来，而非过去，关注的是运用而非研究。

具体来说，中学历史课程的基础是历史学科研究的成果，背景是国家、民族和时代的需要，核心是"人"的发展，其价值在于帮助学生将

"正确的思想导向和价值判断融入对历史的叙述和评判中"，增强历史使命感和对国家民族的认同，"形成实事求是的科学态度和正确的世界观、人生观、价值观"。

二、高中历史课程价值实现的基本表现

如前所述，高中历史课程的基础是历史学科研究的成果，背景是国家、民族和时代的需要，核心是"人"的发展。学生在通达事理人情的过程中，内化外显，知行合一，实现自我提升，由"自然境界""功利境界"升华到"道德境界""天地境界"，高中历史教学的价值才可以说得以实现。我认为，教学价值实现的具体表现有以下几个方面。

一是明辨。所谓"明辨"，基本的要求是能够分清史论与史实，清楚历史叙述的主客观统一性。历史具有主客二重性，即历史既是人类社会经历过的客观存在的过程，又是人们通过口耳相传或是文本等形式记录或描述的结果。在这个过程中，记录者或描述者的主观性便有意无意渗透其中。"说什么"和"怎么说"是两个重要的问题。客观存在的历史和史家撰写的历史并不是截然对立的。客观存在的人类历史是历史记录与描述的对象和依据，同时它也依靠这些记录呈现在人们面前。"但一般说来，由于各种原因，人们撰写的历史是一个不断接近历史真实的过程。""一切历史叙述本质上都是一种历史解释，不同的解释的一个重要原因，是人们对同一事物的理解不同。因此人们不断地研究客观存在的历史和前人撰写的历史，希望更加接近历史的真实。"

辨别什么是史实，什么是史论，这本身也包含着求真的一面。历史叙述本身具有主客观一致性的特征。如果问："五四运动是什么?"大家往往张口就来："五四运动是中国新民主主义革命的开端。"而不是说这是发生在什么时候的什么事情。当然，对于五四运动这个判断，是毫无疑问，反映了历史发展的趋势。但是，比起记住一个观点，甚至把观点等同于事实，理解观点显然更重要。这与下一个词"说理"有着密切的关系。分得清事实与观点是个重要的前提，否则，就容易用一种观念性情绪性的东西去代替事实上的论述，用观点解释观点。

二是说理。说理是希望学生要形成说理的观念和能力，首先是要讲道理，然后是要掌握说理的方法。亚里士多德说过，说理的方法有三个要素——逻辑、人格、情感。第一是逻辑，说理时，逻辑思维的重要性不言而喻。但是在我们的现实生活中，有许多不讲逻辑的现象。中国古代的学术观点运用很多比喻论证，比如《孟子》里的"鱼我所欲也，熊掌亦我所欲也；二者不可得兼，舍鱼而取熊掌者也"。他用这句话来比喻舍生取义，但是在比喻之余，是不是真的就能说明这个问题，是不是真的有逻辑，就值得我们思考了。其实，这个判断已经有一个预设在里面。第二是人格，说理时，听者对说理者是否信任很重要。如果一个人对另外一个人处于不信任的状态，道理是根本说不通的。第三是情感，说理时要学会建立彼此情绪上的联结，达成情感共鸣，人们不会对与自己无关的事情感兴趣。所以，教师讲课的过程就是说理的过程，一定要有思辨的逻辑，与学生建立信任关系，与学生沟通、交流，如此，不仅有利于历史教学，对个人的发展、社会的和谐都有很重要的作用。

三是生趣。一方面，历史本身是非常生动的，我们的历史课堂，可以让学生感受到历史的厚重、人生的丰富多彩，得到乐趣。只是，在有限的时间、有限的教材内容局限下，老师如何生动地展现历史，并且把生动性和思辨性结合起来，针对不同年龄、学段的学生，怎样教学才能让课堂变得更有生趣，这是值得研究探讨的。另一方面，在学习历史的过程中，如果引导学生通过这些认识、思辨，能够感受到自己对事物、对人生认知的提升，这应该是更大的乐趣，也即成长的乐趣。

四是境界。通过历史学科的学习，形成一种符合个人发展与时代进步的心理认同和集体记忆，使"我"真正成为"我"，"我们"成为"我们"。境界，讲的是作为"人"的一种升华。如果停留在一种功利的状态，那将是一种失败。按当今时代的要求表述就是，成为社会主义事业优秀的接班人和合格的建设者。

明辨、说理、生趣、境界，其实说白了，就是通达人情与事理。

三、"人情事理"是高中历史课程价值实现的基本途径

"人情事理"是一种前提，学生的情感及发展要求是课程实施的出发点；"人情事理"也是内容，历史是过去的人和事情，是过去的人情百态、事理逻辑；"人情事理"还是手段，帮助学生运用人情事理去理解去思考，才能与他人对话，与历史对话。

高中历史教学的过程是一场对话，在这场对话中，教师和学生一同在宏大的时空（三类时空）之中，用"人"（四个主体——历史当事人、历史评述者、教师、学生）的眼光，以人之常情，事之常理（运用史料、史观与历史方法），审视"我"与时代、社会和过去的关系，同时逐渐帮助一个个"我"通过共同记忆而真正变成一个可以称为"我们"的群体。

对话的主要场所首先是中学历史课堂的当下，同时又必须扩展和交错着另外两个更为庞大的时空——历史当事人所在的时空、历史评述者所在的时空。在这场对话中，历史材料成为沟通和交流的基本介质。

这种对话是一种形式上的对话，更重要的也是实质上的，则是一种思想的对话，情感的交流。老师既帮助学生思考问题，又可以通过对话呈现自己思考问题的过程，推动学生不断地发现问题、思考问题，进而解决问题。

人之常情与事之常理应是让这场对话"真正"发生的两个支点。教师与学生都不是专业的研究者，其能力和目的都决定了这场对话不是学科研究层面的对话，而是侧重于历史运用层面的对话。因此在对话中一方面要坚持历史学科的观点与方法，另一方面也要关注学生的兴趣、目的和已有的知识、经验与能力，于是人情事理便成为重要的课程价值实现的途径。

在这样的对话中运用"人情事理"，可以通过两种形式推进对话的进行及思维的发展。一是在教学过程中顺水推舟；二是观察"反常"现象，突破经验和认知局限，提升认知水平。

所谓在教学过程中顺水推舟，指的是教学内容中的历史现象，与学

生的生活体验和已有认知密切相关，合乎常情常理，以现有认知为出发点，顺势而为，帮助学生进一步提升认知水平。例如，当代中国正处在不断深化改革、扩大开放的时代，学生充分体验着改革开放所带来的成果，普遍认可对外开放的政策。在学习"现代中国对外开放格局的初步形成"这一内容的时候，可以把"1978 年中国领导人对开放的态度"作为增强历史理解、形成历史解释的切入点，通过补充学习材料帮助学生回到历史时空中，以常情常理去感受和理解，进而认识到做出这一决策的不易与伟大。

在这个学习过程中，教师一方面充分观照了学生已有的知识能力水平和生活经验，另一方面又强调结合材料和所学知识回到 1978 年那个特定的历史年代去理解人们的所思所想所为。由于"人情事理"的共通，学生很容易融入历史情境中，感受和理解中国领导人做出对外开放决策时的复杂心态。

另一方面，在历史长河中，总有一些人、事超出一般人的生活体验和认知，看似"非常情非常理"。我们可以引导学生去观察和发现学习内容中看似违背"常情常理"的"反经验"现象，并尝试理解这些看似"反常"的现象，进而形成历史的解释，使之"合情入理"。在学习辛亥革命的过程中，林觉民写给妻子的诀别信《与妻书》往往会被用作教学素材。在这封信中，林觉民就说了一个看似"荒谬"十分"反常"的观点："吾至爱汝，即此爱汝一念，使吾勇于就死也。"当我们把这个观点置于那个时代的时候，我们才能明白他所说的"正因为深深懂得爱，所以才勇于抛妻弃子去牺牲的推己及人的逻辑、舍己为人的高尚情怀。在那样的时代，有许多如林觉民一般的"中国脊梁"，实际上已经是社会精英和既得利益者，有选择如何更好地生活的能力，但是却为了他人、为了民族、为了未来，舍弃自己的安逸生活乃至生命，我们以这个"非常理"去看待这些人与事，我们才能真正感受到这些奋斗者所留给我们的宝贵财富。

人之为人，在于人是情感与理性的联合体；人类社会之为人类社会，在于它是人们依靠一般规则与共同记忆形成的共同体。"读古人书须设身处地一想，论天下事要揆情度理三思"，中学历史课程可以也应该帮助青少年通达事理人情，了解过去，审视当下，着眼未来，形成实事求是的科学态度和正确的世界观、人生观、价值观，内化外显，知行合一，实现"人"的境界升华。

通达历史　通达人生

汕头市聿怀中学　陈　穗

　　从教 20 多年，虽然生性驽钝，但我也一直怀着年少时的梦想，追寻自己的教育理想。2015 年我有幸被选拔成为广东省中小学新一轮"百千万人才培养工程"高中文科名教师培养对象，在整个项目学习中聆听专家的专题讲座，在研修中与优秀同仁进行讨论，又幸得张向阳教授和魏恤民老师的指导，这些促使我进一步反思自己的教学实践，追问自己的教学主张，审视自己的教学风格，凝练自己的教学思想，明确了"通达历史，通达人生"的历史教学追求。通达历史，既包含行动，又是教学的价值目标所在。通达，即在历史教学中，引导学生通古达今，通情达理，成为通达之人，拥有智慧人生。

一、源起：来自课堂内外的思考

1. 古装剧带来的挑战

　　从 20 世纪 90 年代历史剧再次繁荣，到当代各种古装剧的流行，影视创作者用历史上的真人，构建自己想讲的故事。比如，围绕雍正皇帝，就有十几部比较有影响力的影视剧作品，虚构为主的《甄嬛传》《宫锁心玉》《宫锁珠帘》《步步惊心》等，也有历史正剧《雍正王朝》。这些古装剧有精品，也有粗制滥造者。这一情况这也促使相关行业的人对于古装剧、历史剧的质疑和反思。这些古装剧充斥银屏，对中学历史教学提出挑战。一方面，是这些剧存在一些明显的历史性错误。《美人天下》的时间是西汉初年，剧中却出现了公元前后才传入中国的佛教；类似于《铁齿铜牙纪晓岚》字幕将"嘉靖"写成"嘉静"的字幕错误更是常见；服装道具、历史专用词是很多演绎各个历史时代的古装言情剧的硬伤。这些剧大量出现，难免会让一些人以为历史就是这样，会使学生对历史的认知产生混乱。另一方面，是这些古装剧、历史剧的价值取向，导致学生对历史人物和事件评价上出现新问题。比如多部古装剧着力塑造雍正帝是个情种。比如《走向共和》上演之后，人们讨论"李鸿章是卖国贼还是爱国者？""翁同龢被丑化了吗？"等问题。①

当然，古装剧毕竟是影视作品，并不能要求其承担历史教育的功能，我们也不能用历史纪录片的标准去要求古装剧。如果孩子们看了这些古装剧、历史剧，真的对历史感兴趣，对一些既定的结论产生了质疑，找书本去探究自己喜欢的历史话题，那也不算是一件坏事。但无论是古装剧、历史剧里的历史错误，还是其传达出的新的观念，都对我们的历史教学提出了挑战。

2. 对网络暴力的思考

当今社会，互联网对人们的现实生活影响越来越大，它深刻地改变着人们的生活、工作方式。一方面，网络为人们提供更便捷的资讯，以及更广阔的交流平台，而另一方面，垃圾信息泛滥，网络暴力不断。一些人在网络上肆意对他人进行恶毒的言语攻击，甚至人肉他人，给当事人生活造成严重干扰。就如 2018 年 8 月发生在四川德阳安医生身上的事情一样，由于男孩家人无理取闹和网络媒体传播后网民的过激行为（人肉安医生夫妻，谩骂、骚扰），安医生不堪压力，选择自杀。自杀之后，男孩子的行为又被曝光，再开始了一轮对男孩子及其家长的口诛笔伐、网络暴力。类似的事情似乎每天都有，只是程度不同而已。这部分问题自然有法律、道德、社会等诸多问题急需解决，但每每看到一些人，尤其是一些学生以善良、正义之名，以片段信息，随意谩骂和攻击他人时，我如芒在背。在这个人人都是传播主体和对象的时代，历史教

---

① 赵建新. 对当前历史题材电视剧批评的反思[J]. 剧作家，2010(11).

学可以做什么，我在历史教学中如何促进学生信息素养的提升，成为理性、善思、宽容之人，都是值得思考的问题。

3. 教学实践中的困境

十多年前，在《辛亥革命》一课的教学中，我根据学情调查，就学生感兴趣的"袁世凯夺取革命果实"的问题，设置了"在 1912 年，处在孙中山的位置，如果是你，你会把革命党人苦心斗争得来的政权交给袁世凯吗？为什么?"的讨论问题。我意在让学生回到当时的历史情境下，理解"孙中山让位，袁世凯取得政权"的复杂原因。

在讨论中，"孙中山作为资产阶级代表具有软弱性、妥协性，要是我，就不会让"成了让人深思的一类回答。这类回答表明学生在思考问题时，出现了"我"与"孙中山"的角色分离，讨论重点已转为对孙中山做法的评判上。老师继续追问"为什么资产阶级具有软弱性"，学生说，记得以前老师说"资产阶级软弱性"是民族资本主义产生于半殖民地半封建社会的条件下"先天不足，后天畸形"的结果。我说，有道理，但就我们讨论的问题，大家还可以寻找更多史料，了解多一些历史的细节，并在此基础上，形成自己的思考和判断。

在历史学习中，分析阶级、阶层进行历史解释的思路方法有着重要的价值。但如果教师在教学中只用这一个角度进行历史解释形成历史认识的话，会出现什么问题呢？首先，学生在历史学习上容易形成思维定势。从学生的情况来看，遇到问题就机械照搬这一理论方法，以为这是解决问题的不二之法；或者对其产生一种本能的怀疑甚至反感。其次，学生的个人成长也会受到影响。"他的本质特征决定了一切"，是否就隐含着"一切努力是徒劳"的宿命论；"我不是他"，于是可能会产生"是我就不会这样"的虚妄的优越感；忽视事情的前因后果，即使对一些认识有疑惑，也常陷入没有深思的揣测和少年义气，遇事缺少与他人的共情。这样培养出的人才难道会是不盲从、逆反而是具有独立人格的人，不盲目自大而谦逊理性的人，不世故圆滑而是求真务实的人吗？这让我深深地陷入思考，怎样的历史教学才能促进学生全面地认识历史、增长智慧呢？

法国史学家马克·布洛赫说，"将一个人，一个党派或一个时代的相对标准加以绝对化"是"多么荒唐"，并指出"由于习惯于判决，就对解释失去兴趣"。① 我认为，在历史教育中，只有本着理解的立场和态度，才能帮助学生深入到一个时代中去，综合各种影响当事人的因素去考量，这意味着尊重事实，有利于学生了解真正的历史；只有理解，在还原历史的过程中才更有利于促进学生掌握好论从史出等历史学习和研究方法并进而做出评判；只有理解，在了解史实的过程中，才能使学生以人为本地思考问题，增长人生阅历和智慧，并得以多元发展。尝试用同理心去理解他人，这种换位思考的方式有利于促进学生人文精神的发展；细致复原历史的过程又有利于培养学生求真求实的理性精神。

4. 新课程改革的要求

2014 年 3 月，教育部印发的《关于全面深化课程改革，落实立德树人根本任务的意见》首次在国内使用"核心素养"概念，指出"教育部将组织研究提出各学段学生发展核心素养体系，明确学生应具备的适应终身发展和社会发展需要的必备品格和关键能力"。核心素养成为适应全球化、信息化时代和竞争日益加剧的社会的人才培养目标。这意味着，各学科教学不能单纯地从本学科角度来理解学科教育，而必须从人的素养提升的角度来理解，这种转变将推动学科教育发生重大改变。

落实核心素养培养目标还有赖于各学科课程的实施。经过几年的研讨修订，2017 年版的《普通高中历史课程标准》出台，最终以"唯物史观、时空观念、史料实证、历史解释和家国情怀"为历史学科的五大核心素养。如何在教学中落实立德树人、实现核心素养的培养目标，促使我进一步思考。

---

① ［法］马克·布洛赫. 为历史学辩护［M］. 张和声，程郁，译. 北京：中国人民大学出版社，2006.

二、探索：在实践和研修中成长

1. "情化"的课堂实践，奠定"通达历史"的人文底色

用"情化"一词，是受齐健老师影响。他指出情感的过程就是通过内心的体验来反映客体与人需要之间的关系。① 情化，正是实现情感调节功能、动力功能、强化功能、感染功能、迁移功能和信号功能的过程和结果。我认为，历史教学中的"情化"旨在教学中实现一种转变，寓情于史，并挖掘历史教学的情感资源，实现知识、方法和情感教育的三维目标。"情化"关注学生的态度、情绪、情感以及信念，在教学中，突出情感目标与知识、过程目标的交融和统一，对人的心理产生正向的推动。因此，其对提高教学活动的有效性，促进学生的学习、个性发展以及健康成长具有积极作用。教学实践中，我主要进行了以下尝试。

（1）用"爱"和"理"，创设情化的教学环境

每个人都渴望被关注和尊重，因此，我以信任、微笑来铺垫自己的课堂，发自内心地爱学生，让课堂散发着自由和民主的气息，营造宽容和谐的氛围。真正的人文精神从来都浸透着理性的光芒，绝不会是盲从，人云亦云。所以，即使是作为中学教师，也应有创造、批判和社会关怀的大学精神，以自己的独立思考精神去渲染课堂，感染学生；引导学生从所学的历史中感受思想，学会思考，走进历史，发展理性。

（2）史论结合，找准情化的历史依托

历史的"情"与其他学科有共通之处，但也有自身的规律，教师在教学中要为历史注"情"，就是遵循历史认识的基本方法，从历史教学内容中发掘"情"，进而使学生发现自己内在的情，产生共鸣，实现目标。而历史的"情"来自历史的资源。①挖掘历史人物经历和语言，让历史鲜活起来，促使学生在心底产生情感上的共鸣。②认识历史事件的发展变化。历史的前进与曲折、继承与发展、前因后果等，呈现出历史

---

① http://www.lsqn.cn/teach/JIAOAN/200703/53889_2.html.

发展的规律。对这些规律教师也可以用来引导学生正确认识自己面临的顺境和逆境，分析因果，寻找人生智慧。③对历史认识进行反思。历史是思辨的学科，很多东西没有办法像自然科学那样得到完全的认可和单一的结论，而这也为历史注入灵动的色彩，抓住这样的资源，适时探讨，同样能发现"情"，通"情"而达"理"。

(3)活化方法，促进情化的有效实现

①"我"替换"你"，引起共鸣。用"我"的感受来感染学生，用"我们"来共同探讨和理解历史，相信这样比说教用的"你们要……"要更容易被学生接受，师生的距离也会被拉近，教学目标则更容易达成。②情境换位，批判理解。教师可以用历史假设的讨论法或是戏剧再现的表演法，在换位思考中，学生会发现历史事实的确不能改变，理解角度却可以多元。学生在换位思考中理解历史，在理解的基础上进行批判，这种反思和批判能潜移默化影响学生的生活，使学生对他人多了份理解和宽容。③美化语言，深入感受。在准确表达历史事实的同时，老师可以提升自己文字表达能力和文字的情感色彩，这有利于学生加深对历史的认识且产生共鸣。

(4)拓展延伸，促进情化的自觉意识

教师还可延伸至小结、作业等环节，全方位地推动学生情感内化；也可充分挖掘地方地理和人文资源，将课堂延伸，走出教室，走向社会，提高学生学习能力和深化对地方历史、对人生的认识。

2. "探究"的教学研修，促成"通达历史"的内涵初成

(1)一次公开课的反思

2013 年 12 月，我临时接替一位老师上市级公开课，主讲高三复习课《新文化运动》，我按照平时上课的习惯，结合备考需要和情化目标，对教材内容作了调整。教学立意的高度、知识的广度、教学的深度、备考的力度等都得到听课老师的高度赞扬。但一位老师私下交流的一段话，引起我的思考。她肯定了我的课，称赞备考意识强、语言流畅，但她建议，可以再放慢一些节奏，进一步关注学生的学习活动和思维动态。认真反思课堂效果，我也发现自己的课堂虽立意较高，但掌控太

强，留给学生的思维空间不足，在尊重学生的个性差异，了解学生真实的想法方面还不足。基于这样的反思，我重构了《新文化运动》一课的教学设计，撰写成教学论文《基于批判性思维培养的教学设计及理路分析》并发表在《中学历史教学参考》(2014 年第 7 期)上。在追求人的发展的历史教学价值前提下，我的教学重点也从原来强调历史"情化"、历史感知、历史理解，逐渐深入到历史思维的培养方面，帮助学生更好地进行历史解释，形成自己对于历史的认识。

(2)两个课题的推动

2014 年，我市历史教研室承担的《高中历史教学模式研究——基于新课程观下的高中历史教学模式探索》即将结题。因我所带的研究小组承担了其中的子课题，主要探索"学生探究—教师引导""学生自学—教师辅控"两种操作模式在历史教学中的应用方法和规律等问题，在结题时，我梳理四年的研究与实践，在如何培养学生的历史理解力，提升共情能力上又有了一定积累和思考。特别是在以增强史学意识为目标的"引导—探究"教学研究实践中，我进一步关注与史学研究密切相关的多元意识、求实意识和历史意识等，这些观点使我有新的收获。比如：针对同一事件或人物渗透多元意识，可以关注以下三个"不同"的挖掘。①观照运用不同的多元的史观对该事件进行历史解读分析。②选取当时不同立场的人对该事的记录材料和评价进行解读分析。③选取不同时代的人对该事件的记录和评价进行解读分析。通过对这三个"不同"资料的挖掘，拓展了历史事件的宽度和长度，拓展了课的深度和高度，提高了学生的历史理解、历史解释能力和思维质量，增强其多元意识。

2016 年，在新课程标准酝酿的过程中，"核心素养"成为高频词，成为教学研究的热点。于是，我申请了专项课题《高中历史教学中培养学生时空观念的实践研究》，并于 10 月份正式立项。在研究中我们越来越体会到，关注培养学生的时空观念等素养，帮助学生经常对历史事件和人物进行时空定位，理解政治、经济、思想文化的联系，有利于学生从宏观上掌握必备知识和完善知识体系，把握历史演进，还原历史，形成大历史观；有利于帮助学生突破狭隘的片段的认识，打破机械记忆的局限，分析事件与其他事件及环境的相互关系，从而发展历史学科关键能力；有利于学生基于科学思维作出正确全面的认知、理解、判断或抉择，形成正确的价值观和必备品格，适应个人终身发展和社会发展的需要。这个课题研究过程也是教师个人专业不断成长的过程。2018 年我不仅顺利结题，还参与了由华南师范大学黄牧航教授主编的《时空观念的教学设计与学业评价》(历史教育"新师范"建设丛书)的工作，担任本册副主编，并撰写了第四章的内容。课题研究和论著的编撰，促使我最终确立"通达历史"的教学思想追求，追求通达智慧的人生。

三、构建：实现通达历史的策略

我所追求的通达历史：第一层，通古达今。帮助学生理解史事的前因后果、发展变化、前生今世，对现实多一份判断。第二层，通情达理。在探究和对话的过程中，让学生具有同理心，进入到历史情境下，理解历史人物的处境和选择，对问题形成自己的理解和解释，并能理性地看待。第三层，通人达士。在历史学习中，拓展学生的视野，努力成为热爱学习学识渊博的人，成为具有独立思考精神，在流言蜚语中能保持清醒、见识高超的智慧之人。

在追寻"通达历史"过程中，教师需重新定位课堂中学生的位置，探索提高学生历史理解能力、思维能力和增强历史意识、历史感悟的方法和途径。这要求教师遵循教学常识，在教材的基础上，对教学资源进行选择和重构，以通古达今、通情达理。

1. 创设历史情境，唤起学生主体意识，"神"入历史

教学中死板的叙述和提问，显然难以起到调动学生积极学习和思考的效果。在用温和的态度来创造和谐氛围的同时，设计"好"的新情境，唤起学生主体意识，"神"入历史也非常重要。2017 年新课程标准提出，学业水平考试的主要原则之一是"要以新情境下的问题解决为重心"。这要求教师在培养学生时空观念素养时，同样要关注新情境的创设和问题的解决。

比如在《古罗马的政制与法律》一课的设计中，我创设"假如让你以

古罗马城为背景，设计一款探险游戏，图上哪些地方可以设计作为玩家的对战地点呢?"(图片上呈现了多幅古罗马和古希腊的著名地点)的问题情境，以此激趣。我还用钱乘旦在《西方那一块土》里的一段话，即："罗马人非常推崇希腊文化，全心全意地拥抱希腊文化，甚至连希腊的神话也全数接收下来，只是改变了神的名字……在艺术方面，罗马人对希腊作品进行拙劣的模仿，包括绘画、雕塑都是如此……但罗马仍然有许多自己的创造……"借此帮助学生了解古希腊、罗马的关系，进行课程的学习。

2. 调动相关史料，帮助学生多维体验，沉浸历史

发生在过去的历史，对于学生来讲，存在着天然上的时空距离和陌生感，这就需要老师搭建史料平台，引导学生将具体的史事定位到特定的时空框架之下，多维地体验，进而理解历史和解释历史。

比如在指导课题组成员进行《秦朝中央集权制度的建立》一课的教学设计时，我建议他们提供多个维度的史料和地图，帮助学生至少从三个层面去体会制度确立的原因。第一，对史事进行时空定位。理解黄仁宇在《中国大历史》中所说"易于耕种的纤细黄土、能带来丰沛雨量的季候风和时而润泽大地、时而泛滥成灾的黄河，是影响中国命运的三大因素。它们直接或间接地促使中国要采取中央集权式的、农业形态的官僚体系"。借此帮助学生理解地理环境对于秦朝在全国建立中央集权制度的影响。第二，对史事的社会进行时空定位，引导学生分析秦朝确立中央集权制度与当时的经济、政治、思想等方面的关联性，从而概括其原因。第三，进行体察个体的时空定位。我提供《史记·秦始皇本纪》等材料，从秦始皇的经历、性格等方面挖掘影响制度建设的"人"的因素。这三个层面的定位，使历史更立体，也让历史事件变得饱满而丰富，利于学生多维地体验和认识历史。

【课例】新文化运动教学片段

材料一：

今天的中国，西学有人提倡，佛学有人提倡，只有谈到孔子羞涩不能出口，也是一样无从为人晓得。孔子之真若非我出头倡导，可有哪个

出头？这是迫得我自己来做孔家生活的缘故。

——梁漱溟《东西文化及其哲学》(1921 年)

材料二：

1919 年陈大齐发表了《北京高小女生道德意识之调查》。其中问"古人中你最佩服的人是谁"？学生们的回答是(按选票数多少排列)：孔子(97 人)、颜回(33 人)、花木兰(11 人)、岳飞(9 人)，夏禹、闵子骞、曹大家(各 4 人)，曾子、孟母、孔融、秦良玉、司马光(各 3 人)，孟子、班超、匡衡(各 2 人)，神农、舜、管仲、商鞅、缇萦、苏武、关公、孔明、王安石、欧阳修、方孝孺、文天祥、郑成功、林则徐、华盛顿、林肯(各 1 人)等。

设问：有同学在研究新文化运动的影响时，看到了以上两则材料，产生了很大的疑问。结合时代背景，推测材料的矛盾反映了社会思潮变化的哪些特征？你认为在研究中使用史料时应该注意些什么？

这个设计的主要意图：①引导学生从材料的时间、主体(学者、高小女生)、类型等不同，分析差异反映出的事实：一方面，民国初年是社会转型期，社会思想上是新旧并存，不平衡的；另一方面，1919 年、1921 年时间的不同，推测可能新文化运动影响深度和广度随着时间推移有变化。②两则史料在立场上有差别。我引导学生以批判的态度对待史料，大胆质疑，小心求证，注意判断史料的价值以及使用史料的原则。

史料的收集和运用，是进行历史探究学习，培养历史理解和进行历史解释，形成理性认识的重要途径。作为激发兴趣、发展思维、学习探究历史的"证据"，教师选取和运用史料时除了要注意前面提到的多元性，还应该注意准确性原则。"任何一种史料，都不是完全可信，里面可能有错误，可能有虚伪，可能有私人的爱憎，可能有地方及民族的成见，不经精密的考证，即笃信不疑，后患实无穷无尽。"因此教师在开展史料教学时应关注两个准确，即史料本身的准确性和史料解读的准确性。教师在解读时，①引导学生践行"一分材料说一分话"的历史原则，增强史由证来、论从史出的求实意识。一切从材料出发，不断章取义，不夸大其词，打破定势思维和对权威、对课本、对他人的迷信。②研习史实考证的方法，增强鉴别史料可靠性的证据意识。③了解历史背景，增强设身处地、移情入境的历史意识。阅读史料，在分析历史事件、历史人物观点时，应充分考虑时代、地域及个人经历的影响，多问为什么，避免出现支离破碎、牵强附会的材料解释。

3. 捕捉课堂生成，尊重学生的个性反思，解读历史

在探究学习中，必然会有师生、生生之间的知识经验的交流，这会促使学生主体对所学知识和生活经验有新的反馈和认识，这个过程不是静态的，而是自己建构生成的过程。

在《古罗马的政制与法律》一课的课堂教学中，关于如何认识评价课后材料所提及的"葡萄树"案中反映的古罗马法的形式主义特征问题，学生在讨论时，就产生了不同的看法：一部分学生认为，古罗马的法律过于重视法律术语和诉讼程序，出现忽视实质内容的情况，不利于实现法律的公平正义；可能对贵族更有利，可能会引起受害人的不满，激化矛盾。另一部分学生则认为，古罗马法重视形式，使得条文明确，便于执行；这样利于树立法律的权威，大家会去认真学习法律，增强执行的有效性和法律的约束力。在讨论这个问题后，有个学生突然就问到："老师，那这种形式主义到底好还是不好呢?"这个问题引起我的兴趣，我就反问学生如何看。在学生争论过程中，我引导学生首先要回到历史中去看这个问题。为此，我提供了材料：

在早期罗马法中，宗教及宗教仪式的法律化直接导致了形式主义；农业社会重交易安全、轻交易效率的价值取向奠定了形式主义的经济基础；文化的不发达状态则促使形式主义的戏剧化。

……一定程度上，形式主义构成了罗马法的生命力，除去了形式的因素，则整个罗马法体系亦不复存在。进一步而言，罗马法由市民法向万民法、由习惯法向成文法、由古典法向近代法过渡的过程，也就是其内容不断系统化，形式不断合理化的过程。

——贺大为《论罗马法中的形式主义》

在分析回答问题过程中，我引导学生理解古罗马法形式主义对于罗马法的重要意义以及产生的时代原因，并进一步解释，随着时代的变化

(如罗马领土的扩张，奴隶制工商业的发展，各地文化的融合等)，罗马严格的形式主义越来越不能满足社会经济生活的需要，社会迫切要求突破法律方面的形式主义藩篱。于是在法律方面有着高明技术的罗马人便适应形势发展的要求，对早期严格的形式主义的罗马法进行了修改，促使罗马法诉讼程序等方面的形式不断合理化。

这次学生的追问和生成，也促成我后来对这一环节的修改，设置了"一个案例——形式和内容，哪个更重要?"的问题。在前面两个问题探讨之后，我向学生简要介绍了1995年美国辛普森案和1995年中国聂树斌案，引导学生进一步思考法律的形式和内容之间的关系，理解培根所说"一次不公正裁判的罪恶甚于十次犯罪。因为犯罪污染的只是水流，而枉法裁判污染的却是水源"的意义。

这个案例也反映出，教师如果能设置开放性的问题，层层设问，不断追问，又能善于倾听学生的看法，那么学生就会敢于开口，使师生、生生之间形成良好的互动，帮助学生提升对历史的认识。

4. 引导理性思考，培养学生批判性思维，走出历史

20世纪90年代初，在美国轰动一时的黑人民权领袖马丁·路德·金博士论文存在抄袭的公共事件中，各种争议不断。在两极观点之间，美国知识界的主流进行了更稳健与深入的探索，他们不但确认了事实，并进一步分析出现抄袭的诸多原因，及对马丁·路德·金个人生涯和政治事业的影响。专家的文章视角多样，也存在差异和分歧。他们没有回避伦理后果，但将事件转化为理解历史、文化以及自我反思的契机，使得激烈的争论渐渐转向沉静的思考与探索。① 在我看来，这正是理性的批判思维能力和历史意识的彰显，批判目的在于一种自省，这种做法使心智摆脱了某些道德判断(比如"偶像崇拜"或"极度幻灭")的绑架，保持了独立和清醒。在今天信息泛滥时代，面对出于各种目的发出的消息，保持审慎批判对于个人和社会都很重要。培养学生批判性思维，从学习历史、理解历史到走出历史、服务人生，是历史教师的职责所在。

---

① 刘擎. 中国有多特殊[M]. 北京：中信出版社，2013.

要实现这样的目标，教师就要把历史事件、人物等放到当时特定的时空条件下去考量，理解其原因结果和现实的意义。

"通达历史"是我所追求的教学思想，还不够成熟，有待完善，但学生的反馈和同仁的肯定，给我很大的信心。2016 年，我在湛江上了示范课《古罗马的政制与法律》一课，并整理成文，发表于《中学历史教学参考》(2016 年第 12 期)上。当时任湛江历史教研员陈洪义老师等，肯定了我在这一课的基本架构：用"览"架构历史时空；用"探"还原历史真相；用"寻"觅求历史踪影；用"悟"体味历史真谛。他还对我"依标固本"的选择与重构的思路给予称赞，认为我破立统一，突破教材局限；融会贯通，构建教学思路；灵魂升华，实现价值引领。① 而于我来讲，这正是"通达历史"之通古达今、通情达理的初步实践。探索的道路很长，我将上下求索。

---

① 陈洪义，唐朋. 选择与重构：让历史课堂在思辨中情智共生——陈穗老师"古罗马的政制与法律"一课再思考[J]. 中学历史教学参考，2016(12).

求 真 至 美

中山市华侨中学　谭子虎

从事教育几十年，亦有辛苦亦有甜。白首若能变黑发，我还登讲台执教鞭。伴随着一届届孩子们的成长和远走高飞，原路返回的我对教育事业仍然坚守如初，情怀依旧。这让我常常想起艾青的诗句："为什么我的眼里常含泪水？因为我对这土地爱得深沉……"我对教育事业这片土地，因为爱，所以执着地追寻；因为爱，所以幸福地探索；因为爱，所以快乐地陪伴。在教育教学上，在陪伴孩子成长的过程中，我逐渐形成了"以生为本"的教育观，通过"求真至美"的教学，达到"物理育人"的目的。

一、教育观：以生为本

"以生为本"的教育，是真正以学生为主人，为学生好学而设计的教育，我实施的策略是从控制生命走向激扬生命，原则是一切为了学生，高度尊重学生，全面依靠学生。

记得我刚参加工作的时候，我更多的精力是研究学科知识，归纳提炼物理各个板块要点，总结各种题型和解题技巧，基础知识和基本技能落实比较到位。后来教学中除了落实学科知识外，我更多从"学科教学"上升到"学生教育"的高度，"以生为本"，重视过程与方法对学生的影响，注重教学过程中对学生情感的关注、态度的培养和价值观的形成。

社会建构主义的观点告诉我们，知识的基础是语言、约定和规则，而语言则是一种社会的建构。学习者应会建构自己的理解，新的学习依靠现有的理解，建构主义强调对于世界的理解和赋予意义是由每个人自己决定，我们以自己的经验为基础来建构现实，知识只是个体依据自己的经验来创造意义的结果，由于我们的经验以及对经验的信念不同，我们对外部世界的理解也便迥异。① 正是因为这样，教育时教师必须秉持"以生为本"的理念，创设环境和条件让学生自主建构知识。教学的目的并不是试图为学习者勾画一个外部现实的结构，而是帮助学生建构出他们自己对外部世界的有意义的、概念的、功能的描述。

多年的教育教学中，我始终坚持学生是教育过程的终端，是教育的本体，把"一切为了学生"作为教育活动的"价值取向"。所有教育教学活动均努力诠释"以学生的发展为根本"的教育理念，课堂充分解放老师的思想，释放学生的天性，成就和谐的教育。

1. 所有教学活动的起点是学生的现有认知水平

苏联教育家维果茨基的最近发展区理论认为学生的发展有两种水平：一种是学生的现有水平，指独立活动时所能达到的解决问题的水平；另一种是学生可能的发展水平，也就是通过教学所获得的潜力。两者之间的差异就是最近发展区。教学应着眼于学生的最近发展区，为学生提供带有难度的内容，调动学生的积极性，发挥其潜能，超越其最近发展区而达到下一发展阶段的水平，然后在此基础上进行下一个发展区的发展。所以，学生的知识基础、能力水平、认知特点是教学的原点，"知己知彼，百战不殆"。教师要对学生的自然状况、身心发展水平、个人成长经历等进行全方位的了解，只有对学生境况进行全面和整体性的感知、认识和了解，才能保证教学设计的客观性、可行性和针对性，从而更好地完成教学任务，提高教学效能。

为了深入地了解学生的现有水平和性格特征，教师在教学中要多陪伴，多观察，多交流，通过各种方式了解学生，例如多观察学生课堂内外的表现，多批作业；多看学生答卷；对学生的错误和问题进行归类分

---

① 崔允漷. 有效教学[M]. 上海：华东师范大学出版社，2012：54.

析和查漏补缺；充分利用综合素质成长评价系统的各项数据分析学生的能力发展水平和兴趣爱好；多和学生交流谈心进行心理辅导和交流；多和科组老师沟通学生发展近况；和班主任、任课老师捆绑分析；和家长联系了解学生情绪变化；和心理老师了解个别需要特殊关怀的学生。只有掌握了第一手资料，才能为教学活动的开展进行有针对性的设计，把握好教学活动的起点。

2. 所有教学活动的开展是学生的主动参与体验

人本主义心理学代表人物罗杰斯认为，人类具有天生的学习愿望和潜能，这是一种值得信赖的心理倾向，它们可以在合适的条件下释放出来；当学生了解学习内容与自身需要相关时，学习的积极性最容易激发。罗杰斯认为，教师的任务不是教学生知识，也不是教学生如何学习知识，而是要为学生提供学习的手段，至于应当如何学习则应当由学生自己决定。教师的角色应当是学生学习的"促进者"。无论是先做后学，先学后教，先教后学，教学都要以学生的参与情况确定具体的教学方法，创造条件，给学生提供表演的机会和展示的平台，充分发挥学生的自主性和独立性，唤醒学生沉睡的潜能，激发学生封存的天资，放飞学生思维的琴弦。

传统课程以教师为中心，教学中有许多弊病。教学中应该始终体现"学生是教学活动的主体"这一观念，切实关注学生的个体差异，树立"以生为本"，一切为了每一位学生的发展而奠基的育人观。教师由关注"学生学习的知识"转向关注"学习知识的学生"；以学习者为中心进行设计，从学生的心理特点认知规律出发去创设有利于学生发展的教学情境，因材施教，让学生在活动中去主动参与、体验和感受。只有积极参与，学生的实践能力、探究能力和创新意识才能在活动中得到提升。

3. 所有教学活动的目标是学生的生命发展提升

从中国学生发展的核心素养来看，教育的根本目标是培养有文化基础和自主发展能力，积极进行社会参与的全面发展的人。文化基础首先是知识的学习和技能的掌握，培养有宽厚文化知识底蕴和良好科学思维能力的人。客观地说，由于高中阶段的学业任务艰苦繁重，考试竞争残酷激烈，指标完成压力巨大，学科老师想方设法激发学生的学习动机，在学习方法和考试技巧方面的指导比较到位，让学生乐学善学的"学业指导"做得不错。但如果老师不从"学科本位"转到"学生本位"，那就会在学科里面越走越深，越走越窄，这对学生的全面发展极为不利。教师既要"有心栽花"，也要"无心插柳"，于教学中润物细无声地进行学科素养和价值观的渗透，从"学科本位"让渡到"学生本位"，才能让每一个学生在探究合作、参与体验的课堂过程中认识定位自我，挖掘潜能，实现自我成长和超越。

所以，教学中教师坚持把"学习过程要快乐""考试成绩要优秀""综合素质要提升"作为教学追寻的目标。强调以教师的人格魅力和知识力量对学生进行潜移默化的影响，用一种爱的力量，真理的力量，向上的力量去影响和感染学生，去解决学生发展中存在的问题，让教育随风潜入夜，润物细无声，在无形无痕中引领学生能力的发展和素质的提升，为生命的发展提供良好的保障。

"以生为本"的教育观要求教师教学以学生为起点，以学生的进度为进度，以学生的状态为状态，以学生的发展为发展，在教育中除了追求学生的发展价值之外，没有其他孤立的价值追求，教育的终极目标就是人的发展目标，教育质量就是人的发展质量，是生命价值的发展，而不是分数的多少。分数只是生命发展过程中水到渠成的附属品，如果只是着眼于分数，那将是"世人都说发展好，就是分数忘不了，天天所想为分数，一看分数不见了"，这就是在学校教育中教师必须坚持以人为本的核心原因，教育教学中的以人为本，归根到底是"以生为本"。如果教师教育观是"以师为本"或者"以纲为本"，"以考为本"，那原来追求人的发展的本质目标是不可能达到的。

二、教学观：求真至美

著名教育家陶行知曾经说过"千教万教，教人求真，千学万学，学做真人"。从事物理教育的人应该很幸运，因为，物理学科特色第一是

244

"物"，即讲究事实和证据，以"求真"为基础，第二是"理"，即崇尚理性思维，讲究科学方法，二者既是物理学科的特色，也是一切科学的基础，科学史上许多重大发现都是事实与思维相结合的产物。物理教育的目的就是通过对自然界物质运动和变化规律的学习，塑造有科学素养，有求真精神，有创造潜能的智慧学生，促进学生知情意的全面发展，真善美的和谐统一。"真"教育就是要教学生"求真知，做真人"，做一个追求真善美全面发展的人。"求真至美"的价值取向与物理学科"核心素养"的要求不谋而合，真是美的基础，美是真的升华！在求真的过程中发现美，可以给人带来愉悦的享受，对美的追求又是"求真"不断前进的动力。教师创造有美感的"物理"课堂，在"悟理"中走出"雾里"，在求真中开启欣赏美、发现美、应用美、创造美的航程，让每一节课都是一篇美妙的乐章，一首动人的诗歌，一幅美妙的画卷。教师通过揭示物理规律之真，感受"物理观念"之美；展示物理思维之真，感悟"科学思维"之美；演示物理实验之真，体会"科学探究"之美；昭示科学精神之真，领会"科学态度与责任"之美；求真至美可以激发学生的兴趣，促进学生思考，打动学生的内心，使他们在物理的学习过程中掌握必备知识，提升关键能力，具备良好的科学素养，形成正确的价值取向。

1. 揭示物理规律之真，感受"物理观念"之美，以美激趣

爱因斯坦在美国高等教育 300 周年纪念会上有这样一段话："如果人们忘掉了他们在学校里所学到的每一样东西，那么留下来的就是教育。"多年以后，学生做过的题会忘记，学过的规律会想不起，但形成的物理观念却能深深地印在脑海里，科学素养会影响终身。陈佳洱院士说："物理学不只是图表和数据，它能带给你很多更珍贵的东西，理性的思维方式、人生的哲学和人生的道路。"这段话正是对物理学科价值的诠释，让学生终身受益的不是具体的物理知识，而是所学的知识忘掉之后剩下的东西！25 年的教育生涯，我教过的很多学生如今都是社会的中坚力量。对于这些学生的成长和发展，我一直在思考，我的教育教学到底是怎样影响学生的？哪些因素影响和决定了他们的成长？一个人取得成功并最终获得幸福生活应该具备哪些必要的能力、条件和人格特

征？学生从物理知识和规律学习中是否领悟了物理学科的核心真谛？

物理教育的目的之一就是追求真理，通过对物理概念和规律的理解，感受"物理观念"之美。例如对物质观的理解：有形状、大小、体积、重量的实物是物质，经过科学抽象的质点、点电荷、理想气体模型也是物质，看不见、摸不着、听不到的电场、磁场等客观存在的东西仍然是物质。物质观念逐层深化，认识逐步加深，规律之美扣人心弦。进一步的学习意识到物质的种类丰富多彩，物体的运动千变万化，但运动变化是有规律的，规律是可以被人们所认识的，认识规律是可以用来改善生产，提高生活品质的，这种物理观念的渐进式认知会激发学生不断向上的探究乐趣。再例如，爱因斯坦的质能方程 $E = mc^2$，把传统物理学中能量和质量两个毫不相干的物理量联系起来，非常简洁，成为科学美的典范，教师把握物理观念的形式之美，对学生必能以美激趣。

物理观念从不缺少美，物理规律也在诸多地方表现出了美学特性：深刻中的简洁美，结构中的对称美，有序中的和谐美。

（1）深刻中的简洁美

简洁美就是简单洁净呈现出来的美感。宇宙之所以美就是按照最简单的原则构造出来的，唯物主义观点认为宇宙是按照最优化系统的进化路线发展起来的，宇宙的进化方向与环境之间的最佳匹配，构成了一种简洁美。[1] 简洁美是物理美学特征之一，无处不在。自然界是纷繁复杂的，物理学的主要任务就是通过科学抽象等各种研究方法，把研究对象从纷繁复杂的客观世界中分离出来，寻找其规律，辨别其本质，并借助数学工具用最简洁的形式表达出来。一切科学的伟大目标，都要从尽可能少的假设和公理出发通过逻辑的演绎，概括尽可能多的经验事实。[2]比如通电导线在磁场里受到安培力的作用，这是一个非常普遍的物理现象，如果进一步研究寻找安培力 F 与电流 I、导线 L、磁场 B 的定量关系，即通电导线 L 在磁场 B 中受到的安培力 F 的大小为多少？结果居然就是把这三个变量直接相乘！写成公式居然是 $F = BIL$。从实验现象

①　徐纪敏. 科学美学思想史[M]. 长沙：湖南人民出版社，1987：145.

②　武显微. 从简单到复杂[J]. 科学技术与辩证法，2005(8)：60.

入手转换成定量的公式，竟然就是如此最简洁的表达！同样，带电粒子 q 在磁场 B 中以速度 v 运动时受到洛伦兹力 f 的作用，而洛伦兹力的大小居然就是 $f=qvB$。如此简洁而又深刻！

（2）结构中的对称美

对称美是指构成整体的各要素互相对应或者相衬。对称是自然界最基本的美学规则，物理学揭示出自然界物质的存在、运动及其转化规律中存在许多对称性。例如，正电荷和负电荷，南极和北极对应；常见的几种电场线的空间分布呈对称性，晶体中分子结构排列的空间对称；带电粒子在磁场中运动形成优美的对称轨迹；竖直上抛运动和自由落体运动互为可逆的对称分布……神秘的对称无处不在。

对称的美学意境引起了很多科学家的心驰神往，甚至很多物理大师把是否对称看成新理论是否完美的标准之一。从伽利略时代开始物理学家就把追求理论上的对称性作为一种有效的研究手法并取得了成功。

（3）有序中的和谐美

和谐是指组成事物或者现象的各部分、各要素，在各个方面都搭配得体，匀称流畅。物理学科既是科学，也是艺术，处处蕴含着和谐美。著名的物理学家、数学家庞加莱的名言是"普遍和谐是众美之源"！例如太阳系中八大行星绕着太阳和谐运转，各自在自身的轨道面并然有序（图1），原子里面的电子绕着原子核高速和谐运动，协调一致（图2）。

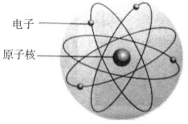

图1　八大行星绕太阳运转　　图2　原子中电子绕原子核运动

牛顿经典力学也体现出高度的和谐统一，通过牛顿运动三大定律联系了力学的整个知识结构，力的瞬时积累效果使物体产生了加速度，力的时间积累效果引起了物体动量的变化，力的空间积累效果引起了物体动能的变化。

2. 展示物理思维之真，感悟"科学思维"之美，以美促思

科学思维具有理性之美。这种美与艺术美有所区别，艺术美往往通过观察和联想，可直观形象地感受。理性美往往要经过大脑整理加工，形成美的意识或美的观点，主要靠抽象思维，包括模型的想象美，推理的逻辑美，思维的流畅美。

（1）模型的想象美

为了形象、简捷地处理物理问题，人们经常把复杂的实际问题经过去粗取精，去伪存真，抓住决定问题的主要因素，忽略次要因素等思维过程，将其想象、转化成简单的物理情境，建立物理模型，各种物理模型和数学模型构成了物理理论的核心。但是，如果教师不实时点破，学生未必能掌握建立物理模型的方法。教师应结合建立物理模型和数学模型的实例，给学生指明简化模型的问题原因和需求是什么？进行简化的条件是什么？还要指明理想模型在认识复杂现象中的作用，进而讨论数学模型的求解，久而久之，学生就能较好地理解建立模型的方法和意义，领略到物理模型的实用和优美，而不至于被数学推演所迷惑。例如1897年汤姆逊发现电子带负电后，为了解释原子的电中性而提出了"枣糕模型"，但卢瑟福的 α 粒子散射实验否认了"枣糕模型"，新的出路在哪里？卢瑟福仰望星空，借助自然的灵感，提出了原子的核式结构"小太阳模型"（图1），实验结果表明原子的核式结构模型与行星运动模型惊人地相似，异常的和谐！再例如，实验物理学家法拉第对于看不见摸不着的电场和磁场，展开想象，借助神来之笔描绘电场线、磁感线模型，寥寥几笔就形象直观地展示了电场、磁场的大小和方向，化隐藏为明显，变虚无缥缈为触手可及，让人叹为观止！

（2）推理的逻辑美

科学推理就是由一个或几个已知判断经过逻辑演绎得出新的判断的思维形式。正确的逻辑推理能让我们在生活中变得更加睿智，也有利于我们对事物的发展作出正确的预判，让我们的生活充满智慧。逻辑推理

具有强大的魅力，正确的逻辑推理，结果令人心服口服。例如，亚里士多德认为质量大的物体比质量小的物体下落得快，伽利略进行推理：如果是这样的话，一个质量小的石块和一个质量大的石块拿来比较，大石块下落得快。如果把它们绑在一起，下落慢的小石块会拖住下落快的大石块，使得下落速度比大石块的速度小。另一方面，绑在一起的质量比大石块还大，下落速度应该比大石块的速度大！从同一个前提出发，用美妙的逻辑推理居然得出两个不同的结论！唯有前提错误，而且只能假设下落速度与石块质量大小没有关系，才能推出同一个结论。逻辑的魅力让人击节赞叹！

（3）思维的流畅美

流畅美既是美的一种形式，也是一种美的境界。如同高山流水所表现的美一样，时而缓缓流淌，连贯而行；时而一泻千里，酣畅淋漓。例如，解力学题的步骤是"确定对象—查受力—分析运动过程—列方程（该过程遵循的规律）—检验"，这个思维过程是极其精辟和流畅的，几乎任何力学题都适用。如果学生在解决问题中用这种思维方法取得了多次成功，以后遇到此类问题就可以形成条件反射，顺畅地解决许多新问题，产生探索的激情和创造的动机。这种情感的体验也是诱导学生进一步学好物理的桥梁，流畅的思维让学生看到的不是一堆死气沉沉的公式，而是一串串有用的珍珠，思维方法变得美不胜收，简单实用。

3. 演示物理实验之真，体会"科学探究"之美，以美求真

物理是一门以观察和实验为基础的科学。麦克斯韦说："没有实验的问题是不可想象的！"在物理学中，每个概念建立，每个定律的发现都有其坚实的实验基础。物理实验是物理教学的一个重要组成部分，它既是物理教学的重要基础，也是科学探究的重要内容、方法和手段。物理学是一门实验科学，能为学生提供符合认知规律的环境，培养学生学习的兴趣和良好的道德素养和科学作风，激发学生的求知愿望，也是培养学生观察和动手实践能力的重要平台。要让学生体会到实验过程中的艰辛与快乐，乐在实验室中鼓捣，学会设计实验方案，使用仪器观察分析实验现象，记录处理实验数据得出结论，并对结论进行分析和评价。

教学中教师利用各种方法，介绍精巧的实验设计，让学生观察美妙的实验现象，欣赏精彩的实验结论，引导学生理解感悟，惟其如此，学生才能掌握实验的精髓，领略实验的巧妙，以美求真。

（1）设计的精巧美

例如平抛运动用容易测量的水平飞行的位移等效代替难以测量的初速度；用伏安法测内阻时，用一个电阻箱和一个已知内阻的电流表等效代替电压表；用光的反射显示和放大微小形变的精巧设计。再如，历史上测量光速的实验设计就非常巧妙。在很长的历史中，人们一直认为光的传播是不需要时间的，从生活经验我们感觉的确如此，一开灯，整个房间立即就亮了，根本感觉不到光传播的时间。直到 17 世纪，才有人开始尝试测定光速，由于光速非常大，准确测出极短的时间间隔非常困难。后来，迈克逊设计出一个非常精巧的实验精准测出了光速（图 3），他在两个已知距离的山峰上，一个山峰上安装强光、棱镜和望远镜，另一个山峰上只安装透镜和平面反射镜，通过八面棱镜的快速旋转把光原路反射回来测量时间。爱因斯坦曾经赞美该实验说，迈克逊是科学艺术家，这个实验装置设计方法优美，原理通俗易懂，而且得到了众所周知的完美结果。又如伽利略提出假说认为自由落体运动是一种简单的匀变速运动，可是如何验证呢？由于自由落体运动下落时速度增加较快，当时的时间测量非常不准确，伽利略先研究了光滑斜面上物体的运动，然后再合理类推到斜面倾斜 90 度的情况。光滑斜面上物体的运动犹如自由落体运动的慢镜头动作，实验设计之精巧令人拍案叫绝！充分显示了实验设计的新奇美和创新美。

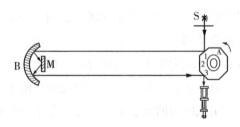

图 3 测光速的实验

（2）过程的现象美

借助实验仪器观测，我们能观察到日常生活中许多不常见的精妙绝伦的现象。例如来自大气外的宇宙射线（即一束束高速带电粒子流）撞击大气中的粒子（氧、氮原子），使之电离，到达地球南北两极附近的粒子轨迹在天空中发出五彩斑斓的极光。例如行星的椭圆轨道、星系结构、宇宙结构图。利用隧道扫描显微镜看到的分子、原子、晶体清晰的层次结构图。杨氏双缝干涉实验中呈现出来的明暗相间等间距的直条纹（图4）。

图4　杨氏双缝干涉实验

（3）结果的理论美

物理实验结果和理论的和谐统一，是物理实验美的具体表现，物理学发展有时理论先行一步，有时实验走在前面。众所周知，理论只有经过实验检验后，才能达到和谐统一，理论才能真正被广泛应用和接受，从而推动人类社会进步。例如麦克斯韦在19世纪60年代建立了电磁场理论，他通过严密的数理推导得出了一组公式，融合了电的高斯定律、磁的高斯定律、法拉第电磁感应定律以及安培定律，计算了电磁波的传播速度，预言了电磁波的存在。但是当时很多物理学家并不认可，直到1888年德国物理学家赫兹在实验中检验到了麦克斯韦理论预言的电磁波，电磁场理论的正确性才终于得到了证实。宇宙间任何的电磁现象，皆可由此方程组得到解释。进一步的研究发现麦氏方程组在数学上的完美令人难以置信，其表现出来的简洁深刻令每一位科学家深深折服。后来玻尔兹曼情不自禁地引用歌德的诗句说："难道这些是上帝写的吗？"[①]如果没有上帝，怎么解释如此完美的方程？以至麦氏方程还是后

---

① 曹天元. 上帝投骰子吗？［M］. 北京：北京联合出版公司，2013：24.

来爱因斯坦狭义相对论的基石。

4. 昭示科学精神之真，领略"科学态度责任"之美，以美启德

在物理学史上，众多大师在研究自然现象和物理规律的过程中，给我们留下了宝贵的精神财富。他们的世界观、价值观、审美观凝聚成的科学精神和态度，犹如打开了一扇窗，拓宽了我们认知的视野，犹如点燃了一把火，照亮了人类前行的道路。充分领略"科学态度责任"之美，我们应把价值观和审美观转化成行为准则，以美启德，培养科学精神和人文素养兼备的人才。

(1)热爱科学

美国第一任总统华盛顿曾说："在我的一生中，能让我佩服的人只有三位，第一位是富兰克林，第二位也是富兰克林，第三位还是富兰克林。"这是因为富兰克林是一位勇于探索、热爱科学的伟人。为了揭示雷电的秘密，他在电闪雷鸣的暴雨中于空旷地带释放了一个装有金属杆的风筝，一道道闪电从风筝上掠过，富兰克林用手靠近风筝上的铁丝，立即出现一种恐怖的麻木感。他不顾生命危险，反而因为激动而大声呼喊："我被电击了!"随后，他又将风筝线上的电引入莱顿瓶中做了各种各样的电学实验，证明了天上的雷电与人工摩擦产生的电具有完全相同的性质，并且发明了避雷针! 又如，法拉第尝试发现磁生电时，由于他坚信简单对称的美学法则：既然电流周围有磁场，那么一定也能够从磁场获得电流! 他历经十年孜孜不倦的实验，无数次的失败后，靠着对科学的热爱，靠着理想和信念的支持，终于"十年磨一剑"，破解了磁生电的密码。

(2)实事求是

实事求是的科学态度是每一位科学工作者都应具有的美好品质。科学是实事求是的学问，来不得半点浮夸和虚假。一切科学都是源于实践又是被实践证实了的真理。科学要尊重事实，要根据实验结果探求事物的内部联系及其规律与本质，不能胡乱编造理由来附会一个学说。例如，菲涅耳提出光的波动理论后遭到了粒子论者泊松的公开反对。泊松指出，如果菲涅耳的理论正确，应当能看到这样一种不可能的现象：在

光束的传播路径上，放置一块不透明的圆板，由于光在圆板边缘的衍射，在离圆板一定距离的地方，圆板阴影的中央应当出现一个亮斑。这完全颠覆了光的直线传播，在当时来看简直是不可思议的，所以泊松宣称，他已驳倒了波动理论。菲涅耳和阿拉果没有气馁，很快就用实验检验了理论的预言，影子中心果然出现了一个亮斑(图5)。在事实面前，实事求是的粒子派泊松反倒成了波动理论的支持者。

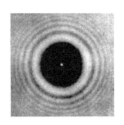

图5　光的波动理论

(3)质疑创新

提出一个问题往往比解决一个问题更重要。李四光曾经说过："不怀疑不能见真理，所以我希望大家都取怀疑态度，不要为已成的学说所压倒。怀疑是创新的前提，想象是创新的羽翼。"①没有对地心说的怀疑，就没有哥白尼的日心说；没有对苹果落地的怀疑，就没有牛顿的万有引力；没有对绝对时空观的怀疑，就没有爱因斯坦的相对论。质疑能力是提出问题的关键所在，在质疑的过程中，就会有思考与分析，就会有判断和预测。质疑就是以现有事实说话，不必信权威，敢于怀疑，不满足现有的答案和结论。科学的进步就是在质疑与创新中不断前进的。

费曼在他的《费曼物理学讲义》的结束语中这样写道："我讲授的主要目的，不是为你们参加考试做准备，甚至不是为你们服务于工业或军事做准备，我最想做的就是给出对于这个奇妙世界的一些欣赏，以及物理学家看待这个世界的方式。"作为一名物理教师，我们引领学生走进

---

①　陈斌. 求美启德：转识成智的价值追寻[J]. 中学物理教与学，2016(6)：7-11.

物理的大门，绝不仅仅是为了考试，如果教师关注的仅仅是物理知识层面，充其量只能算是一名"经师"。如果在教物理知识的同时，还能突出物理思维，引导学生去领悟其中的思想和方法，从而提升智慧，他就是一位"明师"。如果在教授物理知识、思维方法的同时，还能潜移默化地对学生进行物理美学熏陶，格物致知，求真至美，培养既有科学素养，又有人文情怀的智慧学生，化知识为物理观念，化思维方法为认知智慧，化科学态度和责任为行为准则，随风潜入夜，润物细无声，方能称得上是教书育人的"人师"。

德国教育家第斯多惠说过，教育的艺术不在于传授本领而在于激励唤醒和鼓舞。所以物理课堂应把教书与育人充分地结合起来，充分利用物理学科的优势，将真实的历史事件，感人的科学精神，不断创新的思维方法融入物理教学中去，使科学求真的理性思维与人文文化中的那种至善至美的追求相结合，促进真善美的统一，人和自然的和谐统一，使物理课堂充满激情，从而激发学生对生活、对生命、对自然的热爱，引导学生逐步树立起崇高的理想，学会思考和生活，学会感恩和珍惜，学会探索和创新。从教 20 多年来，我在陶行知"千教万教，教人求真，千学万学，学做真人"的理念引领下，在物理教学中，一直把"求真至美"作为教学理念，以物理知识为载体，教会学生求真思辨的能力，培养学生的科学素养，教会学生如何做人，养成正确的价值观和人生观，达到"以生为本，物理育人"的教育目标。让学生成长为有必备知识和关键能力，有良好的科学素养和正确的价值观的一代新人，这也是这个时代赋予我们物理同仁的历史责任！

走在"慧语文"教学路上

汕尾市城区汕尾中学　　蔡　森

我从 1994 年毕业，一晃 25 年了，一直都没有离开语文教学，越往后越舍不得这份职业，只想当一名纯粹的语文教师。这些年在教育路上不断成长，成为广东省新一轮"百千万人才培养工程"名教师培养对象、教育部首批领航名师培养对象，成长为一名中学语文高级教师。在多年的教育教学实践中，我不断凝练"慧语文"思想，现阐述如下。

一、"慧语文"教学思想提出的背景

回顾在语文教学上取得成就的许多名师，他们都在长期的教育教学实践中形成了对语文独特而深刻的理解，并把这种理解上升为一种思想，转化为指导自身语文教学实践的一种理念。他们逐渐形成了一些富有特色的语文教学流派，诸如情感派、导读派、语感派、管理派等。语文之慧超越个性、风格与流派，是生命存在的言语表达方式，是一种超越生存的生命体认。

1. 追求生命本质

教育本质不是擅长"加工"，而是善于"发现"，教育应观照每一个学生的生命主体发展及适性学习需求。语文教学要把学生培养成为大写的人，教师仅仅教给学生语文的知识技能、习惯方法，仅仅把语文视为学习的工具、交往的工具是远远不够的。语文教育必须回归育人的根本，把每一个学生都培养成为有修养的文明人，可持续发展的智慧人，身心健康的幸福人，这应该是语文教育的根本任务和最终归宿。

2. 反思教育现象

当前的一些语文教学现象：课程枯燥乏味，远离生活实际；尽管课堂气氛热烈，但空洞说教，心灵缺少震撼；思维零碎散乱，认识浅尝辄止，浮于表面。教育事业是为未来培养人才的事业，我们现在教的学生，他们将来要为社会做贡献，必须要有超前意识，要让学生学会学习、学会生活、学会传承、学会创造。学生最终是要离开学校的，教育目标就是促进学生全面发展，并使其成为更健康、更幸福的人。

3. 依据课程标准

《普通高中语文课程标准(2017 年版)》提出，语文课程是一门学习祖国语言文字应用的综合性、实践性的课程，工具性与人文性的统一是语文课程的基本特点。叶圣陶说："平常说的话叫口头语言，写在纸面上的叫书面语言。语就是口头语，文就是书面语。把口头语言和书面语言连在一起说就叫语文，文本于语，不可偏指，故合言之。"他指出，语文教育应该关注学生心灵发展，培养健全公民。新课标指出，祖国语文是中华儿女的精神家园，要坚持立德树人，增强文化自信，充分发挥语文课程的育人功能。

4. 秉承学科课程论

上海师范大学王荣生教授认为，语文课程包括几个层面：语文活动层面的研究，泛指包括语言、言语、作品等在内的"人的生命活动"，指向民族文化、人的精神等大的方面；语文学习层面，其范围与第一层同样大，语文学习是伴随着人的语文活动(生命活动)而发展的；语文科层面(语文课程与教学层面)，是从诸多语文课程具体形态中抽象生成的一种研究范围，一种研究高度；语文课程具体形态层面的研究，即在既定课程标准指引下对语文课程具体组织方式和课程内容的研制；语文教材具体形态层面的研究，在语文课程具体形态既定的条件下对诸种可能的教材或既定的教材的诸多方面加以研究；语文教学具体形态层面的研究，即每个教师的课程实施问题的研究；语文教育评价层面的研究，广义上包括课程评价、教材评价、教学评估，狭义指语文教育评价，特指对学生语文能力的评价。

5. 基于学科素养

语文学科的核心素养包括四个方面：语言建构与运用，在学习语言文字运用的过程中，增进语文学养，努力学会正确、熟练、有效地运用文字；思维发展与提升，在发展语言文字运用能力的同时推进思维机制的发展，提高思辨能力，增强思维的严密性、深刻性和批判性；审美鉴赏与创造，在语文和其他学科的学习中，以及在生活中，坚持对美的追求，培养学生自觉的审美意识和高尚的审美情趣；文化传承与理解，学生在语文课程中进一步理解和尊重文化多样性，关注当代文化，学会对文化现象的剖析，积极参与先进文化的传播。其实，今天我们所强调的核心素养，所谓"核心"就是基础、不分散；"素养"就是表现出来的能力、经验。过去我们教学以"能力"为导向，今后将会以"核心素养"为目标。核心素养应根植于中华优秀传统文化土壤中，紧贴学生发展的实际，从学生全面发展的特点和需求出发。

6. 基于智慧教育趋势

世界产业巨头 IBM 在其企业文化中也曾倡导智慧教育，其全球教育产业副总裁 Michael. King 曾提出 Smart Education 发展五大路标，Smart 的准确中译文是"机智""灵巧""精明"，其理念是：学生的技术沉浸，个性化、多元化的学习路径，服务型经济的知识技能，系统、文化、资源的全球整合。其理念深入人心。早在 1997 年春，钱学森就曾提出大成智慧构想，并阐述了其实质与核心内涵。其特点是微观与宏观相结合、形象思维与逻辑思维合用、哲学和科学技术统一。简言之，即"必集大成，方得智慧"。

二、"慧语文"教学思想的形成过程

英国著名哲学家、教育家怀特海在《教育的目的》一书中说："在古代学校里，教学传授的是智慧，而在现代学校，我们则降低了目标，教授的只是知识。从神圣的智慧沦落为教材学科和知识，标志着多少世纪以来教育的一种失败。"而知识与智慧相比，知识是僵化的，智慧是灵动的；知识是平面的，智慧是立体的；知识是静止的，智慧是生长的；知识的功用是有限的，智慧的能量是无穷的……

　　2015年在参加广东省教育厅新一轮"百千万人才培养工程"名教师培养对象的培训中，华南师范大学王红教授"教学思想的凝练"的讲座拨动我思想凝练之弦。2016年著名教育家李镇西"朴素最美，幸福至上"教育经历的讲座，让我思考教育应带有人情味，带有人的气息。2016年12月参加台湾教育研修之旅，领队华南师范大学黄牧航教授"超越学科、超越学段、超越地域、超越课堂、超越考试"的讲座让我对语文教育有更深层次的思考。2016年参加广东省教师信息技术能力提升工程高级研修班，华东师范大学祝智庭教授提出应促进学习者"全人发展"的智慧教育，从教育技术途径中构建智慧教育，使我深受启发。2017年，广东省百千万理论导师、华南师范大学文学院周小蓬老师，省百千万实践导师、广州市增城区教研室徐海元主任，广东省中语会理事长、广东第二师范学院黄淑琴教授，省百千万班主任、华南师范大学文学院宋春燕老师全程指导了我的教学思想凝练，进一步形成了思想框架。2018年5月参加教育部领航工程浙江师范大学基地培训，首席导师蔡伟教授的点拨为理论完善起到重要的作用。在这一过程中，省名师培养对象广东实验中学白云实验学校常务副校长杨鲜亮、珠海市第一中学副校长叶红、深圳龙岗区龙城高级中学正高级教师胡兴桥、顺德区杏坛中学副校长周小华、广东北江中学特级教师刘水连，教育部领航工程名师培养对象宁夏银川六中马文科、河北张家口一中尤立增、河北衡水中学信金焕、新疆克拉玛依一中孙玉红等语文同伴在多年研修过程中，不断论证、讨论，提出很多宝贵意见，使我凝练的理论更接地气。

　　"慧语文"教学主张的形成也是在具体的教学实践和教改契机中产生的。2003年，当时，全国进行新课程改革，我由于对新课程改革进行了一系列的尝试，开展了一些优质课、公开课活动，被汕尾市教育局邀请到各县区介绍教学经验，在和一线老师们的交流中，许多老师都提到如何更好地上好语文课，在语文课堂中是否有一些理念和方法的提炼，便于大家在教学上有更好的操作，于是我便开始了这方面的思考。后来，我担任汕尾中学教研处主任，组织教师对各学科教学基本要求进行探索与实践，并于2013年12月召开了学科课程标准与课堂教学基本要求研讨会，我把在研讨会上的发言和结合语文学科多年的教学实践，撰写了《汕尾中学语文学科教学基本要求的实践研究》一文，在《粤东基础教育研究》2014年第2期发表，这是"慧语文"教学主张的初步构想。2017年4月，省教育厅组织部分"百千万人才培养工程"培养对象到粤西北送教下乡，我在河源市东源县东江中学、东源中学上高二语文示范课时，介绍了"慧语文"系列研究成果：诗歌鉴赏之慧的三步法"读（文）—析（情）—探（法）"，五途径"披文入情、悟象品意、知人论世、探事究理、比较印证"。同时我还为该县高中语文教师作了《慧教研创新教研方式与评价》的讲座，从高效课堂、课堂观察、课堂模式、创新教研、教师评价五个方面介绍创新教研的做法与经验，多角度阐述"慧语文"教学思想。2017年5月，在汕尾市高中语文观摩课和教学研讨会上，我应邀作了《"慧语文"教学思想的凝练》学术报告，与全市高中语文教师作了"慧语文"教学思想的交流。2018年5月，在苏浙名师大讲坛中我介绍了《"慧语文"教学实践》。2018年10月在浙江绍兴鲁迅中学，我为"国培计划"全国语文名师上示范课《跨媒介，慧写作》。2018年我申报了汕尾市十三五教育科研重点课题"'慧语文'教学实践的研究"。

三、"慧语文"教学思想内涵

1. 智与慧之异

智，甲骨文𣉻，金文𣉻加了一个"口"，矢，既是声旁也是形旁，表示弓箭；干，木制武器；口，谈论，表示谈兵论战，其本义是谈论作战谋略。"知、日"——每天知识的累积。与"智力、才智、机智"组成词语，成语中有"急中生智"，可见与"术"有关。

慧，篆文**慧**，用 **彐**(手)持**丰丰**(帚)扫除**心**(心，欲念)，本义是拂去俗尘，清心净虑，洞察真相，明心见性。慧——用心体会，丰富内心。与"慧根、慧眼、慧光、慧种"组成词语，成语中有"静极生慧"，可见与"道"有关。佛家说"照见名智，解了称慧。"

2. 对"慧"的理解

(1)明道通法。哲学家冯契的《智慧说》云：智，法用也；慧，明道也。天下智者莫出法用，天下慧根尽在道中。智者明法，慧者通道。道生法，慧生智。慧足千百智，道足万法生。智慧，道法也。

(2)摒弃纷繁。《六祖坛经》说："即慧之时定在慧，即定之时慧在定。"意思是说：一切都清楚明白，即是慧；在清楚明白中，去掉虚妄、执著，就是定。慧是做减法，从繁华、热闹中去繁就简，把握问题实质，去伪存真。

(3)体悟慧能。美国加德纳(H. Gardner)的多元智能理论认为，个体身上有相对独立存在着的，与特定认知领域和知识领域相联系的八种智能，即语言、逻辑、空间、身体、运动、音乐、人际、内省。其中语言、逻辑、内省之智，在日常教学生活中，不是智能可以解决的范围，更应该属于慧能的层面。慧能就是对规律的洞察和对生命的体认。

(4)面向未来。教育事业是为未来培养人才的事业，但我们传递给学生的绝大多数知识内容，都是20世纪之前的知识，我们能为孩子的未来作准备吗？在知识管理中，有一个知识阶层图，人类对事物理解力是随着情境关联性而逐步提高的，数据、信息、知识的获得只是过去的经验，只有智慧才是摆脱固有认知，寻找未来的新奇。慧是人类基于已有的知识，针对物质世界运动过程中产生的问题，根据已获得的信息进行分析、对比、演绎，产生面向未来的解决方案和能力。

3."慧语文"的定义

"慧语文"的初步定义：慧语文就是教师注重日常专业发展和思想修炼，成为慧师；在教学上能够实施高效的方法，做到慧教；学习者能够获得适宜的个性化学习和美好的发展体验，得到慧学。在阅读中寻求慧，在写作中彰显慧，在实践中创生慧，从而培养具有良好价值取向、较好思维品质、较深创造潜能的人才，真正把教师和学生都发展成为有思想、有智慧、有境界的人。

4."慧语文"的内涵

"慧语文"的三条主线、九个维度。遵循教育本心，秉承生本、师本，以德润身，以文化人，注重生命体悟。

一做到慧教。慧教是前提，教师要从学生的学情出发，因材施教，做课堂教学的组织者、引导者、发现者、激励者；从细节入手，向思想深处进发，向精神的高度攀爬，要求教师做到：①慧教研：教师创新教研方式，做课堂改革的引领者，与其他教师构筑教研共同体，形成共同的愿景、合作的文化、共享的机制、对话的氛围。②慧课堂：课堂上要常教常新，立足于课堂观察，倡导行之有效的课堂模式。③慧活动：坚持大语文教育观，让语文走向生活，语文课堂应该是开放的，应该让学生在生活中学语文、用语文。

二得到慧学。慧学是主体，教师要引导学生在实践过程中培养能力，倡导学生自主、合作、探究，为理解而学，让学习变得可见。①慧读写：听、说、读、写紧密相连，引导学生在实践活动中、从规律中掌握科学的方法，做到传其道、启其慧，达到自能读书、自能作文。②慧思维：一切语文活动都是语言活动，而语言活动的本质是思维，思维品质是一个人聪明与否的决定性因素，因此应把思维训练贯穿于语文学习的全过程，做到融会贯通。③慧文化：坚持经典传统文化诵读，以文化人，树立学生的核心价值观。

三成为慧师。语文教师要做到教学相长，立足现实，知难而进，对教学中遇到的各种问题能进行比较深入的思考和研究，并努力寻找解决问题的策略、方法与措施，自信、豁达、进取，做一个有思想、有个性、有风格的语文教师。对教师的要求包括：①思想慧：做到深刻、独到、创新。所谓深刻，就是教师能够独立地研究课程标准、教学大纲要求，把握语文学科教学的方向和标准，能够精心钻研教材，吃透教材，挖掘教材的精髓和内涵，真正成为课程资源的开发者和建设者。所谓独到，就是于平凡中见新奇，于繁华中见本质，有自己的真知灼见，在教学中能够形成自己独特的教学理念和教学风格。所谓创新，主要指语文教师在教学和研究方面，能够自觉地把教学和研究紧密地结合起来，在教学中开展研究，以实践丰富研究，以研究促进教学，不断创新自身的教学实践，拓展研究的视野，丰富自身的教学研究成果。②专业慧：要有广博的学识和生动的表达，语文教师应该是一个博览群书的饱学之士，对古今中外，文化历史都有所涉猎、有所了解、有所积累。站在课堂上应该能够做到妙语连珠、厚积薄发、幽默诙谐、风趣生动，给学生以如沐春风之感。③方法慧：课堂教学应富有教学机智，善于从课堂突发契机中引发课堂教学，从师生对话中产生精彩点评，从学生质疑中引发教师深刻见解。以教师的智慧"点燃"学生的智慧，让语文课堂在师生的对话交流中不断绽放智慧的精彩。

四、"慧语文"教学思想的实践

1. 慧课堂，以规范的教学环节体现

如在《石壕吏》的教学中，重视朗读技巧的指导，分为几个环节，第一次要求读准字音、读顺语句，第二次注重语速、节奏，第三次要求读出感情。

我们探索出了"表达—研讨—体验—感悟—创造"课堂教学模式，包括五个环节：课前先学先行、课堂表达反馈、课上互动研讨、课内体验感悟、课后拓展创造。①课前先学先行：学生提出问题、自我建构。学生对课文进行阅读，主要包括以下四部分内容：a. 生字注音，成语释义，摘抄好句；b. 概述课文内容，用简练语言回答写了什么，不超过50字；c. 选取某处好词妙句或某让你有所感悟的段落进行赏析；d. 完成老师指定的自测题。②课堂表达反馈：教师首先引出课题，出示学习目标，学生当堂表达自学情况。③课上互动研讨：以学习小组为单位，进行互帮互学，以生生互动、师生互动、点拨讲解、知识归纳为环节，明确考点，归纳整合。④课内体验感悟：注重体验，当堂完成，优

化练习，引导感悟提升。⑤课后拓展创造：形成课内外资源，开阔视野，使学生的知识和能力得到进一步的巩固，并有新的创造与收获。

2. 慧教研，以学科专题教学研讨为纲

如高三年级同样是语文诗歌教学，研讨时我却关注高三课堂实用性、应试性，注重解题技巧的归纳。我从大量的诗歌题型中得出一个解题规律，即按三个步骤，是什么(简要概括特征或方法)、怎么样(还原到诗句中表述)、何效果(体现诗人什么情感或是在全诗中的作用)，让学生从题海中解脱出来，少用复习时间，明确思路，规范答题。初一散文阅读教学，我以阅读指导、把握情感和文本语言作为基本知识点。初三的小说教学紧抓小说三要素而展开。我发现当把固定的知识点讲明、讲清楚之后，像以前难以做到的如提高语文素养、激发学生兴趣就能做到水到渠成。我评课时注重课堂观察，能否达到：教学目标明确具体、教学流程科学合理、教学重点突破有方、教学方法恰当有效、课堂习题精选精炼、教学效果明显有效。

我总结出了"写、做、生、带"慧教研四字诀。"写"重提炼，及时总结；"做"重实践，落实行动；"生"重生成，互助提升；"带"重传帮，辐射引领。我主持的名师工作室研修坚持"向阳、幸福、互研、共生"理念，"向阳"展示教师对生命充满热爱、积极乐观的研修状态，只有生活丰富的人，才能点燃学生心中的未知；"幸福"是师生的共同追求，只有人性丰盈的教师，才能用耐心启迪学生心灵，种下慧根；"互研"是大家相互交流，共同提高；"共生"是在互研、互助基础上产生的，共同的理想让大家更为幸福，让教研走得更远。

3. 慧活动，在综合实践活动中体现

在选修课程或者活动中，我们以任务群形式推动，按以下几个步骤进行：明确课程目标、设定具体的研究方法与过程、组织专题研究小组、开展主体性专题学习活动、成果展示与交流、学习的小结与评价。如我在教粤教版必修一"打开心灵之门"这一单元时，课前师生做了充分准备，设计研究方案，学生准备背景材料，由班长和学习委员带数码像机采访本校高三年级同学，访谈关于学习、家庭、情感各方面的看法，师生共同制作教学课件。整个活动以学生情感表达为主线，以古代诗歌词句和现代化教育技术作为载体，主题分为"心灵感悟""心灵故事""心灵有约""心灵语丝""心灵驿站"。综合性学习教学中最难把握的尺度，就是要避免把课上成"走马观花的观赏"或者异化成为各门学科的简单相加，我认为关键在于不能减少汉语学习的土壤，不能只在形式上追求"花样多"，而应从语文学科基本要求出发，以学完一节课后语文的知识、能力、素养的收获多少来衡量教学效果。不管是语文必修课，还是选修课，我们都是把一节课分成"规定动作"与"自选动作"两个内容，前者强调"实"字，它是语文学科基本要求，是学习内容的底线；后者突出"活"字，强调个性自由，注重生成和发展。大到一个专题、一节课，小到一个板块、一个教学环节，从"规定"到"自选"，从技巧到理念，使语文学科工具性与人文性有机结合起来。

4. 慧读写，倡导"体悟语文"教育观

语文教育是养成教育，要全面提升学生的语文素养，必须从学生学习语文的养成教育入手，从培养学生良好的阅读习惯、言说习惯、思考习惯、写作习惯开始。

(1)文章方面的知识。形成现代文阅读训练序列，分别由揣摩词语、理清思路、概括要点、筛选信息、把握文意、质疑问难六个能力点组成。牢固掌握论述文和实用文的特点，在教学中选定一些篇目，当做听说读写的知识、技能、方法、策略、态度学习的例文或样本。

(2)文学方面的知识。要求形成诗歌、散文、小说、戏剧四个方面的知识体系。注重知识点掌握，如学习诗歌至少应该掌握意象、意境、表现技巧、作者情感、前景知识等基本要求；同时扩展同类主题的文体阅读，如高二的山水田园诗专题教学，让学生品读了王维、陶渊明等诗人的诗歌。

(3)文言文知识。我们主要是梳理常见的文言实词、文言虚词、文言句式的意义或用法，对教材进行了集中、完整的"定篇"设计，诵读古代诗词和文言文，注重在阅读实践中举一反三，形成语文素养。

（4）口语交际。了解即席发言、演讲、采访、讨论、辩论等相关知识，早读开展经典诗文课前三分钟朗诵，下午开展课前三分钟演讲，定期开展读书报告会或辩论会等；每学年开展一次全校性的经典诗文朗诵大赛、演讲辩论赛，做到以说促读、以说促写、以说促思。

（5）写作训练。循序渐进、分层训练。每节作文课教师都要有集中而明确的训练目标，要有必要的知识和学习方法的指导，要设计训练的过程。要有充足的材料，要有针对性，以解决共性的问题，在评改中教会方法，从字、词、句这些细枝末节的修改，慢慢过渡到篇章结构、选材立意的审视。课外练笔：教师要对学生课外练笔予以指导，提出明确要求，并进行检查。学生的课外习作每周应写 1 篇，各种练笔的总量，每学期不少于 7000 字，鼓励学生向《汕尾日报·教育周刊》、校报《碧潮》等刊物投稿，每学期开展一次校际的现场作文竞赛、经典诗文朗诵大赛。

5. 慧思维，融会贯通之境

在语文教学中，引导学生分析文章、揣摩文意；引导学生鉴赏文学作品、让学生讨论交流。语文教学不管哪个环节都充满着思维的锻炼，要让学生反复阅读文本，在文本中自由出入，寻找答案，既达到了引导学生深入文本的效果，又能很好地培养学生思维和组织语言表达的能力，真正让课堂着力于学生辨析判断、思维提升、发明创造能力的培养。

6. 慧文化，构建校本课程体系

优秀传统文化走进校园是民族智慧和情感的传承和发扬，在学生人生观、价值观和文化观初步形成的中学阶段，语文学科教学中融入传统文化的教育，会让学生增加对祖国优秀文化的认同感和自豪感，形成更为完善的人格品德，人文修养和语文素养得到提升。我们用诗文、诗画、学生亲笔的名言佳句装点学校的橱窗、走廊、墙壁，校园处处都有传统文化的学习图景。在校本课程体系建设中，我们充分利用现行语文教材（初中使用人教版、高中使用粤教版），同时结合本校实际，精选了部分中学生能接受的优秀民族传统文化内容，并加以提炼整合，形成了经典文化读本。学校教师编写了汕尾中学传统文化校本系列教材：《正读论语》《孟子选读》《道德经》《经典诵读》《古代小说选读》《古代散文选读》《古代诗歌选读》《我们的四书五经》《海陆丰戏曲文化》，共9本，约100万字。

7. 慧思想，做到深刻、独到、创新

教师能够准确解读文本，只有准确解读文本，把握文本的核心价值，课堂教学的高效才有可能。但仅有对文本的准确解读又是不够的，教师在处理教材的时候，在准确把握文本核心价值的前提下，还必须全面思考学生的认知水平和情感价值取向，只有这样才能做到文本本身的价值与课堂教学价值的有机统一。因此，要真正上好一堂语文课，教者必须能够做到智慧地选择教材，抓住核心问题展开研讨交流，一步一步引导学生走向文本深处，引导学生在文本中遨游的同时，巧妙地交给学生一把解读文本的"金钥匙"。

8. 慧专业，学识、表达

教师要不断了解语文学科的前沿知识，更新自己的知识结构。强化教师自身的课外阅读，把教师自身锻炼和打造成为一个爱阅读的人，提升教师的阅读趣味和阅读品位，进而通过教师的阅读影响和带动学生的阅读，实现教师的专业发展。

9. 慧方法，体验、创造

兴趣是最好的老师，在教学中，每一堂课我都会精心创设问题情境，创造宽松的教学氛围，创设悬念和好奇，激发学生的学习兴趣，激活学生的思维，学生在参与互动中大胆质疑，生成许多问题，并进行巧妙引导，提高辨析判断、发明创造的能力，让课堂进发生机和活力，真正做到了既"授之以鱼"，又"授之以渔"。

总之，新时期教师成长为一名"慧师"，可从四个维度去实践：

一是以仁爱温度明心育人。"教育如天，语文是地"，语文教学必须落实在育人的广阔天地，观照每一个学生的生命主体发展及适性学习需求。教育应有悲天悯人的情怀，世人经历不同、信仰不同、思想观念不同，需要尊重每个人，接纳每个人。接受教育的学生，每个人都独一无二，有愚钝、有聪颖、有乖巧、有顽皮、有勇敢、有懦弱，需用宽容心态接纳他们，这种接纳，更需要有仁爱之心。

二是站学科高度根植课堂。这些年，我从钻研教材到专业期刊、从研习案例到教学专著、从理清语文教学脉络到古今中外教学思想，不断地啃、静静地读、慢慢地想，是时间积淀让我对语文教学轮廓更为清晰。教学要做到顶天立地，既要站在学科的顶端，又要根植在课堂"最深最低处"。坚持"种大树、成森林"的语文观，和学生一起诵读古诗词；坚持教学的文本细读，制定语文课堂教学的基本要求，积累词句、凝练语言、关注社会热点、提升思维能力。教学站位高一点，提高教学质量才更容易些；语文距离学生再近一点，学生才能走得更远些。

三是用共享广度示范引领。我担任广东省名师工作室主持人，每年均参加广东省乡村送教活动，工作室也承担全市的大型教研活动。教育理想因为一群人走在一起，你将不会孤单，志同道合的同伴会让你走得更坚实、走得更远。

四是以学养深度成人达己。实现慧师有哪些途径呢？一是热爱生活，贴近人生，只有对生命充满热爱、生活丰富的人，才能点燃学生心中的未知；二是学养深厚，内心丰富，对知识充满兴趣，洞悉教育规律，只有人性丰盈的人，才能用耐心启迪学生心灵，种下慧根；三是具备教育情怀，具大爱，有担当，在这信息碎片化、功利盛行、价值观迷茫的时代，仍在坚守，仍在前行。

教师应是一个有梦的人，以温度、高度、广度、深度做一名慧师，时刻叩问生命的本质，用热爱生命的激情、饱满的文化涵养、高尚的人格魅力，去影响学生，以情怀传播时代的最强音。

五、"慧语文"教学思想的影响

教育是成人达己的事业，幸福源于师生的彼此成就。"慧语文"的实践主要在日常教学、名师工作室、送教下乡活动、名师培养对象培训研修中产生。

一是传统文化，根植校园。2010 年起，我参加教育部规划课题"中小学传统文化教育实践"研究，学校成为教育部"传统文化实践教育基地"。我主持编写了汕尾中学传统文化校本系列教材，独自编著《正读论语》《海陆丰戏曲文化》《经典诵读》三本教材，带领全校学生坚持课前三分钟经典文化诵读，让传统文化在校园扎根开花。"慧文化"让学生学得轻松活泼，学生乐学善学，核心素养真正得到了提升。近年来，学生在写作、演讲、朗诵等比赛中成绩突出，获得国家级奖项 2 人次，省级奖项 13 人次。我编写的《正读论语》《海陆丰戏曲文化》两本书获得中国教育学会中学语文教学专业委员会教材评比二等奖，《中学生习得传统文化的有效途径》于 2013 年获广东省第八届普通教育教学成果奖二等奖。

二是教育技术，遍地开花。我长期担任广东省教育技术能力主讲教师，从 2005 年开始，在教育主管部门的组织下，我利用寒暑假，开设班次 10 多场，主要讲授英特尔未来教育核心课程项目、教育技术能力与学科结合等课程，为汕尾地区累计培训了 1100 多名学科教师，促进了教师现代化教育技术能力的提高，自己也成长为首批"广东省中小学教师信息技术应用能力提升工程"专家。

三是专业发展，示范带学。近 3 年，我听课、评课 300 多节，坚持每学期开展校级、市级以上示范课各一次，每学年均在区、市开设讲座，2013 年 1 月我为全区高中语文教师作了"创新方法，智慧备考，提高效率——2013 年高考语文复习方法与策略"讲座，2017 年 9 月为汕尾市高三语文骨干教师上示范课"诗歌鉴赏之意境"，2018 年 7 月，为汕尾市骨干教师开展"基于新课标背景下'慧语文'教学实践"讲座，2018 年 12 月在汕尾市诗歌教学研讨会中作了"现代诗歌教学的边界"讲座，2019 年 4 月为茂名市茂南区语文教师主讲"文本解读与语文课堂教学"讲座，有效促进了当地教师的专业成长。

四是专心致志，笔耕不辍。2012 年 8 月，我的论文《高中传统文化课程标准与学业质量监测》获全国中语会 2013 年论文评比一等奖；《汕尾中学语文学科教学基本要求的实践》在《粤东基础教育研究》2014 年第 2 期发表，《大道至简、回归本真》在《汕尾教育》2014 年第 2 期发表，《高考语文卷语言文字运用备考智慧》在《广东教育》2017 年第 7 期发表，《为了你，一直走在最前面——台湾教育之旅》在《汕尾教育》2017 年第 3、4、5 期连载，2017 年 10 月主编汕尾中学教师论文集《教研视界》，《观点致胜，创意表达——"跨媒介阅读与交流"的读写相融》发表于《语文教学通讯》2019 年第 10 期。

五是名师引领，不断超越。我参加广东省中小学新一轮"百千万人才培养工程"名教师培养对象培训，加强与省市教育专家、名师的交流，在培养单位支持下，组织"名师汕尾行"，加强发达地区教师对汕尾地区、学校的帮扶力度，同时加强了与省、市名师工作室的互动。2018 年 5 月我成为教育部中小学领航工程首批名师培养对象，我积极与浙江、江苏两地名师研讨，并在浙江多所学校开展讲学，加强了同全国各地名师的交流。在教育部领航工程基地组织下，我到新疆、宁夏、河北等地区送教下乡。我也被华南师范大学教师教育学部、韩山师范学院聘为兼职教授，浙江师范大学教师教育学院聘我为教育硕士导师。

教育之慧是对教育教学问题长期研究和不断思索的结晶。只有在实践中不断发现问题，思考问题，研究问题，才能不断增长自身的思考能力、感悟能力。几年来，我让语文教学通过师生智慧的碰撞，带给学生成功的愉悦和幸福的体验，达成慧师、慧学、慧教的目标，从而真正把教师和学生都发展成为有思想、有智慧、有境界的人。

以形载意 臻于达境
——"形意英语"的研究与实践

北京师范大学(珠海)附属高级中学 高春梅

一、问题的提出

作为一个 20 余年深耕在基础教育第一线的教育者，笔者亲眼见证了传统高中英语教学的弊端，首先过分强调学生的语言知识的积累，忽略了对学生思维能力和文化意识的培养，导致教育内容的缺失。其次教师过于突出自身的掌控地位，导致学生主体性的丧失。最后教师的教研缺少主题、宏观导向和系统连续性，导致教师们缺乏真正的合作，影响了教研活动的实效性。基于此，笔者一直致力于探索利于人的生命成长、培养人的核心素养和实现人的生命价值为基本取向的英语教学思想。

2015 年 7 月笔者成为广东省新一轮"百千万人才培养工程"名教师培养对象后，在专家与导师的引领下，结合自身的英语教学实践和不断进行的课题研究，总结、提炼了"形意英语"的教学思想。

二、形意英语的内涵

1. 概念的本意解读

"形"：籀文𢆶=丯("井"的变形，矿井) + 𡈼(土，矿粉，指丹青等颜料) + 彡(彡，光彩)，表示用矿物颜料着色。造字本义：着色加彩，以显示图案。"形意英语"中的"形"有外观、样子之意。

"意"篆文 毳 = 音(音，声) + 忈(心，情感)，表示言语包含的情感。"形意英语"中的"意"是人们对客观世界进行精神映射的再现。

"达"甲骨文 徥 = 彳(彳，大道) + 大(大，人)，表示人来人往，四通无阻。造字本义：形容词，人在大道上通行无阻。"形意英语"中的"达"一是表走到目的地，引申为通达事理，见识高远。二是用做形容词表顺利的、成功的。

2. 概念的教育解说及学科解释

(1)教育是以形载意的过程

教育对象的多元性及无限的可能性决定了教育形式的多样性与多变性。如从内容看，有德育、智育和体育。从形态看，有家庭教育、学校教育与社会教育等。无论哪一种教育形式从本质来看，教育的本意就是"成人"，是使人成为人。笔者认为教育是"以形载意"的过程。教育只有回归原点，回归到人的身上，才会创造"形"美以悦目、"意"美以感心"的"形意"教育。教育的"以形载意"是指教育具有自然之形生长之意——让学生按照自己的身心规律来成长；潜移之形默化之意——教师把教育目的巧妙地隐藏在教学、活动乃至生活的环节中；虚心之形向学之意——教育最主要的功能是激发学生的蓬勃向学之意。对于英语学科而言，英语是语言形式与语言意义的融合体。语言形式包括语音符号和书写符号两个层次，语言意义强调对于英语的使用。因此英语既是外在"以形载意"的声音信息又是传递信息的交流工具。

(2)教育是"臻于达境"的过程

教育是受教育者实现自我身心和谐到人我和谐、社会和谐再到物我和谐的过程。和谐的最高境界是"臻于达境"。"达境"主要体现在"达人"和"达己"两个方面。"达己"一方面是让学生首先把自己培养成人，其次是成为完善的自己。另一方面是教师对自身生命的关注、爱护与尊重。"形意英语"的特色在于关注学生个人生命成长的同时，强调教师生命价值的实现。"达人"引申为除去学生本体的外物。"达人"有两层含义：一是人我和谐及社会和谐。教育要使学生自觉地走进他人的内心世界，学会理解人、尊重人、信任人和成就人。真正走近他人内心的学生才能与他人实现生命与生命的相互对接与交融，实现人我和谐、进而实现社会和谐。二是物我和谐。人类在改造自然的过程中，应该尊重自然、善待自然，自觉充当维护自然稳定的调节者，从而达到人与自然和谐相处的境界。对于英语学科而言，学生通过英语学习，掌握英语的基本知识和技能、发展英语思维和拥有文化视野，成为英语知识达人、英语思维达人和英语文化达人。同时教师在教学过程中实现英语水平的提升、感受存在价值、体味职业的幸福，从而实现自我的生命价值。"达己"强调教师和学生自我生命价值的实现，而"达人"强调学生通过英语学习，实现与他人的交往、融入社会并实现改造自然的目的。

三、形意英语的实践

1. 整合并提炼了"形意英语"的理论框架

至于"形意英语"的理论基础，笔者首先从中国传统哲学中寻找其根，以避免文化缺位的危机。"形"是中国古代哲学的重要范畴，孟子曰："形色，天性也；惟圣人然后可以践形。"[①]"形"即人之体态，"践"即履居。《周易·系辞上》："形而上者谓之道，形而下者谓之器。"《周易·系辞》中说："子曰：书不尽言，言不尽意，然则圣人之意其不可见乎？"[②]所谓"意"其实就是"天人合一"之"意"，是人合于天之"意"，是人文创造之"意"，是意义生成之"意"，是理想境界之"意"，是文化创造的原动力，是圣人对宇宙和人生的体验和感悟，包括天地万物的起源与演化；人与天地万物的关系和人与人、人与自我的关系；如何认识自然之理以及从中汲取人生哲理，如何生产、如何发明创造先进的器

---

① 杨伯俊. 孟子译注[M]. 北京：中华书局，1960：319.
② 黄寿祺，张善文. 周易译注（下）[M]. 上海：上海古籍出版社，2007：398.

具，等等。

其次我结合西方的人本主义教学理论和认知语言学的相关研究为"形意英语"提供理论支撑。人本主义教学理论的代表人物罗杰斯认为，教育应该把学生培养成富有灵活性、适应性和创造性的人，教育应该注重具有主动性、独创性和创造性的人。① 概括地说，罗杰斯认为，教育所培养出来的人应该是个性充分发展的人。这种人具有主动性和责任感，具有灵活地适应变化的能力，是自主发展的人，能够实现自我价值的人。

最后我从概念、意义、应用等核心要素来探寻"形意英语"的理论内涵和实践特征，让"形意英语"可视化、可操作，进而提出"形意英语"的教学观、育人观、学生观、教师观、课程观、教研观和教学生态观等，如图1所示。

2. 创立并实践了"形意英语"的教学模式

"形意英语"的教学观认为教学既是师生共同修行的过程，又是师生个人领悟的过程。"形意英语"的教学模式包含制定多维度的教学目标、创设生态化教学环境、创建真实性教学资源、设计情境化教学活动和实施发展性教学评价五个层次。在具体的教学中，教师可采用观物望形——赋形以意——因意生象——象成入境的教学步骤引导学生学习。

观物望形强调教师在教学中运用图片、歌曲、视频等多种可视化形象，激发学生参与的兴趣，帮助学生进入情境，聚焦教学问题，实现对学生形象思维能力的培养。赋形以意实际上就是要有效地激活学生之前相关的旧经验，使学生依托旧经验完成新任务。因意生象阶段是教学过程成败的关键，学生能否实现由平面到空间的转换，在于其能否实现知识编码及整合。在此阶段中，教师可借助适当的练习或测验，一方面及时判断学生对新知的理解和掌握程度，另一方面也可以使学生从尝试应用中纠正自己的错误认识，加深对新知更正确和透彻的理解并加以运用。知识的习得过程就是一个从具体到抽象的过程，学生通过比较、归

① 雷颖. 罗杰斯人本主义理论的内容及意义[J]. 青春岁月，2015：260.

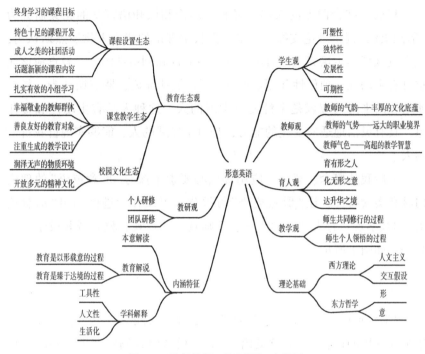

图 1 "形意英语"理论框架示意图

纳,使形象化的知识通过归纳总结而转化为学生现有知识结构的一部分。在总结归纳过程中,学生的抽象思维和批判性思维得到提升。作品与精品的主要差异在于境界,教学能否经得起时间的考验,其核心在于学生能否对所学内容融会贯通。因此在象成入境阶段,教师要合理设计和安排学生的语言输出活动,培养学生的"学以致用"能力。学生通过对于新知的巩固和迁移,培养自身的发散性思维和创造性思维能力,如图 2 所示。

3. 探索并实践了"形意英语"的育人路径

"形意英语"育人观是"形意教育"关于人的培养和教育的基本观点,包括在人的培养和教育过程中要达到的目标、实现途径及实现方式等。"形意英语"坚持以人的发展为本,以英语学科的教学为中介,强调"育

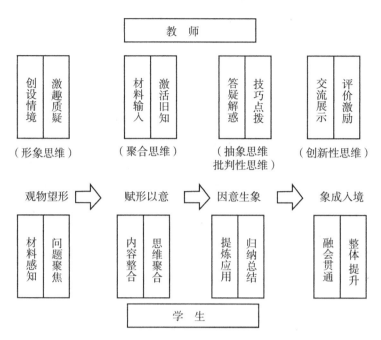

图 2　"形意英语"教学模式示意图

有形之人""化无形之意""达升华之境"，其实质就是以人为本、以文化人、以德化人。

　　经过几年的实践，笔者总结出"形意英语"育人的实现途径。首先回到育人的原点——以面向生命为根本。在"形意英语"实践过程中，教师结合英语学科育人的特色，以面向生命、启发生命、安顿生命为手段，促进学生主体性的提升、英语综合素养的完善，达到促进学生全面发展的目的。其次构建育人的文化——以文化润德为介质。在"形意英语"实践过程中，教师通过创建春风化雨的师德文化、润物无声的环境文化、德智相融的课程文化及和谐共生的课堂文化来实现以文"化魂"、以文"化气"和以文"化行"的目的，促使学生成为有德、有才、有创新能力的人。最后践行育人的步伐——以臻于达境为旨归。在"形意英语"实践过程中，教师通过成人达己、修己达人和惠物达人三种方式实现"达己"和"达人"的目标。在"形意英语"育人的过程中，教师一方面培养了学生的英语实际应用能力，提高了学生的综合文化素养，另一方面教师作为人的存在，在照亮学生的同时，也实现自身人格的升华，提升自我生命价值。

4. 构建并实践了"形意英语"的教师团队研修模式

"形意英语"的教学观认为：教师的教研活动主要由以自主发展为旨的教师个人研修和以教研组为平台的教师团队研修的外源实践两个部分组成。要促进教师自主发展为旨的个人研修活动，要从激发教师自主发展的职业意识、培养教师自主发展的调节能力和累积教师自主发展的知识底蕴三个方面着手。而以教研组为平台的教师团队研修是从英语教研组自身发展的实际需要出发，针对英语教育教学存在的突出问题，以英语教研组为平台，以组内省、市骨干教师为核心力量，以改善教师的教学行动为直接目标，以提高教师的专业修养水平和教育质量为根本目的，通过开展目标化、系列化的团队研修活动取得研究成果，并直接运用于英语教育教学实践。

以教研组为平台的教师团队研修的外源实践涵盖团队研修的情况调查的分析、研修模式的创立、应用策略的实施、文化场域的打造和团队首席的定位等内容。各部分之间既相互独立，又紧密相连，构成一个相互协调、相互促进的有机整体，贯穿教师研修各个环节和全过程，如图3所示。

四、形意英语的应用效果

1. 个人教学教研水平提升

笔者在提炼"形意英语"的过程中，理论水平不断提升，出版了专著《核心素养视域下的高中英语教学设计应用实例》和《澄怀观教——形意英语探寻之路》，主编校本教材1本，《美国康涅狄格州2014有效教学评价标准及其启示》《基于课堂观察视角下的台湾地区英语教育生态》《解读美国康州教室文化的构成》《文本解读"三步法"在高中英语阅读教

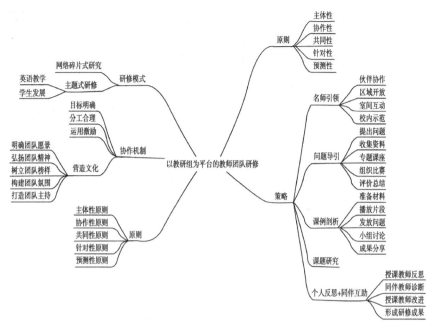

图3　以教研组为平台的教师团队研修示意图

学过程中的运用》等 8 篇论文分别刊发于《现代中小学教育》《江苏教育》《英语教师》《中学生英语》等刊物上。与此同时笔者的教学水平也得到提升。2016 年 12 月和 2017 年 12 月，笔者代表广东省名师在美国康涅狄格州和台湾高雄为当地学生上课。此外在珠海市网络教研、全国中小学教师成果评比、一师一优课、第二届全国中小学微课征集等活动中笔者也获得各种奖项。在丰富学生业余生活方面，2016 年笔者主持的英语戏剧社入选珠海市中小学校特色项目，获得 15 万的首批资助基金。笔者的教学、教研水平也获得了政府部门的肯定，被评定为广东省正高级名师、广东省特级教师、广东省新一轮"百千万人才培养工程"高中名教师培养对象和珠海市名教师。

2. 教师团队研修氛围浓厚

笔者利用科组论坛、主题讲座、世界咖啡、微课竞赛等活动，创设了民主开放的研讨氛围，开拓了团队成员的专业视野，发展了团队成员的教学技能，打造出一支优质团队，达到了以研促教的目的，实现了教研双赢。2014年5月，英语组在广东省中小学英语创建示范教研组成果交流展示活动中被评为高中组优秀成果学校。2014年12月30日笔者在珠海市全市高中英语科组长会议上作《我校英语科组建设与新学年教研组工作计划》的主题发言。2016年9月29日笔者赴廉江市廉江中学作《以教研组为平台的教师团队研修的实践》讲座。2019年3月19日笔者为来访的佛山一中名师作《以教研组为平台的教师团队研修的实践与思考》专题讲座，讲座推广了"形意英语"的教研思想。

3. 人才培养质量持续提高

作为教学思想最大的受益者——学生，笔者执教的班级在2015年和2018年高考均创造佳绩，平均分、优秀率均位列全校前列。2014年笔者获得珠海市学贯中西优秀指导教师奖。同时笔者多次组织学生参与演讲、手抄报、课本剧等比赛并获奖。活动使更多的学生得到充分的锻炼并增强了自信，为他们各自人生的发展奠定了坚实的基础。2018年毕业生杨佳妮在毕业留言中写道："我一直被你身上特有的从容、淡定和儒雅所深深吸引，总觉得你很暖心，一直陪伴我度过难忘的日子。"陈炜芳写道："您是我见过的最不啰嗦、最耿直、最有独特见解的英语老师。如果早点见到你，我的英语水平不至于那么无药可救。您和我既是师生，亦是朋友。您是我曾经的老师，更是我永远的指路人。"学生的成绩固然重要，而学生留言中所折射出的独到见解和感恩之心，正是"形意英语"所追求的育人目标。

4. 成果示范辐射作用显著

"形意英语"自提出以来，笔者借助广东省李细娟名师工作室、湛江市揭振东名师工作室和北京师范大学（珠海）附中英语组的平台，深入到云南少数民族地区、粤西和粤北的偏远乡村等地，通过示范课、专题讲座、问题诊断、案例分析、网络交流等多种形式向当地同行传播"形意英语"的思想，传递经验和做法，充分发挥了示范、辐射和引领作用，促进了各地青年骨干教师的发展，进而通过他们辐射影响到各自学校及区域，形成星火燎原的态势，促进了更多教师的提高和发展。来自番禺区名师工作室、名班主任培训的学员在活动总结中写道："高老师的讲座给人感觉如入宝山，流连忘返，具有非常实用的实践指导意义。高老师醉心于教育艺术和英语教学，在美好的芳华取得特级、正高级教师这两项顶级荣誉，充满正能量的专业成长之路是我们读不完的厚厚两本书，大家捧着高老师赠送的厚厚著作，十分珍惜、钦佩，身边有了学习的榜样，心中有了奋斗的目标。"

无画处皆成妙境

——我的"留白"教学思想

广州市天河外国语学校　陈　迪

一、我曾经的教学主张

20 世纪 80 年代，一部干净、纯粹而有力度的美国电影——《死亡诗社》影响了我。它有美国电影的一贯风格——艳丽的色彩、逗人的桥段、戏剧的冲突、煽情的故事。然而，导演并没有因此而让影片止步于此。威尔顿预备学院以其沉稳凝重的教学风格和较高的升学率闻名，新学期文学老师约翰·基汀（罗宾·威廉姆斯）的到来如同一阵春风，一反传统名校的严肃刻板。他提倡自由发散式的思维哲学，他崇尚以自由的心灵选择人生，他大胆改革教学方式，让学生们内心产生了强烈的共鸣与震撼。当我看到基汀带学生们在校史楼内聆听死亡的声音，反思生的意义；让男生们在绿茵场上宣读自己的理想；鼓励学生用新的视角俯瞰世界……尽管故事留给我们的是浪漫主义者在精神上的胜利，但基汀那自由、真实、质朴的教学方式所蕴含的哲学思维却让我内心产生强烈的共鸣。

我从教后，努力在工作中践行以下教学主张。

(一)葆有童心：努力做学生的好朋友

德国海纳特教授在《创造力》一书中写道："创造性教学的一个特征是，教师尽量关怀学生的学习，努力使自己返回到学生阶段，也就是开始一个倒回的过程，这样他才有可能把自己与学生看成一致的，并使学生把他视为同一。"我深知，要教好孩子，你首先得自己成为孩子；要调动学生学习的积极性，就要去亲近学生，用自己一颗永远不老的童心去打动学生。

所以，在课堂上，我总是努力以学生的大朋友的角色出现，以开放的形式设计了各种游戏，学生在玩中学习，在玩中领悟，学习积极性得以激发，创造欲望得以满足，学习信心得以增强，合作意识和个性也得到充分地发展。所以学生们经常称呼我为"Cindy"或"迪迪姐"。

（二）激趣引思：把学生带进英语学习的乐园

2011年6月，我为来自全国各地各学科的教师上了一节颇具生本理念的高中英语写作观摩课。这是一节有挑战性的课，因为我只有两天的备课时间，前置性作业的布置及落实时间仓促；学生因高考停课一周，学习状态没有调整过来；课型是写作课，相当部分的课堂时间用于写作的练习，安排不好课堂容易陷入枯燥单调、沉闷乏味的泥潭。在进行教学设计时，我立足生本"先学后教、以学定教"的思想，针对高中生学生喜欢参与任务型活动的心理特点，在教学中精心设计了采访、绘画、分类等不同的前置性学习活动，同时应用侧重过程性写作的教学方法，以小组合作的形式完成作文，收到了意想不到的教学效果。课堂以学生采访东圃中学崔校长的电话声引入，环节简单，展示反馈与合作写作的过程推动了课堂的高潮。整节课学生热情高涨，课堂气氛热烈，赢得了全国各地各学科听课教师的阵阵掌声和郭思乐教授的好评。

（三）互动生成：追求真实有效的课堂

我不满足于现状，结合新课程改革，不断学习，不断思考，用崭新的理念和鲜活的实践不断滋养自己，使自己永远站在改革的前沿。我认为："作为教师应追求真实有效和互动生成的原生态课堂。"真实的课堂摒弃演练和做假；真实的课堂应该面对学生真实的认知起点，展现学生真实的学习过程，让每个学生都有所发展；真实的课堂不能无视学生的学习基础，把学生当做白纸和容器，随意刻画和灌输。

语言的学习在于交际，交际中互动的课堂讲求对话和共享。优秀的老师应该善于营造一种生动的教学情境，一种平等的交流情境，一种真实的交流情境。教师和学生、学生和学生不仅仅通过语言进行讨论或交流，更主要的是进行愉悦的心灵沟通。在对话的过程中，教师凭借丰富的专业知识和社会阅历感染和影响学生，这种状态下的课堂教学过程，对师生双方来说，都是一种享受。

生成性的课堂需要耐心和智慧。课堂之所以是充满生命活力的，就因为我们面对的是一个个鲜活的生命体；课堂教学的价值就在于每一节课都是不可预设、不可复制的生命历程。追求生命的意义应成为教学的起点和归宿。课堂上需要教师善于激发学生的学习需求，放手让学生自主探索，需要老师展示学生真实的学习过程，特别是善待学生学习过程中出现的错误和不足，运用老师的智慧耐心引导学生，使之在获取知识、形成能力的同时获得健康的人格。

现以我在天河外国语学校参加广州市义务教育规范化学校评估中上的一节公开课为例作简要说明。本课中，我围绕校本教材《展望未来》第三单元"兴趣爱好"这一主题，精心设计了相关的听说读写活动。用英国人类学家古道尔谈个人爱好这一情境统领全课，分别让学生在这一情境中理解什么是兴趣爱好，为什么人类需要有兴趣爱好，有哪些兴趣爱好，兴趣爱好与生活、职业的关系，学生自始至终饶有兴趣地参与活动，展示自身的兴趣爱好，提出问题，分析问题，通过自主探索和合作交流来解决问题。而教师则只是置身其中，做了些穿针引线的工作，微笑、鼓励、切换、提示，会心地点头，学生不知不觉中学习了语言，应用了语言，体会到语言作为交际工具的价值，体验到学习的快乐，自信的神情、成功的笑容写在孩子的脸上。

二、我对教学风格的反思

教学风格是什么？教学风格应是多种多样的，不同的教师有着不同的教学风格，有的教师喜欢旁敲侧击不断启发；有的教师喜欢开门见山拨云见日；有的教师在课堂上一言九鼎，如同知识的化身让学生默然叹服；有的教师是和风细雨，如同朋友般与孩子们融为一体；有的老师的课堂朴实无华，能将复杂的问题简单化；有的老师的课堂巧妙设计，引导学生对简单的问题进行深入的思考。平常我听其他老师的课，常常被他们的精彩之处打动，在教学中总是想将他们的优点集于一身，最终却做不到。我想教学风格没有好坏之分，只有高低之妙，一名教师的教学风格一是与其个人性格有关，二是与其个人际遇有关，三是与其个人知识素养有关，只要有利于学生的知识与技能的掌握，有利于学生心智的开发，有利于促进学生思维与情感的发展，那么采用什么样的教学方法、形成什么样的教学风格都是好的。

我的教学风格是什么？什么样的教学风格才适合我？回顾我从教20多年走过的路，从初出茅庐的稚嫩与青涩，经过了在教学中的探索与努力，到现在的一种平和与成熟，我不知自己的教学风格是怎样的，但依稀记得是朋友或是同事告诉我的一些事："某某的孩子很喜欢你的课，甚至在家里学着你的语气与模样在表演，某某同学很欣赏你的课，在很多篇日记中写到你的课堂，写你讲的话……"我沉下心来思考：如果这种影响算是风格的话，那么我一直追求着的是一种"简约、平实、融合"的风格。

（一）平实

1. 教学过程要平实

教师对教学内容和教学对象都要做到心中有数，给人一滴水你要有一桶水，只要有了扎实的专业功底，用正确的教育理论去指导自己的教学实践。这样，教师的教学就不会故作高深，故弄玄虚，而会深入浅出，娓娓道来。而且，也会对课堂中出现的问题能做到预案在前，成竹在胸。

2. 教育学生过程要平实

即平静淡定，心如止水，遇事不急躁，这要求教师具有较深的修养，这也需要历练和岁月的沉淀。我现在还记得，约20年前，我在学校担级长兼教导处主任时经历过的一件事。那时有一对美术艺考生走得很近，有一次竟关在画室了长久没有出来，被一个同学告到了政教处，时任级长的我亲自处理了这个事件。这只是男女同学关系过密的问题，但当时在我和其他领导看来这是个严重违反校规的事情，加上当时这两个学生的认识态度不太好，没有承认交往不当的事实，在我看来就是知错不认、罪加一等了。于是，学校当即做出通知家长来校、公开处分的决定。其实后来我反思，由于当时年轻气盛，缺少对学生的理解和关爱，没有设身处地为学生着想，为了所谓校规而杀一儆百，处理方式比较简单粗暴，现在回想起来仍让我感到愧疚和不安。

3. "平实"还有平易近人之意

能做到这一点，我经历了很长时间。过去，"师道尊严"，"一日为师终身为父"等传统观念对我的影响很大。后来，我逐渐意识到师生应当平等，课堂需要民主，因为它体现了对生命的尊重。以生为本，需要师生之间以平等的主体参与到课堂教学中，教学的效果才能最优化，师生才能共同享受课堂的快乐。平等是营造民主氛围的起点，也是良好氛围持久的保证。

（二）简约

"简约"是我对课堂状态的最高追求。精于心，简于形。简约不仅是一种气质，一种风格，更是一种境界。如果课堂是一幅多彩的图画，简约课堂更像是一幅写意中国水墨画。简约的课堂首先应当是教学语言的简约。教师课堂用语要简洁、深刻、凝练，不说废话。在课堂上教师的话要努力实现最少化，能通过学生自己阅读、自己动手完成的内容教师就坚决不讲。

1. 教学语言简约

教学语言是教学信息的载体，是教师完成教学任务的主要工具。苏联教育家苏霍姆林斯基说："教师的语言修养在极大程度上决定着学生在课堂上的智力劳动效率。"简洁、准确地表达概念和规律，才能让学生正确全面理解它。教学语言简约化需要做到以下几点：应该增加词汇量，让课堂表达拥有更多、更准确的词语选择余地；在讲课时必须主题突出，不能跑题；要精心备课，细致写教案。教师想把话说得精当到位，前提是教师精通行业，即有深厚的专业知识和扎实的教学功底。教师要针对每节课，广泛搜集有关信息，深入领会要点内容，吃透其精髓，让这些积累和储备作为讲授的根基，支撑起丰富的课堂。这时候，教师就不会出现词不达意的现象。

2. 教学手段简约

简约的教学手段有很多，我最推崇的是用简约的图示如思维导图表达复杂抽象的情感和观点。如在高中英语人教版必修三第 5 单元这个以游记为主题的单元，我引领学生通过思维导图，以时空两个维度作为线索梳理全文，学生短时间内就把握了文本的特征，厘清了思路和结构，从而深化了对文本内容的理解和内化。

3. 教学环节简约

课堂导入在一节课的教学中起着很重要的作用，可是现在有许多教师很瞧不起那些简单的引入方式，为了渲染课堂气氛把本来很简单的内容复杂化，为了联系实际，把一些与教学内容无关的或难以理解的内容强加到课堂中，无端设置了许多障碍，使同学们一开始就迷雾重重，影响了整节课的教学效果。当下课堂更加注重学生的合作学习，小组合作学习已经成为课堂一大风景，然而，这种学习方式真正成功的很少。要么一堂课乱糟糟，老师很难驾驭；要么流于形式，每一个问题都事先设计好，学生按照老师的思路进行。其实我认为，合作学习的价值不在于其结果，而在于其过程，一节课有无合作学习的必要，该怎样合作学习都是值得我们认真思考的。在许多情况下我们不具备合作学习的前提条件。我们完全没有必要把原本安静、简明的课堂弄得过于热闹，也没有必要在课堂上将学生分成固定的小组。对于高中课堂，为了启发学生深度思维，需要留给学生思考时间，让学生在静静的思考中不断完善思维品质，体验思想方法，陶冶语言情操。

(三) 融合

1. 英语学科与信息技术融合

信息技术可以提高课堂效率，是现代教师必备的技能。传统的备课方式，教师要花较多的时间去查找资料和书写教案，现在由于信息技术的资源共享和搜集处理功能，教师在备课时，除了借助教材和教参外，还可以通过网络撷取大量的与教学内容相关的信息和资料，开阔了眼界，拓展了上课的思路。课堂上教师还可以利用信息技术把微观变宏观、把动变成静、把快变成慢、把平面变成立体。

2. 跨学科融合

我 1995 年从四川大学毕业，尽管是文科生，但我喜欢科技、医学、量子物理等，我指导学生参加广东省、广州市科技创新大赛获一等奖。我喜欢数学、地理、艺术，也喜欢足球、拳击甚至军事，我爱看战争片和科幻片。可能就是因为跨界的兴趣和爱好，给了我对教育更多更丰富的理解。

三、我的教学思想凝练过程

通过研修，我从"平实、简约"的风格逐步过渡到"留白"的风格。我教学风格凝练的过程如下。

(一) 第一阶段：分析教学个性，设计教学发展方向

1. 定性——分析教学个性

教学风格因个性而独特。教学风格是教师教学个性化的标志。我在导师和同伴的帮助下，从自身的思想、思维、语言、性别、年龄等方面总结分析，确立自己的教学风格。

2. 定向——确定教学风格发展的方向和人生走向

(1)确定教学特点：平实型、简约型、理智型。追求的讲课特点：简单质朴，真实自然。

(2)人生走向定向：一个有追求的教师，一个有远大抱负的教师，一定要善于筹划未来，确定个人发展方向，要以自觉的行为做必然发生的事情；要发现自我、找到自我、超越自我。

3. 定法——设计发展路径

(1)模仿：要模仿名师。我模仿了山东省聊城市教育局张维宪老师。

模仿的路径：先专后博，先博后专。我目前处在先博后专的阶段。

模仿的重点：我对张维宪老师的模仿主要在其风格和方法上，总结了不少"留白"的形式。

模仿的方式：专著与课例结合。我上了若干留白的公开课，反响不错，专著正在出版中。

(2)探索：课在打磨中变得精美。每年打磨一两节精品课。探索教学风格、授课特点；探索教学的思路、方法、技巧和细节处理；探索用先进的教育理念来指导教学行为。

(3)创造：教师要形成自己独特的教学风格，"创造"极其重要。要实现真正的创造，教师必须用自己的眼睛去看，用自己的头脑去想，用自己的方法去做。

(二)第二阶段：研究名师讲课特点，形成教学思想主张

站在巨人的肩膀上显得更高，看得更远。如果站在名师的肩膀上更容易成就自己。

1. 自我研修，积极模仿

我对一位、多位名师进行专题研究，分析其课例、文章等，总结其讲课特点和教学风格，并积极主动地模仿名师讲课，感受其风格特点和

教学艺术。

2. 大胆借鉴，扬我所长

做最好的自己。每个人都有自己的长处，每个教师都有自己的教学特点，要专心做自己最擅长的事。

我们与名师有差异，要正确取舍、大胆借鉴、扬长避短，让自己的长处更长、优势更优、强项更强，把最好的一点发挥到极致。

3. 提炼观点，形成主张

作为教师，最可贵的是要有自己的思想主张，对教学有着自己独到的见解，对教学内容的处理、教学方法的选择、表达方法的设计都有独特的认识。

(三) 第三阶段：开展课堂系列研究，提升教学实践智慧

课例研究——聚焦课堂。我有五节不同层级的公开课，如省内支教课 3 节、区内研讨课 2 节、校内展示课 1 节，都是"留白"教学风格展示的课例。

课题研究——专项探索。积极承担相关课题工作，分析英语教学现状，并切实找到解决的办法。

四、我的教学思想——"留白"解读

(一) "留白"的艺术起源

"留白"，源自中国绘画艺术用语，原是指在画面布局上留下空白，让人浮想，引人回味；因此，它也是中国艺术审美的一个重要观点。同时，留白也是艺术表现手法之一，是指在艺术创作中为了更充分地表现主题而有意识地留出"空白"。无论是文学、音乐、摄影，还是戏剧或绘画，作品中的留白以无胜有，不仅显示出中国传统艺术的智慧，而且具有很高的审美价值，是一种智慧也是一种境界。如南宋马远的《寒江

独钓图》，一叶扁舟，一悠然垂钓的老翁，整幅画面没有任何水的痕迹，但却营造了烟波浩渺的意境，所谓"此处无物胜有物"。作为独特的艺术活动，课堂教学同样需要空白之美，讲究留白艺术。

(二)"留白"的时代背景

自倡导"高效课堂"以来，"快节奏、大容量、高效率"的课堂逐渐成了一种流行的时髦追求。从字面分析，"快节奏、大容量"是手段，"高效率"是目标。这种目标的追求本身没有任何的不对，但是，"快节奏、大容量"是否就能一定生成"高效课堂"呢？我认为这是缺乏逻辑的强行因果推理。"快节奏、大容量"的课堂体现的"教师本位"思想，确保的是单位时间内"教"的效率；但是从"学生本位"的角度看，"高效课堂"不仅仅看的是教学过程的优化和教学效能的最大化，而是更应该关注学生学习的状态和学习的成效。因为"高效课堂"评判标准的落脚点是学生，而不是教师。学生学习效率的最大化和学习效益的最优化才能体现课堂的高效。《论语·先进》如是说"子曰，过犹不及。"只有善于抓住和把握学生的心理认知规律，教学容量和教学节奏"适度"，才能有良好的教学效果。过大的容量、过快的节奏会导致教育的艺术感和学生的获得感缺失，教师的教学少了从容和自然，学生的学习因疲于应付而囫囵吞枣。

如何突破这个教改中的困境呢？通过不断思考和探寻教育实践的内涵，我有了"留白"的教学思想。

(三)"留白"的理论依据

从心理学的角度看，格式塔理论认为，任何事物均可被视为一个完整的结构，当人们在看到一个不完整即有"缺陷"或"空白"的形状时，会情不自禁地产生一种紧张的"内驱力"，并促使大脑积极活动去填补和完善那些"缺陷"和"空白"，使之趋向完美，从而达到内心的平衡，获得愉悦的感受。在课堂教学中，教师要善于抓住和把握学生的这种心理认知规律，适当留白，进而推动课堂教学的动态生成。如果从艺术的角度去看教育教学，"留白"是中国艺术审美的一个特点，无论在文学、音乐、喜剧还是绘画等艺术领域，作品中的留白以无胜有，体现出中国传统艺术的智慧，而且具有很高的审美价值。我小时候跟随父亲学习国画的经历，使我想到将"留白"思想迁移到教学中，并且在实践中取得了比较好的教学效果。

(四)"留白"的形式内涵

课堂教学中，教师要适当为学生留白。留什么？如何留白？留白应包括四个维度：留内容、留空间、留时间、留问题。具体说来，留白方式主要有如下几种：导入时留白、讲解留白、衔接留白、迁移留白、思维留白、重难点处留白、问题留白、认知冲突留白、出错留白、高潮留白、评价留白、板书留白、结课留白、作业留白。

(五)"留白"的教学策略

在教学实践中，我一直追求"留白"的教学风格。英语课堂教学借助"留白"，可以激发学生的求知欲；可以让学生通过知识的自我构建来积累语言知识和技能；可以启迪思维使其感悟语言；可以培养学生的想象力，丰富学生的情感和对世界文化的认识。英语课堂教学适当"留白"，让学生有所思考，有所探索，有所创造，形成一种语言教学所特有的韵味和幽远的意境。

我在"留白"教学风格的形成中提出："三自""三还""三留"。

三自：自然开始—自在建构—自如应用；

三还：把讲的权利交给学生，把问的机会还给学生，把评的自由还给学生；

三留：保留学生自主学习和展示交流的时间，保留思维、语言、活动的浸染，保留自行解决问题的空间。

(六)"留白"的意义价值

课堂教学中的留白是指教师根据教学需要，不通过直接讲述的方式将一些学习内容告知学生，而是通过言语激发、提出问题、讨论交流等方式留下"空白"，引发学生在更广阔的时间和空间里联想与想象、思考与探究，更好地发挥学生主体作用的一种有效的教学策略。留白不是俭省，也不是避重就轻，而是引而不发，是一种教学智慧。它如同绘画留白，让课堂充盈着无限的遐想；如同音乐留白，让学生的情感体验情意绵绵；如同书法留白，营造出空灵的课堂空间。

恰当地运用留白艺术，有利于克服教师教学过程设计得过分细密，教学过程中过早中断学生的思维活动。恰当地运用留白艺术，有利于培养学生的学习兴趣，发展学生的想象能力，均衡学生发展的差异。同时，还可淡化教育的痕迹，增强教学的艺术性，实现教育无痕。恰当地运用留白艺术，有利于充分发挥教师的主导作用和学生的主体作用，有利于教与学的有机统一。

(七)"留白"的困惑挑战

"留白"思想的困难与挑战：教师留白了之后，学生会不会应用这个空间？"留白"会不会影响课堂实施的流畅性？如何做到"留而不流"？学生在长期的压抑下，缺乏一种课堂的自主性、能动性和积极性，所以，我认为教师首先需要先唤醒学生这种学习的自主性，然后激趣、激励，同时通过赋能，帮助学生掌握学习的策略和方法，才能师生一起解决这个留白导致的空白和尴尬。在这个过程中，赋能和赏识教育是非常重要的，首先要赏识、信任学生，其次要交给孩子们方法、技巧，和他们一起成长。

陶行知先生提出了著名的"六大解放"，这是从教育和课程的宏观层面实施的"留白"：解放儿童的头脑，使他们能想；解放儿童的双手，使他们能干；解放儿童的眼睛，使他们能看；解放儿童的嘴巴，使他们能谈；解放儿童的空间，使他们能到大自然、大社会中取得学问；解放儿童的时间，不把他们的功课表填满。从课堂设计的微观层面落实"留白"，和陶行知老先生提出的"解放"的教育思想体现了异曲而同工之妙。

五、"留白"教学思想的课堂实录

现以教材 Unit 5 *Future Life* 的教学为例，阐述"留白"教学思想在课堂中的应用。

本课教学内容是 Unit 5 *Future Life* 的第五个课时 Portfolio 5 An opinion essay，重点是巩固并应用本课提供的阅读材料，应用"以读带写"的仿写策略，从语篇结构(总—分—总)、句型(表达观点)这两个角度进行模仿写作，表达个人对未来生活中某些话题的观点和看法，从而实现最终的语言输出。

我自创的三段式读写教学模式中应用"留白"的教学策略如下，如图 1 所示：

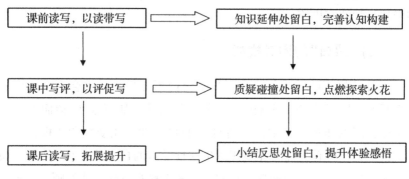

图 1　三段式读写教学模式中留白教学

(一)知识延伸处留白，完善认知构建

本课是读写模式，我们在处理拓展阅读这一环节时，不必每节课都把这一环节纳入课堂，而应通过布置前置性练习的方式"留白"，激发学生阅读期待心理，引导他们查找相关资料，培养动手实践、主动获取知识的习惯和能力。在本环节，我通过导学案设计了两处"留白"练习：

1."留白"练习一：语言知识"留白"

这是读前激活思维的练习，Ex. 1 主要创设服饰品情境唤醒学生的知识储备，Ex. 2 是从词汇知识延伸到句型知识，引导学生对本课知识点从词到句到观点和句型的归纳和积累，为写作环节进行语言铺垫。同时，培养他们敢于自我表达的能力。设计如下：

Section 1   Before class

Pre-reading ：*activate your background information*

Ex. 1 Match the words with pictures.

1. boots   2. coat   3. dress   4. jacket   5. jeans   6. jumper

7. shirt   8. shoes   9. shorts   10. skirt   11. socks   12. tights

13. trainers   14. trousers   15. T-shirts

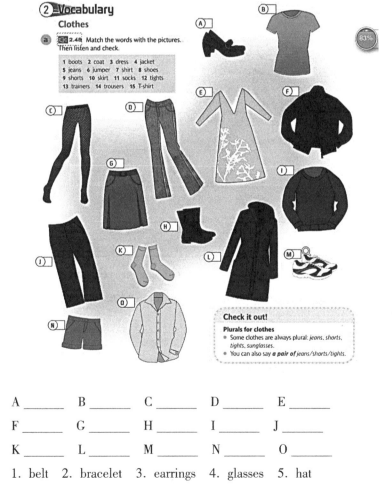

A _____   B _____   C _____   D _____   E _____

F _____   G _____   H _____   I _____   J _____

K _____   L _____   M _____   N _____   O _____

1. belt   2. bracelet   3. earrings   4. glasses   5. hat

6. necklace　7. ring　8. scarf　9. sunglasses　10. watch

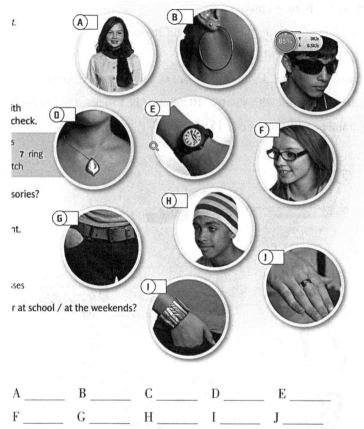

A _____　　B _____　　C _____　　D _____　　E _____

F _____　　G _____　　H _____　　I _____　　J _____

Ex. 2 If you are asked to choose clothes for your teacher as school uniform, which items above would you prefer? And explain your reasons for it, please.

Items you choose	Your reasons for it

2."留白"练习二：语言技能"留白"

在英语的读写课，我在导学案的读后环节布置了绘出你们学校教师制服的图画并用英语对服饰进行描述的作业，此处的"留白"在于把学习和生活结合起来，开启学生的想象力和审美能力，并为写作进行了知识技能的铺垫。

★ *Post-reading*：*make reflection and have an imitative writing*

Ex. 1 Mindmap what you've learned from Kirk's essay about the writing of an opinion essay.

Ex. 2 Design a uniform for the teachers at your school.

Your drawing for the teacher uniform

Your description

（二）质疑碰撞处留白，点燃探索火花

1."留白"设计一：问题"留白"

孔子曰："不愤不启，不悱不发。"朱熹注："愤者，心求通而未得之意；悱者，口欲言而未能之貌。""愤"和"悱"，实际上是学生进入积极思维状态前的心理状态上的空白，此时，学生的注意力、思维、情感、意志等交织在一起，是智力发展的最佳时刻。教师要善于创设这样的空白情境，引导学生进入"愤"和"悱"的状态，点燃学生探索的热情，

激活学生的思维。我在课文的导入环节，设计了拉幕式的PPT，使用遮掩功能和学生们一起玩起了天河区6所公办中学校服猜猜的游戏，激发了学生的好奇心，学生异常兴奋，反应热闹，形成了课堂的小高潮。

2.“留白”设计二：质疑“留白”

新课标引领的课堂改革在很大程度上改变了传统的相对封闭的教学状态，学生已经非常喜欢这种开放、生动、多样、平等的上课方式，尤其是对把课堂变成一个大舞台，能让他们充分展现自我的做法，学生非常喜欢。所以学生们乐意上读写课，参与“自评他评，以评促写”的热情挺高。

课中小组合作写作，生生互导互评的环节，我设计了开放性问题，通过“留白”引导学生能够应用本次读写课的关于校服话题的语言知识，学会倾听和评议。

Section 2　In class

★ *Pre-writing*：*activate the background information*

Ⅰ. Play a guessing game

Ⅱ. Display your findings in groups.

★ *While-writing*：*have a co-operative writing in groups*

Cool Design

The school art festival is coming. The Student Union is going to collect the opinions and new designs for school uniform. You are asked to write to the Student Union. The following information should be included in your writing.

1. What do you think of your school uniform？Please state your reasons for it.

2. If possible，design a new school uniform for the students and describe it with the words you learn from the text.

(三)小结反思处留白，提升体验感悟

新课程改革要求学生能够在学习中体验，并结合实践，通过与生活

实践相结合的教育，得到感悟，这样的教育就给了学生最深的体验，并在切身体验的认识过程中，实现自我教育。

本课的最后环节，我设计了 1.5 分钟的香奈尔短视频播放，师生在音乐中体验、感悟和反思，画面上可可·香奈尔小姐优美的身段，得体大方的穿着用无声的语言向学生展示艺术的美，图片中香奈尔对艺术追求的理解引领学生从本课"校服"的话题提升到"时尚"的话题，引导学生思考什么是美，赏析和追寻美的优雅意境。

Post-writing：promote writing with evaluation

Section 3　After class

Ex. 1 Extended reading：read the following passage and fill in blanks.

My View on School Uniform

Nowadays, almost all junior and senior students wear school uniforms, which has aroused a heated discussion among students. Some are for it because they needn't worry about what to choose for school dressings everyday. Besides, poor students will not be looked down upon by wearing the same school clothes. Most importantly, students can feel proud of schools.

However, other students are against wearing school uniforms for they think the uniform style is old-fashioned. And the colors are too boring . What's worse, some school uniforms are poor quality but expensive.

What do you think of it?

Views on school uniform	For	Against
Supporting details		

Ex. 2　Extended writing：*choose the topic you like* and finish the writing.

Task 1 学校为初一新生设计了一款校服，男式帅气，女式俏丽，很受学生们欢迎。但有家长提出，这样的校服会容易使学生分心，甚至会助长男女同学之间的爱慕心。校方对此很为难。请你给校长写一封信，表达你对校服的看法，并提出帮助校方解决家长顾虑的建议。

要求：观点明确，表达得体，信的开头已经给出。

Dear Sir,

I'm writing to tell you about _____.

Task 2 Make a survey on how your parents think of their work uniforms.

Views on school uniform	For	Against
Supporting details		

  Share some famous sayings about dressing

1. 时尚易逝，风格永存。

—— Coco Chanel

2. 有人认为奢侈是贫穷的对立面。其实不是，奢侈是粗俗的对立面。

—— Coco Chanel

3. 设计是一种永恒的挑战，它要在舒适和奢华之间、在实用与梦想之间取得平衡。

—— Donna Karan

4. 我认为，优雅不是要传达低调，而是要抵达一个人非常精华的层面。

—— Christian Lacroix

5. 穿衣打扮是生活的一种方式。

—— Yves Saint Laurent

　　本课例是 2016 年天河区特色学校现场会上一节学校特色文化渗透公开课,授课地点在南国实验学校,是异地教学,而且抽签的上课班级是该校班级薄弱的教学班。40 分钟过去后,随着下课铃声的响起,看上去还没有尽兴的孩子们依然安坐在位置上,眼睛齐刷刷地看着屏幕而若有所思。课后,我与来自天河区教育局的领导、天河区各中学的教学管理人员及骨干教师进行了交流,他们也比较认可我的"三段式读写教学模式"以及"留白"教学思想在本课例中的应用。我享受着教学思想和教学理念践行中的喜悦,享受着这节课"留白"所带来的别样精彩。

　　苏霍姆林斯基说过:"最好的教育就是自我的教育!"教育不仅仅是简单的说教和无奈的责骂,更是师生共同经历、相互激荡的生命历程。如果我们的课堂,学生能够在主动的体验下,得出认识,同化、顺应旧认知体系,建构新认知体系。这样通过体验—认识—感悟受到的教育,才是最有实效的。教育是一种促进人成长的手段和方式,在教育中,教育工作者应根据人的生活方式、心理特征、个性发展来实施教育策略和手段。本节课,我选择了"留白"教育,取得了很好的课堂效果。当然,课堂教学中的"留白",有时是刻意为之,有时则是因为受课堂时空限制以及教材重点的要求,是"随意"为之。但无论哪一种情况下的"留白",都要求起到铺垫、蓄势的作用,达到引发学生"向青草更青处漫溯"的教学效果。

生活地理愉快学

深圳市罗湖教科院附属学校　鲁　艳

一直以来，做一名充满教育教学智慧的艺术型教师是我内心不懈的追求。2015 年经考核和面试我有幸成为广东省新一轮"百千万人才培养工程"高中文科类名教师培养对象的一员，并开始参加各项培训、学习和交流。在项目组的推动下，我尝试从自己的教育教学特点和风格中凝练自己的教学主张和教学思想。经过几次提炼和导师的指导、助产，"生活地理愉快学"逐渐在我的脑海中明晰，这既是自己 20 多年来教育教学的写照，也是将来教育教学前行的方向。本文主要阐述"生活地理愉快学"的凝练及其主要观点。

一、教学思想形成背景和过程

1. 从我的教育经历说起

儿时我就知道"春蚕到死丝方尽，蜡炬成灰泪始干"是对教师甘于奉献精神的写照，初中时老师对我无微不至的关怀、无时无刻的关注、无处不在的教诲，至今还深深地印在我的脑海中。

学生时代，我一直是父母和老师眼中的"乖乖女""好学生"，同学们眼里的"学霸"。回想自己的成长，我总觉得多了些本分、踏实、听话、勤奋，少了点创新意识、学以致用和生活能力。说实话，我不希望下一代人如我这般成长，也不希望自己一如我当年的老师。因为今天的社会更需要具有创造力的人才（学生），更需要具有教育智慧的教育工作者(教师)。

我崇尚艺术型教师,期望有一天自己的教育方式、教学方式如他们一般能别具一格,让学生感到新鲜、兴奋、精彩。我渴望课堂上学生笑盈盈的脸,渴望学生轻松的学习过程,渴望水到渠成的教学效果。

2. 从学生眼里感受我的教学特点

每年的教师节,老师们都会收到来自学生的贺卡,往往能看到学生眼里自己的形象。在翻看这些珍贵的卡片时,我突然发现,学生们看似不经意的笔下不仅指向了我平时地理教学的共同特征——教学自信、灿烂笑脸、生活味道、善打比方、巧用比喻、内容充实、注重互动等。

我印象最深的是 2009 年,当时高考模式是"3+X(地理)"考试,在全年级几乎学习能力最弱的学生都选报了地理科的前提下,高考时地理班(我既是班主任也是地理学科教师)本科率达 100%,重点率达 67%,成为学校建校历史上第一个全本班级(学校本科率)。这个班地理文化考生 31 人中有 8 人地理单科成绩在 125 分以上,全市地理单科 125 分以上的高分段学生超过四分之一在这个班,阮佳佳同学更以 637 分居全市地理考生总分第一名。关注到学生的优异成绩后,为了更真实地反映学生的想法,学校在我不知情的情况下将这届参加高考的学生重新请回学校,召开了一个主题为"谈谈我们的鲁艳老师——优秀地理教师教育教学艺术座谈会"。

两个月后,我才完整地看到这段录像。在学生心目中,我更看重他们习得思维导图时养成的综合分析问题的习惯,更感激习图讲图过程中学生养成的良好的区域认知习惯以及他们胆量的壮大和表达能力的提升,更庆幸地理课堂上我的"留白"给了他们思考的空间,养成质疑的习惯……

3. 从同行眼里反思我的教学风格

2012 年又一批高三学生毕业了,学校召开教育教学研讨工作会议,在全校教职工大会上领导没有要我作教育教学经验交流,而是请我当时的年级长、学校教科室主任张健"谈谈鲁艳的教育教学"。张健是一位语文教师，他的发言再一次"震"到了我，让我又一次审视自己的教学。

他的发言中有这么一段话："她的课堂说起来很简单，就是一件事、两个字——纠错。听了她两节课，就听了她帮学生纠正两个题目的错误。两个题目的错误，两分钟足矣，她和她的学生整整用了两节课，下课时还余兴不尽。这样简单的事情，在她的课堂里不简单、不单调、不枯燥。她对学生、对学生的问题了如指掌，对她要指向的目标、对她实现课堂目标要用的素材和技巧烂熟于心。任何学生任何时候都有可能被她叫起来，但是不管什么时候站起来，鲁老师会让站起来的学生和其他的学生甚至自己都有一种收获，这种收获可能是知识上的，也可能是学习习惯上的。她的课堂充满生活感，生活中的比方、生活化的场景、生活里的思路让人觉得轻松，感觉时间过得很快。在这样一种似乎很平常的课堂上，你会看到一种很不平常的互动，师生互动，生生互动。有学生与学生的争论，也有学生与老师的争论，纯粹就是就是一场思维风暴。两节课两个题，效率非常低，但是这场思维风暴中，学生受到的思维训练程度非常高，效率远高于两节课、两百道题。"

原来在一位资深的语文教师眼里，我的地理课堂特点就是有生活重思维、重习得养习惯促习性。

4. 从课题研究凝练我的教学思想

通过"百千万人才培养工程"的培训学习，在王红院长和徐颂军、梁汉强两位导师的指导下，我结合自我认识、学生反馈、同行评价和家长意见，尝试从自己的教学经验出发，归纳教学特点，提炼教学风格（图1）。

随着社会的发展、课改的深入，教师的专业发展离不开课题研究。基于自己逐渐形成的教学风格，近几年我开展了三个课题的研究："高三地理复习课模式探索""利用'生生互动'提高高三地理复习课效果行动研究"和"初中地理习本课堂教学行动研究"。

"高三地理复习课模式探索"课题旨在告诫自己"将地理课堂还给高三学生"，因为即便是应试也是学生应试，也要做到概念要让学生理解、规律要让学生归纳、问题要让学生分析、考试的技巧要让学生掌

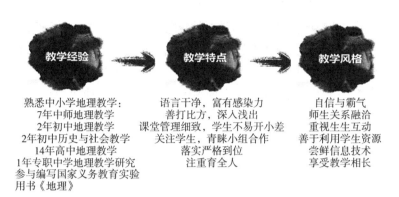

图1　教学思想养成图

握。同时在高三课堂上我坚持"阵地在课堂、效率自落实、习惯出成果、素材源大家、环境来熏陶、信心是保障"个性化教学原则,实践着"讲每日一图,训练常规技能;绘思维导图,梳理主干知识;做练习讨论,细化考点内容;试分析生活,运用基本原理;会应对考试,增强答题规范"复习课五步曲(图2)。

图2　复习课五步曲

主持"利用'生生互动'提高高三地理复习课效果行动研究"课题,

我是想尝试在地理课前、课中和课后三个学习阶段，探索"生生互动"的学习途径和行动过程，即课前预习制作思维导图，生生间相互比较思维导图，取长补短，充实学习内容；通过课中学生课堂讲图、互相评价、个体答疑等将区域知识与自然和人文地理知识相结合；尝试在作业评价、自我纠错和试卷讲评中开展生生互评与互动，如图3所示。

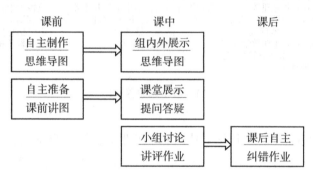

图3 "生生互动"地理复习课

这两个课题都以学生为主体，尊重学生的兴趣选择，关注学生的学习习惯养成，注重思维能力和思维方式的培养，注重从地理的视角提出生活中的问题，运用地理知识和能力解决生活中的问题。

"初中地理习本课堂教学行动研究"课题申报了省"百千万人才培养工程"项目办2016年度课题。习本课堂是罗湖区构建的"教、学、习"三位一体的课堂教学结构。"教"主要指教师的讲授、指导行为，"学"指学生模仿、获取知识的行为，"习"既指学习过程中的反复训练与实践，也指学习行为到达领会、通晓、熟悉的程度。"以习为本"的课堂教学，将教学的目标和重心直接指向学生的"习"，通过"习"的行为量化探寻个体认知特征，实现习得(知识技能的操作和实践)、习惯(固化的灵活应用的能力)、习性(精神追求和价值取向的外在行为特征)梯级发展，达成由知识学习上升到素养提升的育人目标。

我选择开展这个课题研究是因为目前在罗湖区初中地理教学中，地理不是中考科目，得不到学校、学生、家长甚至教师自己的重视；学生不知道学习地理有什么用，只是为应付考试死记硬背，学生缺少学习地理的内驱力；教师专业性不强，传统教学模式在罗湖区地理教学中有着广阔市场，照本宣科几成常态；教师安于现状，缺乏教学研究的热情和积累，研究滞后，改变课堂动力不足。而且随着新技术在教育教学中的普及和运用，大数据、云平台、微信、翻转课堂等一系列新兴名词诞生，基础教育课堂教学改革面临着新的机遇和挑战。当今世界人工智能做高考数学卷，10 分钟可以拿到 100 分，教育已经在发生改变，知识的学习已经不是教育的重心，能力、思维、素养的形成才是未来社会对人才的需求。数字化技术和教学平台可以轻松地拓宽课堂的广度，有效促进学生学习并提高教学效率，这也是未来教育的发展趋势。同时，罗湖区发布了《深圳市罗湖区深化教育领域综合改革实施方案》，要求坚持以学生为中心，以学习为主线，以学情为依据，以习得为重点，以思维发展为目的的基本教学思想和"先学后教"基本教学原则，构建以学生学习为中心的课堂教学方式。为此，我带领罗湖区初中地理教师团队开始了习本课堂教学实践，希望以习本课堂为载体，引导学生在愉快和谐的课堂上学习对生活有用的地理，切实提高教学效率。

二、教学思想理论基础和基本理念

1. 教学思想理论基础

建构主义关于学习的理论、杜威"儿童中心"论和陶行知"生活即教育"论为生活化地理教学提供了有力的理论支撑。

建构主义思想认为，学习不是被动接收信息刺激，而是主动地建构意义，是根据自己的经验和生活背景，对外部信息进行主动的选择、加工和处理，从而获得自己的意义。即建构主义者关注如何以原有的经验和生活为基础来建构知识。杜威儿童中心论强调儿童是教育的出发点，社会是教育的归宿点，在这两点之间形成教育过程。他批评强迫儿童死记硬背，填鸭式地灌输书本知识，提出从儿童的现实生活中进行教育，激发儿童的学习需要和兴趣，调动他们的学习自觉性和积极性。教师应是儿童生活、生长和经验改造的启发者和指导者。陶行知先生提出教育不能脱离生活，教育要通过生活来进行，无论教育的内容还是教育的方法，都要根据生活的需要而施行。

2. 教学思想基本理念

（1）地理学与生活不可分离

许多人对"地理学"一词只是联想到事物位于何处，当学生知道地理老师对于哪条河流最长、哪个山脉最高、哪个沙漠最大、哪个国家资源最丰富、哪个地区地形最复杂、哪里火山最频繁、哪里滑雪最出名、哪里人种最复杂等等问题一清二楚时，常常会佩服得不得了，以为地理老师知道世界各地不同国家、城市、交通、物产、人种等的分布。他们却不知"地理学远比地名和位置丰富得多，地理学是研究空间变化的学科，正如知道了人体各个器官的名称和位置，并不能使一个人会进行心脏外科手术一样"。所以，初中地理教学绝不能仅仅停留在帮助学生记忆世界不同地区的地理特征上，更重要的是要引导学生学会分析地理特征及其形成和变化发展的原因、过程和结果。

同时，地理是一门生活性很强的学科。首先它研究的范围是我们生活的这个世界，上至气象，下至地质，皆是围绕着我们活动的这个空间。其次，地理研究的目的是更好地理解我们的世界及其变化，从而实现"人地和谐"。所以，生活性是地理学科的基本特性，生活化教学是学科本质的体现。在教学过程中，善于联系生活，充分利用学生的现实体验，让学生在生活情境中理解并掌握知识，从而培养学生运用知识解决生活实际问题的能力显得非常必要。

初中学生首次正式学习地理，因此初中是培养学生地理兴趣、掌握地理技能的关键阶段。初中地理课程的基本理念是"学习对生活有用的地理""学习对终身发展有用的地理"，地理教学在抽象的知识原理与现实的生活场景之间搭建了沟通的桥梁，更有利于学生深化对地理知识的理解，从而掌握解决现实问题的能力，提升学生的生存技能。学习本不是负担，应该是成长中的一个过程，是一个轻松的成长环境，打造习本课堂也是为了给学生提供一个愉悦、有趣、充满生活的学习现场。

①为解决生活问题习得地理知识和能力。2004 年圣诞节的第二天

清晨，在印度尼西亚苏门答腊岛近海海底的两个板块的交界处发生了
1300 千米长的断裂和 15 米的位移，进而引发破纪录的 9.2 级大地震。
地震持续了约 10 分钟，且迅速使 1000 千米外的普吉岛这个东南亚最负
盛名的游览胜地产生震感，但却没有造成直接破坏，来自世界各地早起
去享受晨间海风，准备游泳、潜水、休闲和享受泰国美食的游客们继续
着自己的活动。而与此同时，海底断裂处产生的冲击波形成了高达 10
米的海啸，约 1 个小时后袭击了普吉岛，成千上万的人被淹死，岛上
满目疮痍。悲剧真实地发生了，如果海底地震会引发海啸是每个人的
地理常识，如果印度洋建立了海啸预警系统，如果明了海岸红树林沼
泽的作用及不被大量破坏……假设已经没有意义，但能运用地理知识
解决生活中的问题、人类的决策能影响极端事件带来的破坏，这是不
争的事实。

我们相信，如果课堂学习的知识和能力能运用于对生活现象的解
释，能帮助对生活事件作出判断，能指导学生解决生活中的困惑和问
题，这样的课堂价值更大，更能培养出新时代具有基本素养的合格
公民。

②在习得地理知识和能力中培养良好习惯和专业素养。地理学科是
一门实用性和应用性都很强的学科，在教学上该如何教会学生掌握对生
活有用的地理知识值得教师深入探究。地理又是一门兼有自然科学性质
与社会科学性质的综合性科学，不仅研究地理事物的空间分布和空间结
构，而且阐明地理事物的空间差异和空间联系，并致力于揭示地理事物
的空间运动和空间变化的规律。地理学科思维的培养需要学生具有一定
的空间概念和逻辑思维。区域认知、综合思维、地理实践力和人地关系
正是地理学科的核心素养。如何养成学生带着地理的视角提出生活中的
问题、运用地理知识解决生活中的实际问题、从综合的角度观察和分析
地理现象等习惯，如何在初中地理课堂教学中培养学生逐步形成地理专
业素养，是新时期课程改革和课堂变革的重要内容。

由于初中生的心理和认知特点所限，其观察生活的主动性较为欠
缺，用课堂知识解决生活问题的习惯尚未养成，尤其是抽象逻辑思维不
够成熟，对于无法触及的事物难以理解。这就要求初中地理教学方式相

对侧重于形象性、空间性、真实性、具体性。那么怎样的教学方式才能让学生充分参与其中，取得最大的效果呢？针对初中生的认知特点，教师应该如何设计适合地理学科的教学方式呢？罗湖区地理习本课堂行动小组对初中地理课堂教学开展探索，以湘教版初中地理教学内容为案例进行实践，从课程的教学设计、教学过程实施中的自主习得、合作探究、交流反馈等环节研究地理课堂中如何有效促进学生观察生活、解决生活问题的习惯养成及其地理素养和地理实践能力的提升，取得了一定的成果。

（2）愉悦的学习环境有助于学生学习

为什么要构建愉悦的地理学习环境？记得在新高一班级选地理科代表时，没有一位学生主动自荐，我感到奇怪，就问学生原因，学生说地理学科没有什么技术含量，会背就行。现在初中地理教师也跟我抱怨，成绩好的学生都不好好学地理，他们甚至在地理课上做数学题，因为他们觉得只要在考试前看看书就会做题了，因为考试考的都是书上的现成观点。

课堂环境如何，对于激发学生的学习行为影响极大，这就决定了教师的责任在于为学生创设轻松的学习环境。

什么是愉悦的课堂学习环境？经过多年的教育教学经历，我愈发明晰了自己的教育理想：做一个学生喜欢的老师。那么，学生会喜欢什么样的老师呢？深圳市教科院曾针对高中地理教学对学生进行过调研，结果发现，学生对教师语言幽默、态度积极、课堂轻松、教法多样等的要求高于对教师专业知识和各项教学能力的要求。可见，教师给学生最重要的东西不是知识，而是对知识的热情、对自我成长的信心、对生命的珍视和乐观的生活态度。

愉悦的学习环境应包含下列几个特点：调动学生的积极情绪，赋予生动激情的语言，找准学生的学习兴趣点，创设真实有挑战的教学情境，设计有趣有用的活动，提供动手操作的体验，在解决实际问题中品尝成功，和谐信任的师生关系，留给独立思考的空间和时间，给予正面实时的教学评价等。

三、教学思想实施路径

为了凝练自己的教学思想，给更多的教师搭建专业成长的阶梯，我借助"百千万人才培养工程"项目平台，以"生活地理愉快学"为方向，以习本课堂课例研究为路径，以习本课堂现场为阵地，积极开展课堂实践。

1. 说生活　学地理——素材源于生活

教学素材是教学活动的基础内容，我联系生活实际，以生活现象作为切入口，更易激发学生的学习兴趣，在愉悦的生活化氛围下加深对地理原理的理解。如何选取适合教学的生活性材料呢？一是从日常生活取材，柴米油盐、衣食住行等，这是学生接触最多的生活体验，从这些领域取材常有意想不到的收获。二是从社会热点取材，社会热点是大家关注的焦点，且通常具有争议性，各方意见褒贬不一，开放度较大，极适合作为课堂讨论的材料。三是从学生个人经历取材，学生的个人经历具有独特性，而且初中阶段的学生更关注同龄人，自己的经历成为教学素材，学生会更有成就感，课堂参与度更高。

2. 课前习　有准备——师生有备而来

以《法国》一节课为例，课前学生就提出了"为什么法国旅游业那么发达？""为什么法国核电比重那么高？""为什么法国葡萄酒那么有名？""为什么法国人那么浪漫优雅？"等一系列疑问。在对学生的问题设计教学方案时，我也感觉到了压力。平时还真没有思考过对法国人的"浪漫"的地理解释，于是我通过搜索引擎大量搜索，头脑中慢慢形成了一个开放性的教学设计。现在想起来，平时我们的课堂要么没有给学生生成问题的机会，要么因没有准备而不能及时应对学生生成的问题，导致课堂质量不佳。

可见，当学生带着准备迎接新知，对学习的内容、学习的重点、遇到的疑惑有初步认识，当教师带着准备走向课堂，对学生的已有知识、学习困难点了如指掌，课堂现场的从容、高效就得到了最大的保证。

3. 用数据　巧设计——课堂基于学情

习本课堂的核心要素之一是对于学生课前习的数据处理，通过课前习数据反馈出学生对本节课知识的兴趣点、困难点和疑惑点，这恰恰是教师设计课中活动的依据，即学生习得的数据精准指向了教师设计教学活动的环节，教师设计的活动要能够重点解决学生课前习产生的困难和问题，对学生通过自我习得能够完成的内容不再在课堂上重复教学，既减轻了学生学习和教师教学负担，又聚焦了教、学、习的内容，课堂的针对性更强，时效更突出。

在《世界的地形》教学中，从课前习数据收集的分析中可以看出，学生通过活动能理解海拔、相对高度的概念，基本了解五种基本地形的形态特征，如图 4 所示。

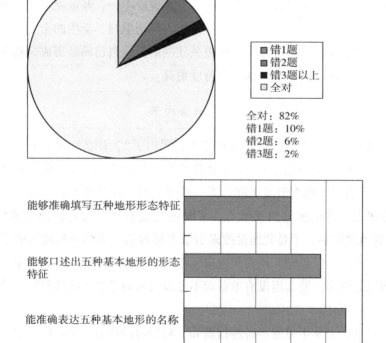

图 4　认识海拔、相对高度的检测情况

　　而对于"如何在等高线地形图识别山地、盆地等基本地形形态？坡度的陡和缓能在等高线地形图上表示出来吗？等高线地形图上山脊和山谷是什么样子的"这几个问题学生存在疑惑。针对课前习情况，老师不会再逐一介绍五种基本地形和讲授海拔、相对高度概念，而是专门制作了《学看地形图》微课，课堂上供学生按需观看，重点帮助课前习中理解不到位的学生；重点设计了学生手绘创作等高线地形图活动，通过让学生动手，加强对课前习中反映的山谷、山脊、陡坡、缓坡等学习难点的突破，如图5所示。

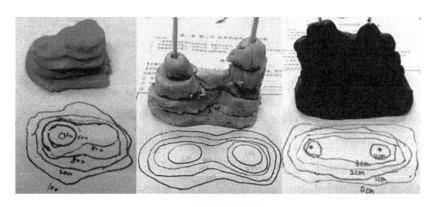

图5　学生手绘创作等高线地形图

4. 设情境　课中研——案例真实有趣

　　课堂教学应以学生及教师的"共同习得"为本，注重师生交流互动、让师生间形成一种自主、合作、探究的关系。在这种着重强调培养学生学习自主性的课堂模式中，情境创设尤为重要，它有利于激发学生的学习动机和探索的欲望。有效的情境创设因其真实性和现实性、人文性和趣味性，使课堂活泼生动，学生倍感轻松愉悦。

　　（1）情境创设贴近真实生活或时事热点。《东南亚》课前习中，老师以大毒枭的缉拿及《湄公河惨案》情境为背景制作微课，激发学生对东南亚尤其是金三角地区的地理环境特征学习的兴趣。《澳大利亚》课中活动设计中，借助"中国土豪到澳大利亚买地经营农场最终酿悲剧"时事热点设计教学情境，从投资前对澳大利亚位置和地理环境的了解，到购买农场场址的选择、农业生产的规划及经营，再到经营时处处出现的古老而特有生物等，将对澳大利亚位置、地形、气候等自然地理环境特征的认识，对"骑在羊背上的国家"、"坐在矿车上的国家"、"世界活化石博物馆"等别称的理解贯穿课堂，轻松突破学生的难点和疑点。

(2)情境创设满足学生兴趣点和关注点。在《埃及》一课中，教师通过课前习发现学生对古埃及木乃伊颇感兴趣，课中习便以"被诅咒的木乃伊"事件为主线进行情境创设，层层递进。教师通过推理"为什么古埃及木乃伊(一种处理尸体的方法)在世界上保存得最好"，引导学生了解埃及干旱为主的自然地理环境；通过分析"为什么埃及的木乃伊主要分布在尼罗河沿岸及这具被诅咒的木乃伊也被发现于尼罗河的沿岸"，帮助学生了解埃及人口、矿产、物产等分布规律，通过"这具被诅咒的木乃伊被当地的走私犯兜售给一位英国人并将其运到英国"，推断在航空业并不发达的年代的交通方式、运输线路；通过传说中"买下这具被诅咒的木乃伊的人都相继离奇身亡"，从侧面警示不要随意破坏文明古迹，应保护文物古迹。

5. 许犯错 敢质疑——问题开放环境松

创设情境是为课堂探究营造氛围，问题设计才是学生活动是否有效的根本保证，而且我常常鼓励学生表达自己的观点，只要有理由，在现有的认知下错了也值得赞赏。当然，在允许学生犯错的宽松氛围下，开放的问题更能激发学生的思考，训练学生的逻辑思维能力。

(1)开放的问题搭建学生敢于质疑的表现平台、允许犯错的课堂环境。《法国》课中研讨时，教师以核电该发展还是该限制问题向学生提问，学生经过讨论都能提出自己的观点，并从材料中提取有用的信息支撑自己的观点。支持进一步发展核电的同学认为，法国常规能源缺乏、别无选择，核电安全、清洁，以及法国的相关技术发达，认为应限制核电发展的同学提到核废料会污染环境，核泄漏会对人、农作物、生态环境产生长时间的严重危害，限制了核电可以相应地发展其他清洁能源如风能、太阳能、水能等。而与此同时，其他小组的同学也都对法国是否有条件发展这些清洁能源提出了质疑和反驳，如有学生明确指出，法国大部分地区属于温带海洋性气候，全年降水较多，晴天少，不适宜发展太阳能，这样精彩的逻辑推理以往只会在高中课堂看到。也有不止一个班级的学生提出一般高原上风力较大，风能资源丰富，而法国地势较低，以平原和盆地为主，风力较小，这暴露出学生对风力大小的影响因素之摩擦系数还不太了解，所以出现了错误的认识。这样宽松的课堂环境、这样被鼓励的犯错给了学生大胆质疑的胆量，敢于想象的空间。

(2)开放的问题给学生更广阔的思维空间、更灵活的思维路径。问题的开放性也更有利于学生探索和挑战。《法国》一课中学生以马克龙总统智囊团的身份，为法国核电何去何从、为因难民和政局变化等受重创的旅游业的重振出谋划策；《澳大利亚》一课中学生充当投资团角色，在澳大利亚选农场地址、评价发展条件、确定养羊、种小麦、种葡萄等农业生产活动，这些问题无不开放，答案呈现多元，每个班的学生都展示了不同的精彩。这样的课堂极大地激发了学生学习的主动性和创造力，拓展了学生的地理综合思维，增强了学生的地理实践能力。

6. 用平台　跟学情——教与学实时交互

数字化教学平台为教学提供了及时的反馈与交互，其实时反馈功能已经广泛地运用于课前自我评价和课中限时检测中，因为它能最快且以最精准的数据反馈课堂效果、落实学习目标。在课堂上，教师还可以实时录制学生现场作品和活动状况，上传平台并以此为素材开展下一步教学。如《世界的地形》课中就及时将学生的等高线作品拍照并上传，利用学生作品中的正误引导学生理解等高线地图，《法国》课中研讨时通过平台与学生对话，及时解决学生学习中的困难，如图6所示。

在"百千万人才培养工程"项目的引领和鞭策下，我遵循地理学科区域性、综合性特点，以区域认知为载体，以兴趣培养为重心，以学习

实时对话答疑 　　　　　　　　课中限时检测跟踪

图 6　教与学实时交互

对生活有用的地理知识为目标，打造"生活地理愉快学"的课堂。我带领的罗湖区地理习本课堂行动小组尝试基于数字化教学平台，通过课前习、课中习、课后习建构一个完整的课堂教学链条。经过一年的学习、模仿、实践、反思、改进、再实践、再研讨、再改进，初步形成了初中地理习本课堂结构和流程。即学生们通过课前习，带着问题走进课堂，又通过课中习探讨这些问题并提出新的问题，课后习则让有需要的学生研究新产生的问题，如图 7 所示。

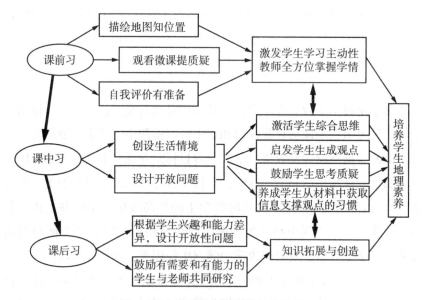

图 7　初中地理习本课堂结构和流程

　　课前习阶段突出"准备"和"统计"功能，教师全方位准确掌握学情。以"习地图"为出发点和关键环节，帮助学生对课堂将要学的区域自然地理环境充分了解，期望学生能独立完成基础知识的学习。

　　课中习阶段突出"交互"与"体验"，教师借助云平台，对学生学习过程的数据进行统计分析，及时掌握学生课前提出的自然地理问题，根据学生的学习兴趣点、困难点和疑惑点，选择贴近学生生活的时事或创设真实的与学生关系密切的生活情境，设计较为开放的地理问题，引导学生从地理的角度理解和分析区域社会经济发展，并在云平台进行分享、交流，师生、生生之间实现全面的同步互动，实时反馈。

　　课后习阶段针对学生的兴趣或困惑提出有一定探究价值的问题，通过云平台提供巩固与拓展知识的素材等，为有需要的学生下载学习、探究提供方便。

　　2018年5月深圳市初中地理"国家"部分教学研讨活动中，行动小组成员、笋岗中学明嘉慧老师按照初步形成的地理习本课堂范式设计教学，经选拔从参赛的十余位来自市直属和不同区的教师中脱颖而出，5月23日向全市展示了一节七年级《法国》习本课堂教学。这节课在"习本"理念指引下，明嘉慧老师设计了学生课前习，即通过地图的绘制和描述，培养学生运用地图的能力，养成学生运用地理学基本工具——地图的习惯；通过自制的微课激发学生对法国的学习兴趣和质疑意识，主动提出自己的兴趣点和困惑点，养成学生从地理的视角提出问题和思考问题的习惯；激起学生自我评价意识，养成学生自己能习得的知识自己独立完成的习惯。事前，通过课前习数据的统计和归纳，我确定课堂教学目标和教学任务——针对学生的兴趣点、困难点和疑惑点创设生活情境，根据法国总统大选真实的事件创设出作为马克龙的智囊团如何为法国经济发展出谋划策的教学情境，同时设计开放性问题，如法国该进一步发展核电还是该限制核电发展的问题等，激发学生思考，促进学生用地理的视角解决生活中问题的习惯养成。课堂上，未来教室FEG数字化教学平台按需推送素材、实时反馈数据、限时检测效果、了解学习能力稍弱学生的需要等功能充分显现。明嘉慧老师对学生观点的及时捕捉提炼、干净精准的语言表达，尤其是学生现场生成的问题和相互的质疑，使学生的思维精彩呈现，让观摩的教师充分感受到地理习本课堂的精彩和魅力。

在践行自己的教学主张和课题研究中，感受最深刻的莫过于对教师的要求更高了，尤其是课堂生成问题对教师的专业功底和素养、临场应变能力、教学基本功的考验。因为教师不可能上出完全相同的两节课，因为每一个班级的学生是不同的。

教学主张、教学思想的凝练是一个不断成长的过程，我和我的团队会一直在行动中，努力做更好的自己。

◎ 参考文献

[1] 刘荣青. 习本课堂的研究与实践 [M]. 南昌：江西教育出版社，2017.

[2] 珍妮特·沃斯. 学习的革命 [M]. 刘文，译. 上海：上海三联书店，1998.

[3] 阿瑟·格蒂斯. 地理学与生活 [M]. 黄润华，译. 北京：世界图书出版公司，2013.

继承与创新：在发展中实现真地理、真教育、真发展

深圳市第三高级中学　庄惠芬

教师是我心目中最"完美"的职业，富有意义、创造性和乐趣，教书育人是我热爱的终身事业，坚定的教育信念随着个人学术影响面的扩展和肩负责任的加强而不断加固。我坚信作为一个教师不应只满足于具有专业知识，当走上讲台时，心中是否蕴含着学科精神、学科智慧和学科思维方式，才是至关重要的。一位优秀的教师应该具有研究意识、研究精神、研究能力，做教育的"思想者"，形成自己的教学思想。正所谓教学思想是源，教学方法是流，面对教育环境的变化和教育要求的"升级"，教师的教学思想也要"升级"，教学模式要及时优化与进阶。回顾自己成长、成熟和成功的经历，28年的地理教学实践中，躬身前行，始终不变的是献身教育、关注学生发展的初衷及自我批判、反思、与时俱进的专业精神，由于我对教育教学认知的逐步深入，教学思想不断凝练提升，进一步带来教学模式的进阶。

教师是不进则退的职业，我始终坚持自我提升、反思和研究，善于从自己的教学实践中找寻教学科研的切入点，持续选择相关的课题研究，取得了一些研究成果，更凝练了自己的教学思想。教研与科研的双轮驱动让我由一名普通教师逐步成长为符合"师德的表率、育人的模范、教学的专家"标准的特级教师及全国优秀教师、深圳市地方级领军人才及省高层次人才。而广东省中小学新一轮"百千万人才培养工程"更为我创造了难得的高端研修机会，对我的专业发展和教学

思想凝练给予了强大的推动和引导作用，使我形成了独特的教育教学思想，拥有了视野与格局的宽度、良好的思维品质及教育者的宽广胸怀。

一、我的教学思想：将课堂与现实打通，实现真地理、真教育、真发展

高质量的地理教育可以给学生一种特殊的思维品格、思辨能力和创造素质，使他们学会用地理的眼光欣赏和认识这个世界，用地理的视角和方法观察、分析和解决生活中的地理问题。有句话对我影响很深——"教育的精髓应该是忘记了课堂上教的所有内容之后沉淀下来的东西，忘记的可能是书面知识，沉淀下来的是终身受用的能力。"我希望学生在地理课堂上沉淀下来的是和谐的人地思想、地理思维以及地理学的情感价值观。

那么，如何才能实现这样的教学目标呢？唯有"真实的"情境才能让学生有"真实的"情感体验，才能实现地理知识与生活的联结，升华对地理知识的理解，培养学生的地理实践力，发现学科的价值。教学要"有趣、有用、生活化"，才能激发学生的学科兴趣。

我的教学思想是"将课堂与现实打通，实现真地理、真教育、真发展"，其中的涵义是：将课堂与现实打通，让学生置身于真实情境、面对现实问题、养成终身受益的地理素养、地理思维，通过地理思维在真实生活中的应用体现地理学科价值（真地理），并且通过学科核心素养的培育，达成立德树人的根本目标（真教育），从而真正促进学生全面发展。

中学地理 TRUE 教学的提出，重在聚焦思维品质的提升，强调"真实"课堂，通过地理思维在真实生活中的应用体现地理学科价值。通过现实素材创设真实、有效的情境，学习者得以围绕课题设置的问题，同活生生的现实接触，进行体验学习，让体验成为学习、发展的源泉，把"质疑提问"、培养学生的问题意识、提高学生提出问题与解决问题的

能力贯穿于教学的全过程。这些做法旨在激发学生潜能，养成对真实世界有用、终身能受益的地理素养和人文情怀。

例如，我非常主张组织学生开展社会调查探究活动，它作为主要的地理实践活动之一，具有鲜明的实践性特征。其不仅拓展了地理学习途径，同时增强了地理学习的现实感、立体感和主题感。只有真正通过对区域的实地考察，与现实社会相接触，才能认识到人地关系的真正内涵，体现"社会人"的角色定位。

再如在讲城市时，我设计了"深圳市地铁建设"探究性主题教学，让学生通过社会调研摸清地铁规划与运营与中学地理知识的关系，更深切理解了"建地铁就是建城市"的涵义。这种"深度学习"不仅体现地理学科的价值，也让学生明白地理的实践应用价值。我指导学生用一周的时间对深圳市地铁进行社会调查，然后在课堂上呈现成果，并邀请地铁开发部经理做点评。此次探究性教学，不仅让我自身感受了课题组成员旺盛的求知欲和积极的探索精神，更让我看到在探究过程中他们沟通交流能力以及问题解决能力等综合能力的提高，这也正是我的教学思想想要达到的教育教学目标之一。

现选取高中地理一"海水运动和海水性质"一课中的几个教学环节，说明我的教学思想。

环节1 设计了课前探究——"亲海"地理实践活动。教学活动概要：因为深圳是个海滨城市，所以安排了学生"亲海"实地考察活动：按照居家就近原则，自主"组团"，事先按老师基本要求定好活动方案，方案需经老师确认。周末有组织有目的地到大鹏、盐田、蛇口、东涌、西涌、红树林、大小梅沙等观察海水性质、海水运动，考察海滨地区的人们活动等，收集、整理资料，探究，写考察报告，手绘环境地图，做汇报PPT(老师选择学生的探究结果作为教学素材，安排在课堂上分享、展示)。

设计意图：深圳是个海滨城市，设计和实施"亲海"地理实践活动，让学生通过实地考察，初步形成观察、识别、描述地理现象等地理实践力，拓宽学习路径，增强地理学习的现实感，将学生的探究过程融入教学过程，把学生探究成果和感知，变成我们鲜活的教学素材，激发学生的家国情怀和探究兴趣，培养地理实践力。

环节2　让学生分享自己去海边游玩、考查的照片、视频等，浅谈自己在海里游泳、冲浪、乘船游玩等活动的亲身感受（如所体验到的海水的性质和运动特点）。通过分享海之体验，引出学生所观察到的海水性质、运动，及海滨地区的一些人类活动。

环节3　同时运用学生实地考察结果及其他案例，说明海水性质和海水运动对人类活动的影响（地理实践力）；建立起人类生产活动与地理环境各要素相关性的认识（区域认知、人地协调观）。

第一，各组在课堂汇报本组所观察到的与海水性质、海水运动相关的人类活动。汇报要求：汇报PPT按照"在哪里？有什么？为什么在这里？你认为所看到的相关现象存在什么问题？有何改进意见？"为次序，如果有什么困惑也可以提出来，全班同学一起探讨，然后同学质疑，组员回应，老师点评。

第二，观看《洋流影响人类活动》，归纳出洋流对人类活动的影响（航行、渔场、污染等）。

第三，各组互评，学生相互做评价。

设计意图：运用实地考察和视频的场景将相关概念知识建构于现实生活中，增强地理学习的现实感，将学生的探究过程融入教学过程，把学生探究成果和感知，变成鲜活的教学素材。培养区域认知、人地协调观、综合思维；及时评价学生的学习态度、能力质量等。

第四，学生自由补充，并自主归纳总结海水性质和海水运动对人类活动的影响，老师综合相关意见，最终给出知识脉络图。

设计意图：实现知识结构化，避免知识碎片化。

环节4　学以致用：解读地理热点问题。教学环节概要：读新闻材料《北极巨变新航路现身，中美欧多国争夺》，用所学知识去思考、解答问题：为什么海冰缩小，中美欧多国会争夺新航路？培养学生关注时事、学以致用能力。

二、我的"真实的地理教育"探索之路——在教学实践与研究中淬炼教学思想

(一)起源阶段

1991年大学毕业后，我成为一名高中地理教师，凭着不怕苦、不服输的毅力和要教好书的信念，夜以继日研读地理专业书籍、报刊，向老教师请教，在专业能力方面进步很快。每节课我都花很长时间备课，尽量把学生感到困难、难以消化的复杂知识内容，先自己学习、消化、理清和归纳，再教给学生。我逐渐琢磨出一套让学生怎样考好的办法。

1995—1998年，由于高考取消地理考试，学生无心上地理课，如何让学生仍然喜欢上地理课？很明显，必须让学生觉得地理课有用又有趣，值得学且学得开心。因此，我的地理课堂渐渐由关注知识转向注重培养学生能力，由老师"独尊"到关注学生的听课感受。我通过看报纸、杂志等搜集资料，及时更新信息，所以上课讲的内容很"时髦"，又能联系生活实际，语言生动，成功"抓住"了学生的地理心。1998年我主持广东省教育科研"九·五"规划课题子课题"学导式激趣教学法研究"，通过研究，进一步提炼了"师生双主体"及"兴趣驱动"的教学理念。

1999年，恢复地理高考，1999—2003年，我一直带高三毕业班。此时我一改传统高三教学中的"讲评练"模式，课堂上运用激发学生主动性的两大抓手：学习价值(意义)和兴趣，课堂更灵动、开放，也开始尝试小组学习，收效很好。但是，学生的合作、交流不够深入，多数流于形式。此时，我开始认真思索教学中如何体现地理学科的价值。

2001年，我主持了市级课题"共同学习策略在高中地理课堂上的运用"，尝试进行学生合作学习教学策略的探究。这个课题主要研究内容包括六个基本要素：相互依赖、个人责任感、混合编组、教授合作技巧、检查小组交互行为和多能力任务，主要方法是小组协作教学。通过2001—2003年的课堂共同学习策略行为研究，在原有教学理念上，我组织师生、生生的共同学习，既考虑到了课堂教学中的师生互动，更重

视学生之间的互动学习，体现了学生在课堂教学中的主体性与主动性，在"怎样学?"的问题上迈进一大步。此阶段，我主要通过教与学行为的改进实现真地理、真教育、真发展，教学思想也由此开始萌芽。

(二)发展阶段

2004 年，广东省力推新课改，新课程改革的核心理念是一切为了学生的发展。学校的教育教学及一切课外活动，都要把目标锁定在能够有利于学生终身发展之上，有利于学生获得今后走向社会所需要的基本生存能力，新课程理念对我最大的帮助是让我加深认识了"为什么教"。2004 年 11 月我开始主持省级子课题"新课标下地理教学学生自主能力的培养途径探讨"，方向放在课内、课外学生自主学习能力的培养上。2006 年，我参与了中央教科所立项的中学德育建设课题研究，并主持子课题"高中地理教学学科德育渗透探究"，教学中充分发掘教材的各种正确的地理观点对学生进行教育，努力实践全人教育。此时，"将课堂与现实打通，实现真地理、真教育、真发展"的教学思想内核开始粗具雏形。

2007—2008 年，我潜心从源头去读书，阅读了大量的教育学心理学书籍，思考、回顾、审视、梳理自己多年教学实践形成的教学思想，慢慢地有了凝练教学理念的思路。"真实的"地理教育思想开始拔节生长，构建体系。

(三)凝练阶段

2008—2014 年，在六年的研究与实践检验中，我凝练出了高中地理应用性教学模式。

继承"中学地理学科德育课堂"指向学科育人价值的理念，为了让学生学会应用地理视角来解释地理现象、解决现实问题，真正认识到地理的应用价值。2008 年我独创性地提出高中地理应用性教学，应用性教学就是通过各种教学技能、教学方法和教学手段，把教育科学的基础理论知识提升为实际应用性强的知识和技能，达到"学以致用"，有效地帮助学生应对生活中的问题，增强生活能力和对未来生活的适应能力，更大程度地满足生存的需要。

我进行 6 年的深圳市重点资助课题和省规划课题的实践研究，教学成果在深圳市得到了较大范围的应用与推广，获得广泛认可。2012—2014 年，我进一步进行了省规划课题"新课程背景下的高中地理应用性教学模式深化研究"。通过六年的研究与实践检验，独特、成熟的高中应用性教学模式和"有趣、有用、生活化"的教学风格在省内外造成了一定的影响和辐射。

整整 6 年的研究，我形成了以培养学生解决现实问题的能力、终身受益的学科素质、为学生创造有意义的学习经历为目的的地理应用性教学模式，及"有趣、有用、生活化"的教学风格。至此，我已经锤炼出立足真实情境，以"激发学生潜能，养成对真实世界有用、终身受益的地理学科素养"为目的的高中地理应用性教学观，凸显学科实用价值，更有效达成"将课堂与现实打通，实现真地理、真教育、真发展"的教学思想。"真实的"地理教育探究到了关键一步，此时，"将课堂与现实打通，实现真地理、真教育、真发展"的教学思想已趋成熟(图 2)。

此外，作为学科带头人和名教师，更要富有超前、创新的意识，体现专家型教师应有的贡献和科研实力，为了提高学生的创造力和创新性思维，我主持省级课题"高中生创新素养提升行动研究"，尝试打破学科界限，建立以培养与发展学生的创新能力为核心的全新教学机制，并以此为提高目标，开始从教材、教法、作业、考试和课外活动五大方面入手进行更高层次的整体研究，这更进一步丰富了"真地理、真教育、真发展"教学思想的内涵(图 2)。

图 1　与学生讨论课外探究活动　　　图 2　指导创新社团的学生

(四)进阶阶段

从 2015 年起,高中地理应用性教学进阶为中学地理 TRUE 教学。

2015 年,随着地理学科核心素养培养目标的提出,广大地理老师不得不重新反思教学问题:培育学生学科核心素养的这个路径是什么?如何理解学科核心素养培育的新课标教学要求?基于学科核心素养培育的新课标理念的教学设计有什么特点?会发生怎样的变化?如何真正落实学生的"人地协调观、综合思维、区域认知、地理实践力"四大核心素养,成为教师必须要弄清楚的基本问题。

基于以上思考及学生的学科核心素养培育,我在原有的高中地理应用性教学模式基础上不断优化,提炼了落实地理核心素养培育的四个教学核心元素——Thinking(思维)、Reality(真实)、Use(应用)、Experience(体验),创新性提出基于学科核心素养培育的中学地理 TRUE 教学——"真实的"地理教育(图 3),积极率先应对新的教学问题:如何在中学地理教学中体现学科核心素养的培育路径,最终实现以培育学生地理核心素养达成立德树人任务的目标。

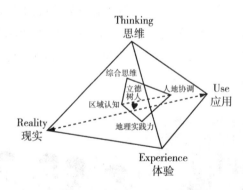

图 3 "真实的"地理教育

中学地理 TRUE 教学旨在将课堂与现实打通,构建真实、平等、内生的地理课堂,培育利于学生终身发展需求的地理素养和学科能力、必备品格和关键能力,即求"真"——真地理、真教育、真发展。2015—

2018 年，我先后进行了关于中学地理 TRUE 教学模式的深圳市重点资助课题和省级课题实践研究，有效提炼了基于地理核心素养培养的课堂基本特质、有效路径和评价机制；建构了地理 TURE 教学模式教学目标体系及教学与评价建议框架，并完善了社会调查活动等特色选修课程。在转变教育思想观念，改进教学方法和手段，改变优秀青少年培养模式，加强教材建设等方面具有一定的创新性、实用性和推广价值，如图 4 所示。

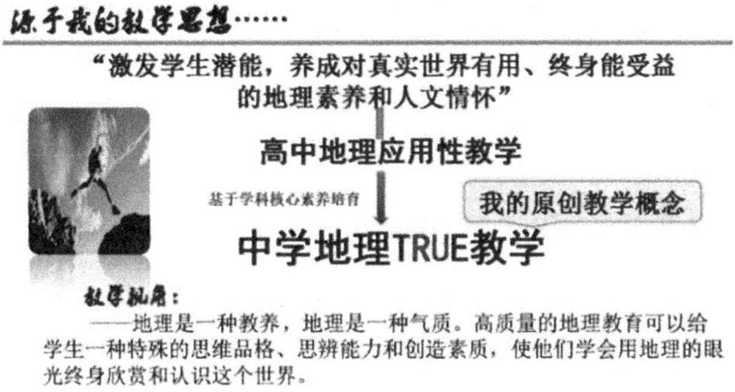

图 4　TRUE 教学思想示意图

2019 年 7 月，20 多年教学积淀、历时 11 年"真实的"地理教育的教学成果获得了广东省教育教学成果一等奖，成果名称为《继承与创新：基于学科核心素养培育的中学地理 TRUE 教学模式研究与实践》。至此，"将课堂与现实打通，实现真地理、真教育、真发展"的教学思想已经成熟，并得到进一步提升、进阶。

三、继承与创新：由高中地理应用性教学进阶为中学地理 TRUE 教学

我以 5 项省市级课题研究和课堂实践检验为抓手，进行本教学成果的实践研究、应用推广，成果先在庄惠芬省市名师工作室成员所在学校进行试点实验，检验真实效果，找出问题，进行反馈调试，成熟后，再在省内外一些学校局部推广，进行对比，不断进行梳理、提升、重构、

实践、传播。

1. 初步探索、基本成型阶段(2008—2011年):"真实的地理教育"形成

2008年,我在深圳市第三高级中学(原名教苑中学)从提高课堂生活性、实用性入手,结合深圳市重点资助课题进行高中地理应用性教学实践研究,建立"地理即生活,生活即地理"的教学观,提炼出"现实·体验·分析·应用·评价"高中地理应用性教学基本模式和教学策略。通过示范课、讲座等在深圳市部分学校推广应用,得到省市地理教研员的高度好评。

2. 成熟及推广应用、发展阶段(2012—2014年):"真实的地理教育"深化发展

2012年增加了5所实验学校参加实践检验。我以广东省教育厅专项课题为抓手,进行高中地理应用性教学模式的深化实践研究,完善了教学模式的理论和实践体系,形成"有趣、有用、生活化"的教学风格与特色。我3次应邀在中国地理学会、中国教育学会综合年会作了教学成果专题报告,获得了全国优质课一等奖,应用性教学理念与教学模式得到北京师范大学王民教授的高度评价。

3. 创新发展及广泛应用推广阶段(2015—2019年):"真实的地理教育"创新性突破发展

以培育学生高中地理核心素养为目标指向,2015年,我在应用性教学基础上,提出中学地理TRUE教学,以深圳市重点资助课题和省规划课题为抓手,依托研究团队和省内外实践学校,由课堂拓展到课外,分子问题、分学段地进行研究与实践。我总结、提炼出基于学生核心素养培养的高中优质课堂的基本特质、有效路径和评价机制,得到相关专家的高度好评与推介,4次应邀在全国性学术年会上作成果主题报告,获得2019年国际地理年会(伦敦)的发言邀请,教研案例已被教育部收纳,成果专著《地理TRUE教学,将课堂与现实打通》等书已出版。

四、中学地理 TRUE 教学：将课堂与现实打通，实现真地理、真教育、真发展

（一）基于学科核心素养培育的中学地理 TRUE 教学简介

1. 11 年"真实的地理教育"研究与实践检验得出的教学成就

我从高中地理应用性教学到中学地理 TRUE 教学，始终是一种旨在实现深度学习的问题式教学，致力将课堂与现实打通，让学生在真实的问题情境中主动地参与问题解决过程，促进真实的学习，是一种继承与创新。

2008 年至今，我的教学思想经历了反复实践检验的螺旋上升式淬炼，该成果立足于高中地理课程目标对高中地理教学的要求，以立德树人观为指导，始终秉持"将课堂与现实打通，实现真实的地理教育"的教学理念，分两阶段，随课程目标的改变，将前期的高中地理应用性教学模式，继承、创新为中学地理 TRUE 教学模式。

2. 解决了学用脱节、实践力弱的问题

中学地理 TRUE 教学提炼了有利于地理核心素养培育、彼此关联的四个教学核心元素——Thinking（思维）、Reality（真实）、Use（应用）、Experience（体验），融合成一个教学核心词"TRUE"——"真实的"地理教育，通过地理生活性和应用性教学，致力于让学生通过真实、有意义的学习经历获得地理素养，达成学科育人价值，实现了地理课堂与现实世界的"无缝衔接"。这个成果具有一定的创新性和实用性，清晰定义了中学地理 TRUE 教学模式培养目标内涵，成果内容包括基于地理核心素养培育的教学模式建构、教学与评价建议框架、学习方式和学习评价体系等，有效解决了学生学习知识与问题解决脱节、应用能力及社会实践能力薄弱的问题。

3. 累计 8 年的实践检验，在实践检验中优化提升，效果显著

2011 年这个成果基本成型，在深圳市及省内其他地市部分学校推广应用，2015 年起在省内外更大范围推广应用，效果显著，完成了能应对现实中复杂、真实任务的问题解决者的培育目标，同时极大提升了教师们的教学理念及教研团队的建设，推广价值高。

(二) 对 TRUE 教学四个课堂核心元素的认知和概念界定

让学生学会学习，关键是要在教学过程中持续、有效、系统地发展学生的思维能力，在此过程中，也利于培养学生的"学习能力、实践能力、创新能力、适应社会能力"。这是中学地理 TRUE 教学过程体现的基本思想之一。

1. 思维 (Thinking)

中学地理 TRUE 教学是一种让学生参与解决问题活动的教学方法，但仅仅参与实践活动并不一定能产生令人满意的学习成果。研究、推理和反思等思维 (Thinking) 动态元素能促进学生有意识地参与科学探究和解决问题的过程，培养有效、高效的学生和问题解决者。地理学科核心素养的培养需要重视学生地理学习过程中的思维发展。学生的思维表现可以从不同角度评价，其中之一是对思维结构的评价。

2. 现实问题情境 (Reality)

Reality (现实问题情境) 指学生在现实中可能面对的各种情况与境遇，蕴含需要解决的问题，也包含学生面对这些情况或境遇时产生的认知冲突、情绪波动和意向变化。地理核心素养应通过学生在应对复杂现实情境时的外在表现加以推断，因此，为了评价学生的核心素养，要高度重视复杂、开放性真实问题情境的创设，即把具体的任务尽可能放在真实、复杂性的现实情境之中。

3. 应用 (Use)

"应用"是指学习在实际生活中有用的、联系社会和生活实际的地

理知识，即要求学生在梳理、分析地理事实的基础上，能够应用基本的地理原理探究地理过程、地理成因以及地理规律去解决现实的问题。所以，教师在教学中应当增强学生对地理知识的理解和迁移能力，并教会学生利用所掌握的地理知识技能去解决现实问题，并迁移应用于现实生产与生活，以增强生活能力和对未来生活的适应能力，更大程度地满足生存的需要，如图5所示。

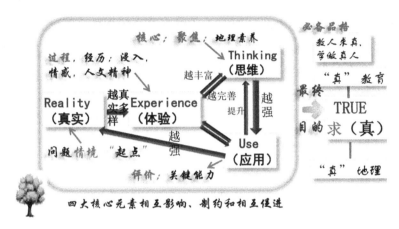

图5　四大核心元素关联图

4. 体验（Experience）

所谓体验，就是个体主动亲历或虚拟地亲历某件事并获得相应的认知和情感的直接经验的活动。"体验"能帮助学生在现实问题情境中有代入感，进行角色扮演，有利于问题解决。中学地理 TRUE 教学注重将学习置于具体的实践情境，强调学生的亲身体验，使学生通过观察性学习和参与性实践获得真实的学习体验，实现理论与实践的有效联通以及知识的建构与转化。

（三）经过实践检验后形成的主要观点、实践模型等

TRUE 教学将课堂与现实打通，让学生在真实的问题情境中主动地参与问题解决活动，促进真实的学习，让学生通过思考、探究、推理、

反思等包含直接、间接的体验与感悟的深度学习过程，形成个体的知识结构、解决问题的实际能力以及稳定的学习品格，最终培养满足学生终身学习、终身发展需求的地理核心素养，实现"真正的"地理教育。

中学地理 TRUE 教学是一种指向深度学习的问题教学，一种更适应新的高中地理课程目标的教学模式。本教学成果用着地（地理实践力、区域认知）、明理（综合思维——厘清地理原理与逻辑）的方式建立起人地协调观，旨在使学生具备人地协调观、综合思维、区域认知、地理实践力等地理学科核心素养，学会从地理视角认识和欣赏自然与人文环境，懂得人与自然和谐共生的道理，提高生活品位和精神境界，为培养德智体美全面发展的社会主义建设者和接班人奠定基础。

在教学模型上，中学地理 TRUE 教学我参考了迈克尔·艾伦（Michael Allen）的 CCAF 模型，构建了基于新课标（2017 版）特点的教学实施路径，如图 6 所示：

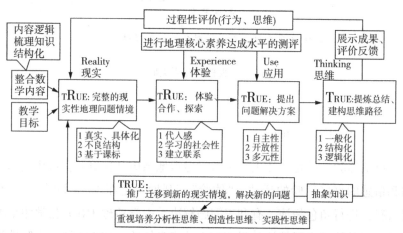

注：四个元素是相互影响、相互促进的，不同教学环节主导元素有所差异。"TRUE"表示 USE（应用）为主导。

图 6　中学地理 TRUE 教学实施路径

1. 中学地理 TRUE 教学模式的"核心"

中学地理 TRUE 教学适应课程改革新形势，采取适于培育地理核心素养的学习方式，是一种旨在实现深度教学的"问题式教学"，是以学生为主导，以问题为导向，创设真实化情境，发展问题解决能力和逻辑推理能力的教学方法。因此，TRUE 教学中问题设计是基础，依据高中地理课堂问题设计现状提出了相应的问题设计原则，归纳出高中地理课堂 TRUE 教学问题设计的具体步骤：设定及分析目标、规范及选择情境、形成及描述问题、检测及校准问题、构建反思等。尤其是教师要特别关注没有标准答案的开放性问题。

2. 中学地理 TRUE 教学对教学目标的理解

中学地理 TRUE 教学认为，在设计教学目标时，教师不能把学科核心素养割裂表述，而应该体现核心素养的整合。然后，在制定教学目标时，行为条件、行为动词、行为结果一定要具体、可测量和可评价，才可能进行教学效果测量。

3. 教学素材选择、问题情境设置的特点和要求

教师设置的问题情境一定是真实的、不良结构的、基于课标的，问题应该是体验性的、探索性的、有意义的。若仅简单地使用现实生活中的问题，可能无法确保培养学生的主人翁意识或提高他们解决问题的水平。因此，在素材选取、情境创设时，教师需要提供充足的事实和数据，能让学生通过分析得出结论，只有这样才利于学生逐渐形成有理有据的逻辑思维能力，让学生得出的每一个观点或者结论都有事实、有数据。

4. 活化思维的课堂深度讨论，实现内化学习

教师在准备事实性、解释性和评价性问题的基础上指导课堂讨论，为学生提供支持和动力。

5. 强调地理学科内容的结构性和关联性，突出地理思想方法和探究技能的运用

教师在教学中培育地理核心素养尤其要注意以下几点：

一是将知识条件化：将知识回到具体的问题情境，力避知识干涸化；

二是将知识结构化：强调地理学科内容的结构性和关联性，避免从孤立的、过细的学科知识点角度思考学科内容，将知识按某种逻辑组织起来，网状化，避免碎片化；

三是将知识与该知识的习得过程建立关联思考。要突出地理思想方法和探究技能的运用，关注重要的、整合的现象，创设基于现实情境的复杂或开放性问题。

6. 教学情境创设，指向学科核心素养培育

教师的教学要将知识回到具体的问题情境、熟知的生活情境及概念框架情境中，力避知识的干涸化。基于"真"的地理，情境可以包括：地理景观、地理分布、地理实验与活动。

7. 大力推进地理实践活动

地理实践是推进学生地理学科核心素养发展的重要手段。要以地理学科核心素养的培养为宗旨，把地理理论知识的学习和应用相结合，引导学生用地理视角去观察、行动和思考，并在对真实世界的感受和体验中进一步提升理性认识，逐步建立起地理知识之间的关联。

8. 探讨地理议题，体现反思性教学

教师通过地理学的观点，运用空间分析、生态分析、区域分析等研究方式，寻求解决现实许多地理议题的方法，以期达成发展学生学科核心素养的目标。

9. 强调教学评价，重视教学反思

在 TRUE 教学路径中教师对学生行为、思维的评价，自始至终贯彻在整个过程当中。中学地理 TRUE 教学关注表现性评价，重视对学生在具体的学习过程中所表现出的学习态度、努力程度以及问题解决能力等的评定。为了准确评价学生在整个学习过程中的表现，课题必须具备

"真实性""效度"和"评分准则"所要求的制约条件。程序包括：课题的"目的"是什么？学生在课题中扮演的"角色"是什么？设定什么样的"情境"？形成怎样的"表现"和"成果"？"评价"的内容和标准怎样设定等。

（四）中学地理 TRUE 教学模式的创新点

11 年来，这个成果始终在继承、发展中不断创新，主要表现在以下几个方面：

1. 教学方法及育人理念创新

这项凝练了凸显学科实用价值的教学理念，提倡真实的地理教育，培养现实生活的"适应者"，有效促进了研究型的教与学，将立德树人的根本任务贯彻于地理教育的始终，具有一定的原创性和价值性。

2. 教学资源创新

这项成果重视落实地理实践活动，结合深圳市中小学探究性课题，重点开设社会调查活动等实践类选修课程，两门选修课程被评为深圳市好课程。

3. 教学实施路径创新

这项成果基于培育核心素养，运用问题式教学、实践教学、信息技术支持下的教学等，教师对课堂进行结构性变革，通过四个教学核心元素——Thinking、Reality、Use、Experience 的有效融合，达到更佳教学效果，促进学生深度学习的目的。

4. 教学与学习评价创新

TRUE 教学对课堂教学评价有科学、独特的视角。对学生行为、思维的评价，始终贯彻在整个学习过程中，并及时对学生的学习表现等进行评定与反馈。

5. 实践路径与视角创新

TRUE 教学形成"教·学·研"一体的研究与实践模式,将教学模式的研究、实践与教研团队活动、学生的学习观察贯通。实践研究还特别注意从学生视角出发,学生不只是实验对象,也是研究者,通过座谈、问卷和责任承担等,从中真正了解这个教学模式对学生学习与发展的影响。

(五)成果应用及效果

(1)本成果推广的深度、广度逐步加大

本成果 2008 年提出探索,2011 年"有趣、有用、生活化"的高中地理应用性教学基本成型,2012—2014 年,高中地理应用性教学模式成熟化,形成了理论和教学体系,2015 年至 2019 年 5 月,升级为中学地理 TRUE 教学,推广、实验范围继续扩大。

(2)操作性强,效果显著,育人质量高

至少 8 年的实践检验证明,这个成果与时俱进,可操作,对提高地理教学质量和水平、实现地理核心素养培养目标具有明显效果。几乎所有实践学校地理学科教学质量和学生满意率得到大幅提升,学生学力、学业表现、实践能力等发生了可喜的改进,有效培养了学生问题解决思维和求真精神,对学生发展影响深远。

(3)辐射面广,认可度高,物化成果丰实,具有一定的创新性和推广价值

教学成果通过报告、送教、公开课、媒体报道等多种形式在省内外辐射、传播,社会评价高。我应邀在全国性学术年会作教学成果报告 7 次,还应邀在 2019 年 8 月国际地理年会(伦敦)作论文交流报告。在北京、上海、广州、河源、江门、惠州等地,我给累计 3000 余名地理教师做过 60 多场专题报告或骨干教师培训。

(4)教师们教学水平提高,科研能力增强,教学创新成绩喜人

本成果引入实践研究,创新了地理教学方法,构建出促进学生实践与应用能力发展和学科思想方法形成的中学地理 TRUE 教学模型及其教

学策略，促进了地理教师教育信念和行为的转变。

（5）实践检验效果显著——以深圳市第三高级中学为例

2008 年至今，依托 2 项副省级重点资助课题、3 项省级课题，我带领地理科组持续进行应用性教学、中学地理 TRUE 教学的教学实践研究与检验。11 年的教学研究与实践，使本校地理课堂教学从知识取向转到实践反思取向，教学模式不断升级和选修课程不断优化，尤其在开展研究性学习、开设校本课程等方面成绩非常显著，影响深远。教学模式满足了学生的个性化需求，学生受益面广，学生对地理教学和地理科任老师的满意率非常高，如图 7 所示。

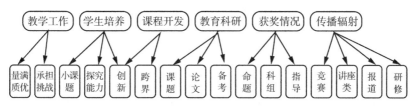

图 7　中学地理 TRUE 教学多元成果示意图

总之，该教学成果在我校实践检验效果显著，不仅带来突出的教学效果，有力推动学生发展，更极大推动我校地理科组的优化建设和教师的专业成长，教师教学素质整体提高，20 多人次被评为深圳市高考先进个人，地理学科组近年更先后被评为深圳市示范学科组、深圳市优秀学科组和深圳市特色学科组。我因教学成果突出，获得了"特级教师""广东特支计划教学名师"等省级以上荣誉称号，被认定为深圳市地方级领军人才，地理科组其他老师共计获得副省级以上奖项或荣誉达 30 余人次。

（六）反思与展望

基于学科核心素养培育的中学地理 TRUE 教学模式的研究与实践，我进行了一定的理论创新和技术创新，思想观念领先，应用价值较高，已经在省内外一定的范围内得到推广、应用。但是，教学模型和路径等还可进一步提炼和完善，还可以进一步系统化和体系化，例如，如何进一步增强过程性评价和表现性评价方式的可操作性和可信度，也是下一步要继续深化研究的方向或问题。

五、结语

从教以来，我从未对自己的教育教学满意过，所以，从未停下反思、学习、探究的脚步。我奉行研究问题从教学中来，成果到教学中去的原则，张开教研、科研的"双翼"，自信、自在地翱翔在教育的广阔天空，用多种多样的视角和方法看待问题，不断提升和更新自己的教育教学思想、精神和理念，开创自己的教育学科理论与实践的发展道路。作为教师，不仅要尽最大努力为国育才，作为全国优秀教师、特级教师、广东特支计划教学名师、省市名师工作室主持人、市兼职教研员、学科组长、青年教师导师等，我肩负着推动教师专业发展的责任和义务，在教师队伍中应发挥好带头人的作用，以"春泥"精神，像"一朵云推动一朵云"那样，引领教师专业成长。"问渠那得清如许？为有源头活水来。"在日新月异的今天，唯有不断继承、发展、创新，才能给孩子们提供更好的、更合适的教育，也才能做好学科带头人，培养更多的优秀教师。